KB064823

살아서 꼭 가봐야 할

서해안여행 146選

서울 · 경기 · 충북 · 충남 편

웰빙시대에 꼭 맞는 여행가이드 VOL.3

살아서 꼭 가봐야할

서해안여행 146選

서울 · 경기 · 충북 · 충남 편

여행작가 **정선중**

혜지원

PREFACE

처음 취재차 내려간 태안반도 여행은 연일 계속된 지루한 장마철 장대비와의 싸움이었습니다. 만대포구에서 만난 장대비가 어찌나 심했는지 취재고 뭐고 다 포기하고 돌아 나오고 싶다는 생각만 간절했습니다. 아직도 여행작가로 거듭나기에는 내공도 부족하고 멀었나 봅니다. 비록 남들보다 여행을 자주 가는 여행작가라 해도 일정에 쫓겨서 움직이기 때문에 한 번 내려가면 충분한 기삿거리와 사진, 동영상 등을 담아내야 하는데 태안반도는 여의치가 않았습니다.

대충 빗발이 약해지면 셔터를 누르고, 캠코더의 줌을 잡아당겨서 피사체를 확대도 해봅니다. 비 때문에 정말 만족스럽지 못합니다. 학암포로 이동하기 위해 이원방조제로 핸들을 돌리자 먹장구름이 언제 그랬느냐는 듯 활짝 걷히면서 그림처럼 멋진 풍광을 연출해줍니다. 정말 후련한 장대비 다음에나 볼까 말까 한 그런 장면입니다. 너무도 아름다운 방조제 풍경에 잠시 동안 넋을 놔버립니다. 정신을 수습하고 차에서 뛰쳐 내린 뒤 이원방조제를 부지런히 사진기 속에 담습니다. 아무리 거친 소나기가 퍼부어도 바다는 내가 못 보았을 뿐이지 본연의 모습을 감추지 않고 있었습니다. 겨울등산이 산을 좋아하는 사람들에게 색다른 즐거움을 주듯, 장마철 바다여행 또한 이렇게 색다른 감흥을 던져줍니다.

전국을 한 바퀴 돌아 결국 수도권과 충청권까지 돌아왔습니다. 1년이면 충분하다고 생각한 여행은 어느덧 3년차가 되었습니다. 돌이켜보면 그 먼길을 어떻게 돌아다녔는지 아찔하게 느껴집니다. 더더욱 아이러니한 것은 현재도 필자의 여행이 언제 끝날지 가늠할 수 없다는 것입니다. 현대판 대동여지도를 그릴 것도 아닌데 찾아가야 할 목적지는 흐르는 세월만큼 조금씩 더 많아지고 있습니다.

감사 드릴 분이 많습니다. 책이 출간되도록 아낌없는 배려를 해주신 도서출판 혜지원의 박정모 사장님과 일러스트 및 편집에 수고하신 편집팀 여러분께 진심으로 감사 드립니다. 그리고 여행지에서 오며 가며 만나서 이름조차 묻지 못했지만 친절을 베풀어준 여러분께도 감사 드립니다.

여행작가 정선종

Special Thanks To

서울시청을 비롯해 경기도 수원시청, 인천시청, 옹진군청, 파주시청, 김포시청, 포천시청, 고양시청, 동두천시청, 의정부시청, 연천군청, 양주시청, 남양주시청, 구리시청, 가평군청, 하남시청, 양평군청, 과천시청, 시흥시청, 안산시청, 용인시청, 이천시청, 여주군청, 평택시청, 화성시청, 안성시청, 충청남도 대전시청, 천안시청, 공주시청, 청양군청, 보령시청, 서산시청, 서천시청, 아산시청, 예산군청, 태안군청, 당진군청, 홍성군청, 부여군청, 논산시청, 금산군청, 충청북도 청주시청, 충주시청, 제천시청, 음성군청, 증평군청, 단양군청, 괴산군청, 보은군청, 옥천군청, 영동군청의 문화담당과 직원 여러분께 감사 드립니다.

西海岸
旅行 서울 여행 지도

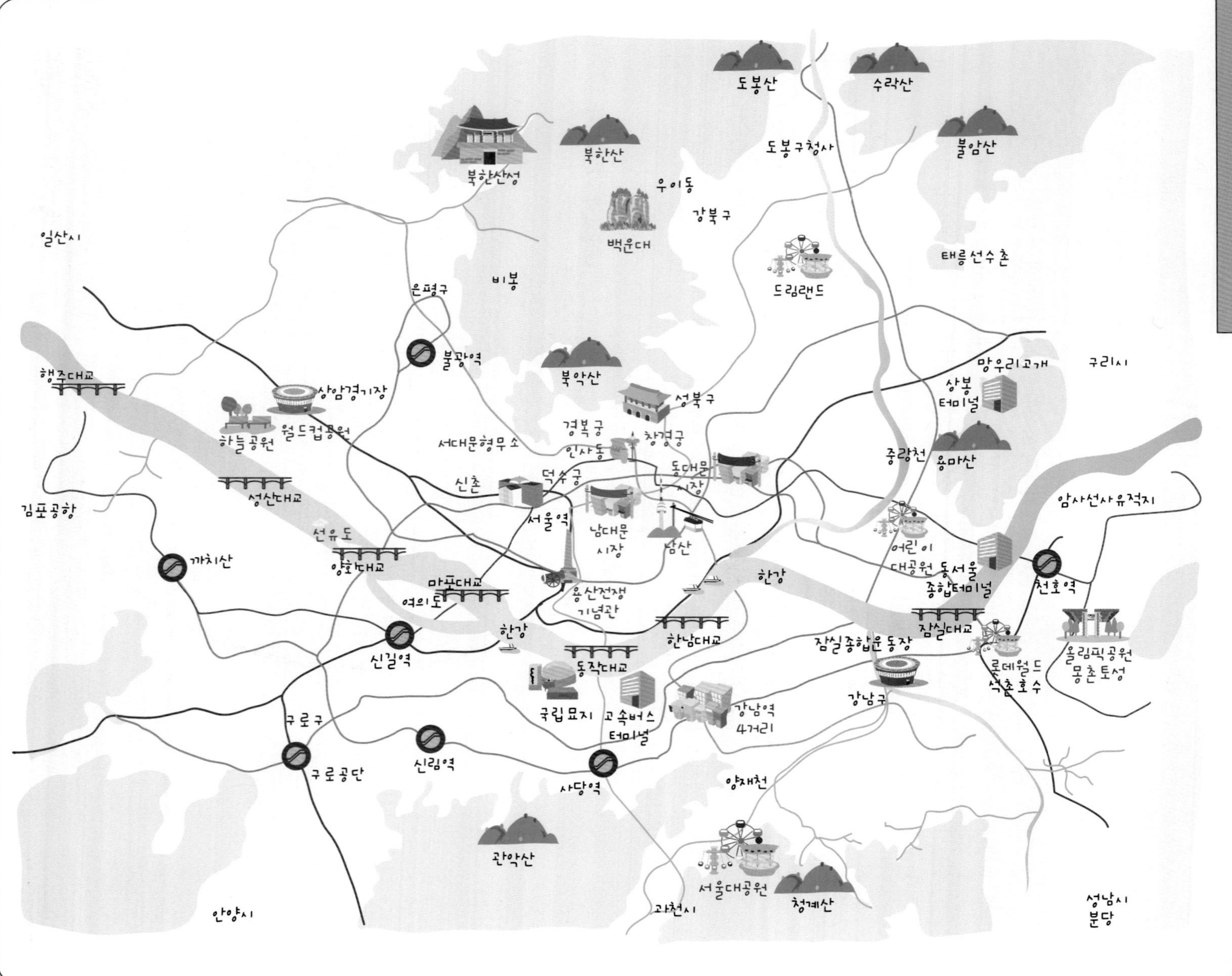

西海岸 旅行 경기도 여행 지도

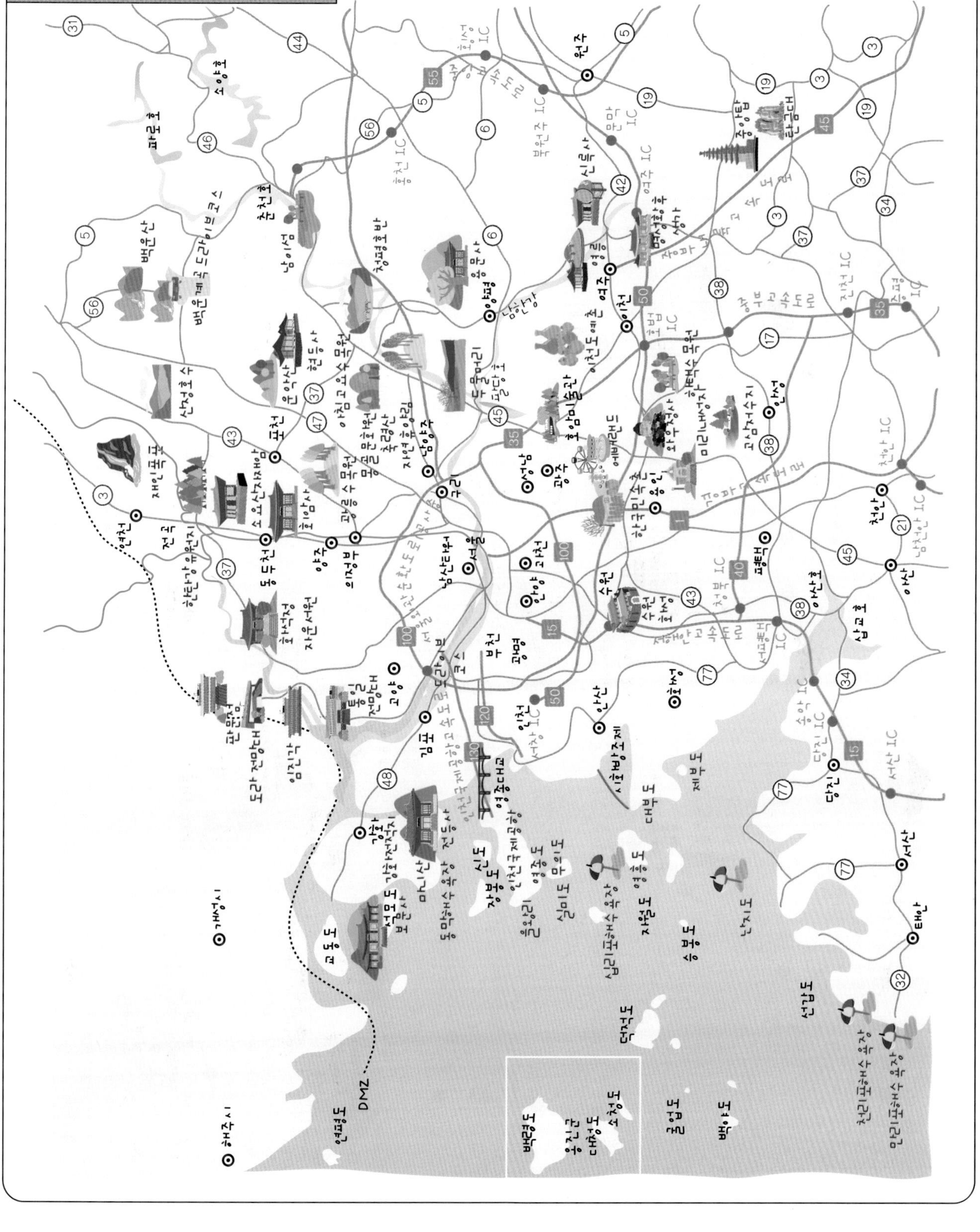

해주시
개성시
연평도
DMZ
교동도
석모도
보문사
강화
강화전적지
마니산
동막해수욕장
전등사
판문점
도라 전망대
임진각
통일 전망대
고양
김포
인천국제공항고속도로
영종대교
신도
장봉도
인천국제공항
을왕리
영종도
실미도
무의도
백령도
옹진군
대청도
소청도
덕적도
십리포해수욕장
자월도
영흥도
대부도
굴업도
승봉도
백아도
난지도
선갑도
천리포해수욕장
만리포해수욕장
태안
서산
서산 I.C
당진
당진 I.C
송악 I.C
삽교호
아산호
아산
천안
천안 I.C
남천안 I.C
평택
서평택 I.C
청북 I.C
서해안고속도로
경부고속도로
중부고속도로
안성
고삼저수지
미리내성지
와우정사
한택수목원
한국민속촌
용인
에버랜드
호암미술관
이천도예촌
이천
호법 I.C
여주
영릉
신륵사
명성황후 생가
여주 I.C
문막 I.C
원주
북원주 I.C
횡성 I.C
중앙탑
탄금대
진천 I.C
증평 I.C
연천
재인폭포
전곡
한탄강유원지
소요산자재암
동두천
화석정
자운서원
회암사
포천
운악산
현등사
양주
의정부
광릉수목원
아침고요수목원
몽골문화원
축령산 자연휴양림
청평호반
남양주
구리
서울외곽순환도로
한강드라이브 코스
남산타워
서울
부천
광명
인천
서창 I.C
안양
과천
성남
광주
안산
시화방조제
화성
수원
수원 화성
두물머리 팔당호
양평
용문사
남한강
백운산
백운계곡 드라이브코스
산정호수
파로호
소양호
춘천호
남이섬
홍천 I.C
영동고속도로

31 56 5 3 37 43 46 44 47 48 100 130 120 50 15 45 35 55 6 42 19 1 40 38 77 17 34 21 32

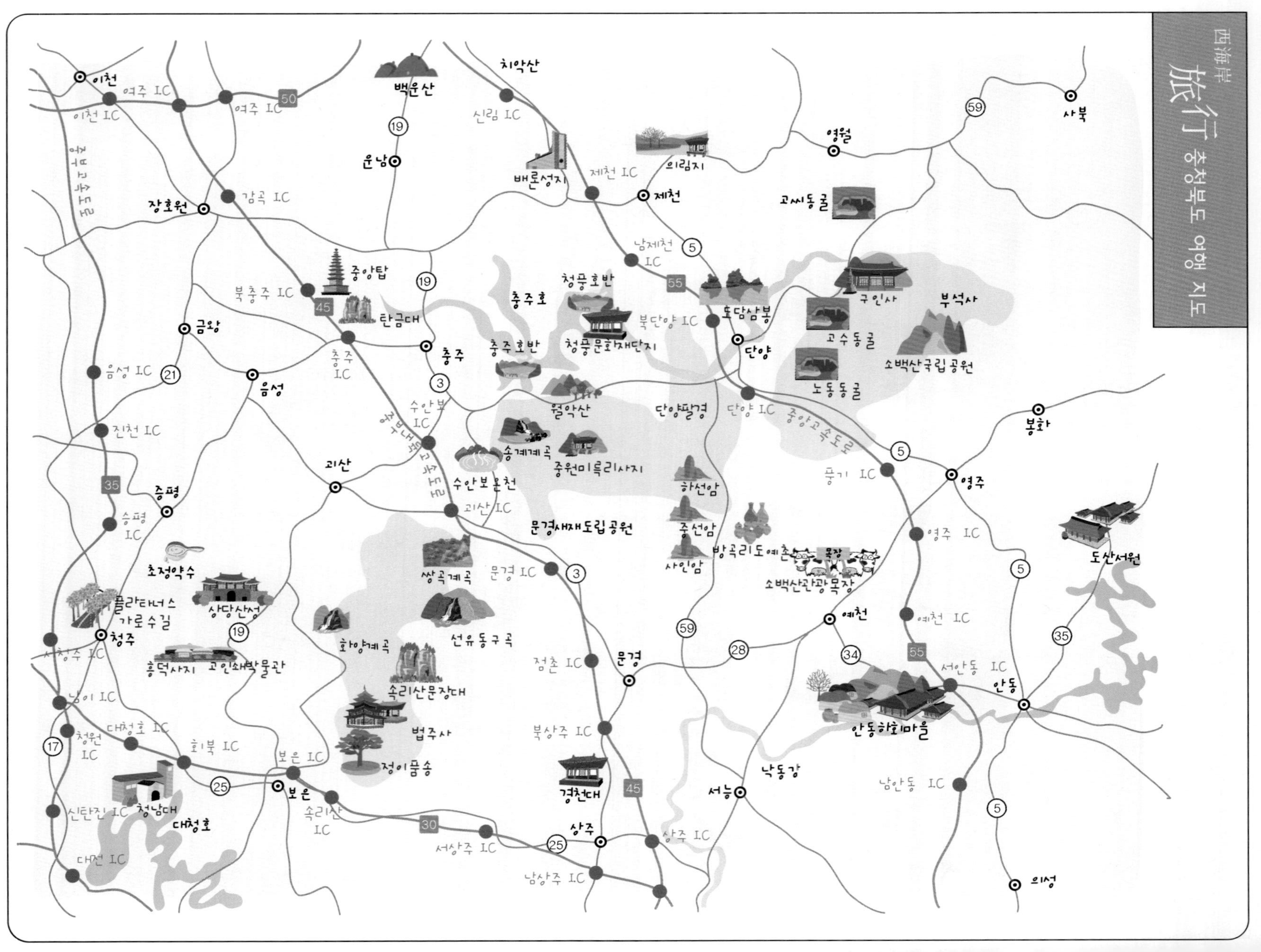

西海岸
旅行 충청북도 여행 지도
이천
여주 IC
여주 IC
이천 IC
중부고속도로
백운산
치악산
신림 IC
운남
배론성지
제천 IC
의림지
제천
영월
사북
장호원
감곡 IC
고씨동굴
남제천 IC
중앙탑
북충주 IC
탄금대
충주호
청풍호반
청풍문화재단지
북단양 IC
도담삼봉
구인사
부석사
금왕
충주
충주 IC
충주호반
단양
고수동굴
소백산국립공원
노동동굴
음성 IC
음성
월악산
단양팔경
단양 IC
중앙고속도로
봉화
진천 IC
수안보 IC
중부내륙고속도로
송계계곡
중원미륵리사지
하선암
풍기 IC
영주
괴산
수안보온천
증평
괴산 IC
증평 IC
문경새재도립공원
중선암
방곡리도예촌
목장
소백산관광목장
영주 IC
도산서원
사인암
초정약수
쌍곡계곡
문경 IC
플라타너스 가로수길
상당산성
청주
선유동구곡
예천
예천 IC
화양계곡
청주 IC
흥덕사지
고인쇄박물관
점촌 IC
문경
서안동 IC
안동
속리산문장대
남이 IC
청원 IC
대청호 IC
회북 IC
북상주 IC
법주사
안동하회마을
정이품송
보은 IC
경천대
낙동강
서능
남안동 IC
보은
속리산 IC
신탄진 IC
청남대
대청호
서상주 IC
상주
상주 IC
대전 IC
남상주 IC
의성

西海岸

旅行 충청남도 여행 지도

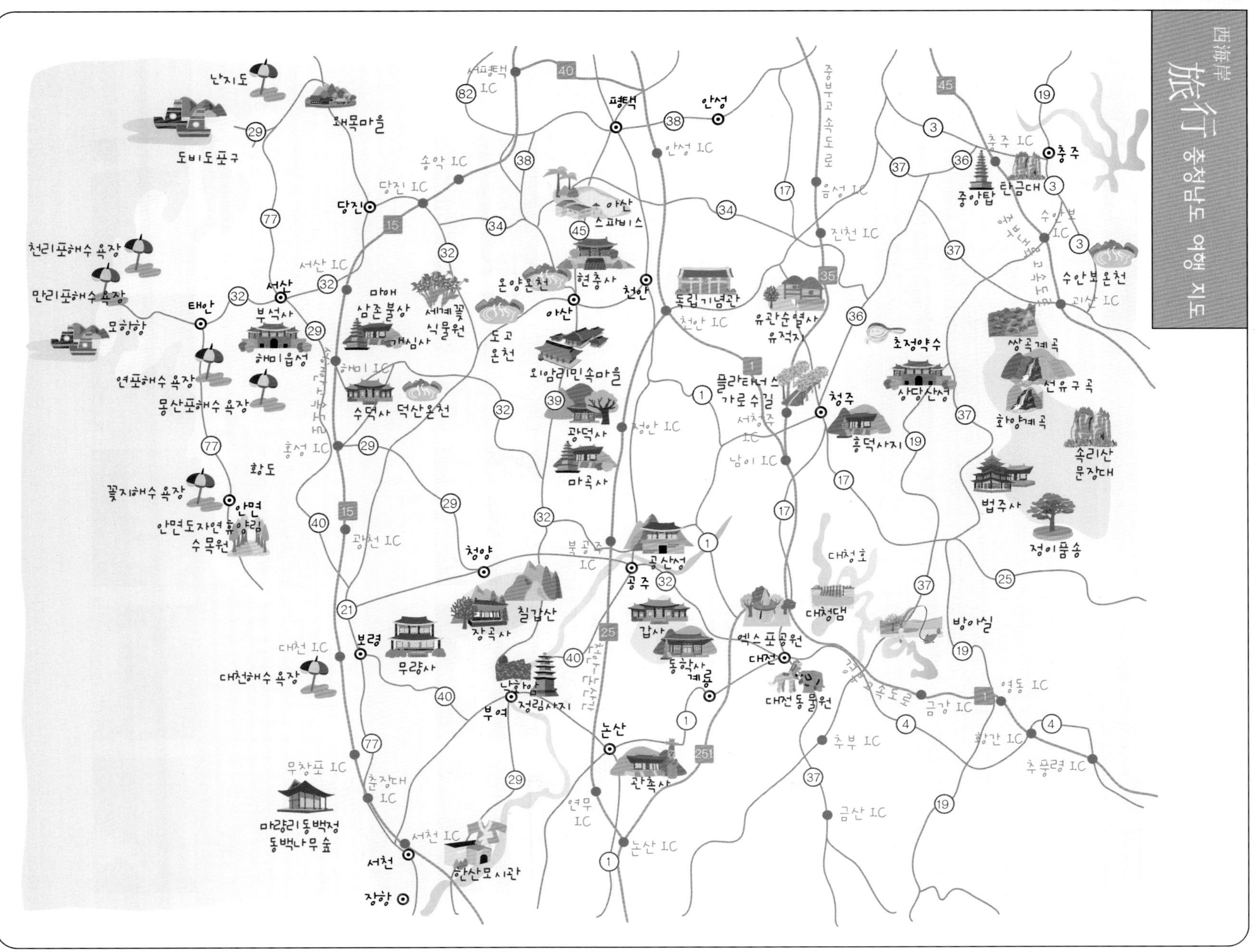

CDUSAGE

여행지로 출발하기 전에 현장의 느낌을 동영상으로 먼저 확인하세요. 부록으로 제공되는 2장의 CD에는 필자가 직접 촬영한 각 여행지의 현장 풍경이 들어있습니다. 부록 CD를 CD-ROM 드라이브에 넣은 후 폴더에서 파일을 더블클릭하여 윈도우 미디어 플레이어와 같은 동영상 재생 프로그램에서 볼 수 있습니다. 제공되는 동영상은 여행 전 현장 분위기를 느끼는 정도로만 만족하세요. 실제 해당 여행지를 가면 더욱 분위기 있고 아름다운 여행이 되리라 확신합니다.

동영상 CD 1

▶ 서울 여행지 동영상 목록

| 서울_강남역사거리 | 서울_명동거리 | 서울_신촌 및 이대앞 거리 | 서울_인사동거리 | 서울_경복궁 | 서울_창경궁 | 서울_남산 서울타워 회전레스토랑 | 서울_남산 케이블카 서울타워 | 서울_용산전쟁기념관 | 서울_북한산 백운대 정상 등산 | 서울_남대문시장 | 서울_동대문시장 |

▶ 경기도 여행지 동영상 목록

| 가평_아침고요수목원 | 동두천_소요산 자재암 | 안성_미리내 성지 | 양주_회암사지 | 양평_양수리 | 양평_용문산 | 여주_신륵사 | 연천_재인폭포 | 용인_민속촌 | 용인_와우정사 | 용인_한택수목원 | 파주_임진각 | 파주_화석정 |

동영상 CD 2

▶ 충청남북도 여행지 동영상 목록

| 단양_도담삼봉 | 단양_소백산 구인사 | 단양_온달산성 | 제천_청풍문화재단지 | 청원_대통령별장 청남대 | 충주_탄금대 | 공주_계룡산 갑사 | 공주_공산성 | 공주_마곡사 | 논산_관촉사 은진미륵 | 대전_계룡산 동학사 | 부여_무량사 | 부여_부소산성 낙화암 고란사 | 부여_수북정 백제왕릉원 | 부여_정림사지 | 예산_수덕사 | 청양_칠갑산 장곡사 |

▶ 서해안 경기 · 충청 여행지 동영상 목록

| 서해안 강화_동막해수욕장 | 서해안 강화_마니산 정상 등산 | 서해안 강화_석모도 민머루해수욕장 | 서해안 강화_석모도 보문사 | 서해안 시흥_안산_대부도 영흥도 드라이브 | 서해안 화성_제부도 | 서해안 보령_대천해수욕장 | 서해안 보령_독산해수욕장 | 서해안 보령_용두해수욕장 | 서해안 보령_토정 이지함 묘소 | 서해안 서산_간월암 | 서해안 서산_부석사 | 서해안 서산_해미읍성 | 서해안 서천_동백숲 동백정 | 서해안 서천_마량포구 | 서해안 서천_신성리갈대 체험장 | 서해안 서천_춘장대해수욕장 | 서해안 안면도_꽃지해수욕장 | 서해안 안면도_몽산포해수욕장 | 서해안 안면도_안면도수목원 | 서해안 태안_만리포해수욕장 | 서해안 태안_신두리해수욕장 | 서해안 태안_학암포해수욕장 |

Before You Kick It Of!

동영상 수록 | 추천도 | 문의 | 교통 | 숙박 | 참고 | 맛집

西海岸 旅行 CONTENTS

서울 Seoul

서울의 대표 여행지

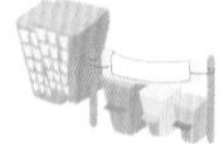

서울 명물 거리 · 시장 · 놀이동산

경기도 Gyeonggido

파주 · 연천

동두천 · 양주 · 포천 · 남양주

가평

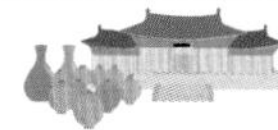

양평 · 이천 · 여주

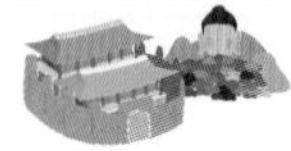

수원, 용인, 안성

충청남북도 Chungcheongdo

청주 · 청원 · 보은 · 괴산

충주 · 제천 · 단양

대전 · 공주

천안 · 아산 · 예산

청양 · 부여 · 논산

서해안(경기 · 충청) The West Coast

강화도 · 석모도

인천 · 옹진 · 안산 · 화성

당진 · 서산 · 태안

태안반도

안면도

보령 · 서천

서울 Seoul

서울의 대표 여행지

서울 남산 케이블카 여행 / 서울 남산 서울타워 전망대 · 회전전망레스토랑 / 서울 남산골 한옥마을 / 서울 경복궁 / 서울 창경궁 / 서울 북한산 국립공원 / 서울 용산 전쟁기념관 / 서울 올림픽공원 · 몽촌토성 / 서울 하늘공원(월드컵공원) / 서울 한강 유람선 여행

서울의 꽃 남산

서울 남산 케이블카 여행

서울 남산을 오르는 방법은 세 가지가 있다.

케이블카, 도보, 승용차

외국인이나 지방에서 올라온 관광객, 연인들에게 아직까지 인기를 끌고 있는 코스가 남산 케이블카 코스이다. 그래서 일본이나 중국의 단체 여행자들, 유럽에서 온 푸른 눈의 아가씨들을 흔히 만날 수 있다.

도보로 올라가는 방법은 비용을 아끼려는 대학생들과 산책삼아 남산을 오르는 동네 어르신들에게 인기있는데, 남산도서관 앞에서 올라가는 것이 가장 경제적이다.

승용차를 이용하면 남산 정상 바로 밑에 위치한 팔각정쉼터까지 차를 몰고 올라갈 수 있다.

세 가지 방법 중에서 권장할 만한 것이 케이블카를 이용하는 것이다.

하부 탑승장에서 케이블카에 탑승하면 안내방송이 흘러나오면서 출발한다. 운행시간은 3분 안팎이다. 발밑으로 번잡한 서울 시가지가 한눈에 내려다보이고 우아한 곡선 형태로 뻗어나가는 남산의 자동차 전용도로가 그림처럼 아름답게 펼쳐진다. 상부 탑승장에 도착하면 바로 3층 높이의 계단이 이어진다. 이 계단을 오르면 남산 팔각정과 서울타워가 위치한 남산 정상이다. 남산 팔각정은 휴식을 취하는 사람, 조깅하는 사람, 외국에서 온 여행자, 창공을 가르는 비둘기 떼가 어지럽게 교차하면서 활기찬 남산 풍경을 그린다.

기왕에 올라왔으니 입장권을 구입한 후 서울타워 전망대에 올라가보자. 서울타워 입장권은 엘리베이터를 타고 전망대까지만 이용할 수 있는 탑승

▶ 남산 여름 풍경

권과 전망대의 부대시설을 모두 이용할 수 있는 종합이용권이 있다. 어린 자녀를 동반한 관광객이라면 전망대, 환상의 나라, 입체영화도 볼 수 있는 종합이용권을 구입하는 것이 더 이득이다.

▶ 남산 팔각정에서 휴식을 취하는 관광객들

서울타워 안으로 들어서면 간단한 보안검색이 진행된다. 이전에는 없었지만 이라크전 이후부터 시작된 이 보안검색은 테러 방지가 목적이라고 한다. 보안검색은 10초 안팎이면 끝날 정도로 간편하다. 보안검색을 마친 뒤에는 각자 엘리베이터를 이용해 전망대 꼭대기로 올라갈 수 있다.

전망대에 오르지 않고 서울 시내를 조망하려면 팔각정 입구에 있는 남산 봉수대에서 서울 시가지를 내려다 봐야 한다. 봉수대에서 내려다본 서울은 주로 용산과 남대문, 동대문 등 서울 강북 지역이다. 멀리 인천 앞바다까지 한눈에 조망하려면 서울타워 전망대에 오르는 수밖에 없다. 데이트를 하는 연인이라면 서울타워 전망대에 오른 다음, 전망대 5층에 위치한 회전레스토랑에서 식사를 하는 것도 나름대로 운치가 있어서 좋다.

도보로 남산을 오르는 방법은 여러 코스가 있으므로 스스로 적당한 코스를 선택해야 한다. 가장 빠른 코스는 남산 도서관에서 올라가는 방법이다. 남산 도서관 → 식물원 → 서울타워 코스는 조금은 가파른 계단의 연속이지만 시간을 절약할 수 있어 젊은 사람들이 자주 이용한다. 이 도보 코스에서 볼 수 있는 명소로는 남산 식물원, 남산 소동물원, 안중근기념관, 남산 분수대가 있다. 이 지역은 4계절 내내 가족 나들이와 연인들의 데이트 장소로 인기 만점이다.

승용차 이용자는 장충동 국립극장 입구에서 일방통행로인 남산 남부순환도로를 이용해야 남산 팔각정쉼터 주차장까지 바로 승용차로 올라갈 수 있다. 다른 코스로는 승용차가 진입할 수 없음으로 승용차를 이용하려면 먼저 지도를 검색해보는 것이 좋다.

서울 남산은 남산 정상의 서울타워 전망대와 남산 봉수대, 남산 팔각정, 남산도서관, 남산식물원 등의 명소가 있지만 최근에는 한남동 하얏트 호텔 부근에 위치한 남산 야외식물원과 남산 야생화단지가 웰빙 여행 코스로 인기를 얻고 있다. 이 코스는 어린 자녀와 함께 떠나는 가족 나들이 코스로 적당하다. 남산 야외식물원과 야생화단지는 주차 시설이 없으므로 대중교통을 이용해 찾는 것이 좋다.

서울 남산 근교 여행 지도

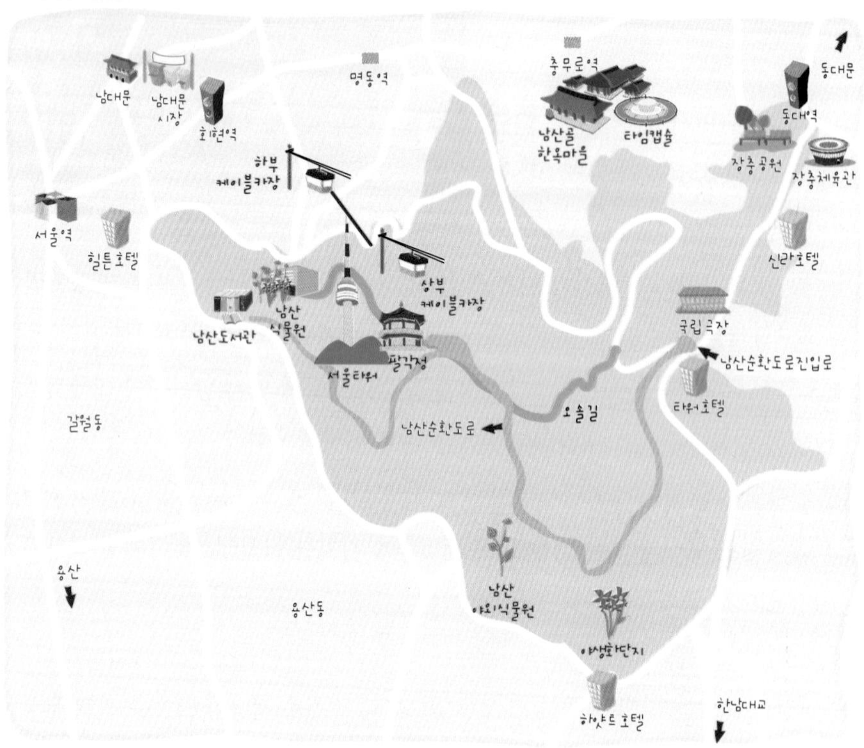

Information

- 남산 케이블카 하부 탑승장 코스, 지하철 4호선 명동역 또는 회현역에서 하차 후 도보 10분 이동
- 남산도서관 코스, 서울역 4번 출구 또는 종로1가에서 0014번 버스 이용, 광화문 또는 강남역에서 402번 버스 이용 남산도서관 앞에서 하차(승용차 이용시 주차 가능)
- 한남동 남산 야외식물원 코스, 서울역 4번 출구 또는 종로1가에서 0014번 버스 이용 하얏트 호텔 앞에서 하차 후 도보 이동(별도 주차시설 없음)
- 장충공원 및 국립극장 코스, 지하철 3호선 동대입구역에서 하차 후 도보 이동, 버스 이용시 144번, 301번, 420번 버스 이용

서울 남산 서울타워 전망대·회전전망레스토랑

서울타워는 남산타워의 정식 이름으로 해발 243m의 남산 정상에 236m의 높이로 세워져 있다. 1975년 7월 30일에 개장한 서울타워는 방송국 송신탑 기능과 서울시내를 조망할 목적의 전망대 기능을 동시에 가지고 있다.

서울타워 상단에 위치한 5층 규모의 전망대는 2~3층이 관광객들에게 개방되는 일반 전망대 기능을 하고 있고, 1층 전망대와 5층 전망대에는 회전레스토랑이 위치하고 있어 식사를 하면서 서울 시가지를 조망할 수 있다.

❶ 서울타워 전망대 5층에 위치한 회전전망레스토랑

❷ 회전전망레스토랑 스페셜 타워정식

전망대 맨 꼭대기 층에 위치한 회전식 전망레스토랑을 취재차 들어가 보았다. 평균 50분 간격으로 1회전하기 때문에 식사를 하면서 서울 전경을 360도 각도로 조망할 수 있는 곳이다. 외국인을 비롯해 부모님을 모시고 온 부부들, 젊은 연인들이 주요 고객이라고 한다.

레스토랑 메뉴는 스페셜 메뉴와 안심스테이크, 스페셜 타워정식, 돈가스 종류와 간단한 음료가 있다. 가장 인기있는 메뉴인 스페셜 타워정식의 1인분 가격이 3만 5천 원 정도로 다소 비싼 편이므로 식사 대신에 간단한 음료를 시키고 천천히 서울 시내를 전망하는 것도 좋은 방법이 된다.

평일 낮에는 그다지 붐비지 않지만 저녁시간과 주말에는 빈자리가 없다고 한다. 비용이 제법 들지만 서울 시가지가 한눈에 내려다보여 추억남기기에 좋은 장소라 할 수 있다. 특히 눈이 펑펑 내리는 날에 이곳 전망대에 오르면 서울 시가지가 백색의 설원으로 뒤덮인 놀라운 광경을 목격할 수 있다.

서울타워 전망대를 둘러본 뒤에는 서울타워 지하 1층으로 이동해 보자. 지하 1층의 볼거리로는 입체 영상관과 환상의 나라 등이 있다. 20분 분량의 3D 입체 영화를 볼 수 있는 입체 영상관은 어린 자녀와 함께라면 좋은 관광 코스가 된다. 필자 역시 잠시 짬을 내 이곳에서 상영중인 입체 영화를 감상했는데, 초등학교 졸업 이후 오랜만에 본 3D 입체 영화라 그런지 남달리 기억에 남았다.

Information

- 서울타워 ☎ (02) 772-1622~5
- 앞의 남산 케이블카 여행 교통편 참조
- 회전전망레스토랑(전망대 5층) ☎ (02) 777-0010 / 스카이 회전레스토랑(전망대 1층) ☎ (02) 778-5133 / 한국전통음식점 풀향기(전망대 지하1층) ☎ (02) 777-9393 외
- 서울타워 안전보수보강 공사로 영업 일시중단. 공사기간(2005년 2월 28일부터 10월 31일까지 8개월) 동안 서울타워의 전망대 영업 중단(일부 영업장 제외함).

한옥마을과 도시공원의 어우러짐

서울 남산골 한옥마을

남산골 한옥마을은 1991년 남산 제모습 가꾸기 사업을 시작하면서 조성된 한옥마을이다. 원래 이곳 필동 일대는 조선시대 때부터 시인이나 학자들이 촌락을 이루며 살던 격조 높은 장소였다고 한다.

전체 규모는 약 24,180평으로 복원 작업시 서울특별시 민속자료인 한옥 5개동을 이주시켰다. 또한 주변을 아담한 도시 공원으로 단장해 지금의 남산골 한옥마을이 탄생했다.

주요 한옥으로는 순정황후 윤씨 친가, 해풍부원군 윤영택 재실, 부마도위 박영효 안채, 오위장 김춘영 가옥 안채 등이 있다. 한옥가옥을 중심으로 전통혼례나 제례를 실연하는 공연장이 구비되어 있으므로 명절 때 방문하면 볼거리가 더욱 풍성해진다.

한옥마을 안에 조성된 아담한 녹지대는 한옥마을에서 쉼터 기능을 한다. 이곳 녹지대는 키 작은 관목류를 주로 식재해 서울 하늘이 막혀 있지 않고 탁 트인 상태로 올려다 보이는 것이 특징이다. 녹지대 상단에 위치한 타임캡슐 광장은 서울정도 600년을 기념하기 위해 1994년 11월에 조성한 것으로 타임캡슐 광장에 매설된 각종 자료는 400년 후인 2394년 11월 29일에 개봉할 예정이라고 한다.

전통문화 체험장이자 시원하게 뚫린 서울 하늘을 올려다 볼 수 있는 장소인 남산골 한옥마을은 가족 단위의 나들이 장소로도 안성맞춤의 여행지이다.

Information

- 남산골 한옥마을 ☎ (02) 2266-6937~8
- 지하철 3, 4호선 충무로역에서 하차 후 3번 출구에서 도보 5분 거리, 별도 주차시설 없음
- 매주 화요일 휴관, 무료입장

▶ 역대 왕의 집무실이었던 경복궁 근정전

조선왕조와 흥망성쇠를 같이한

서울 경복궁

한 나라의 흥망성쇠를 체험할 있는 곳, 임진왜란과 일제 강점기 시절 망가질 대로 망가진 끝에 원대한 모습으로 재탄생한 아니 지금도 복원중인 드라마 같은 장소, 이번 주말에는 서울 경복궁으로 답사 여행을 떠나보자. 서울 여행의 백미인 경복궁 답사는 카메라 달랑 메고 혼자 떠나도 재미있다.

조선 건국 후 2년 뒤인 서기 1393년, 도읍지 물색을 나선 이성계는 무학대사의 추천을 받아 계룡산 신도안을 도읍지로 결정한다. 이때 시문이나 음양에 능했던 하륜이 불가론을 내세우며 새로 천거한 도읍지가 지금의 서울 연세대 지역이다. 연세대 지역의 타당성을 조사하고 돌아온 여러 신하들이 하륜의 의견에 반대표를 던지면서 이성계의 도읍지 천도 계획은 급랑에 휩싸이게 된다.

❶ 광화문에서 바라본 경복궁

❷ 왕비의 침전 교태전 뒤에 있는 후원 아미산

신하들의 의견대립이 심해지자 이성계가 차선책으로 물색한 장소는 지금의 광화문 · 청와대 지역이다. 원래 이 지역은 고려시대 남경천도설 당시 건설했던 궁궐이 남아있었는데 풍수학적으로도 안성맞춤이었다. 무학대사와 정도전 등 여러 중신들이 의견을 모으니 찬성표가 쏟아졌고 이로 인해 광화문은 조선의 도읍지로 결정된다. 궁궐은 태조 4년 서기 1395년부터 짓기 시작하였고 경복궁이란 이름을 붙인 인물은 정도전이었다.

초기의 경복궁은 390칸 규모의 작은 궁궐이었다. 태종 12년에 세워진 경회루 역시 규모가 그다지 크지 않았으며, 후에 창덕궁을 이궁으로 지을 때 두 궁이 연결되면서 점차 규모가 확장되면서 세종대왕 때 면모를 일신하는 대대적인 확장에 성공한다. 당시 세종은 창덕궁을 오가며 21년 동안 경복궁을 확장 중수, 경복궁은 조선 왕국의 정궁으로써 최대 규모를 자랑하기 시작한다.

창덕궁, 창경궁과 함께 경복궁이 불타 버린 것은 서기 1592년에 발생한 임진왜란 때의 일이었다. 긴 전란이 끝나자 창덕궁으로 복귀한 선조는 경복궁의 복원을 준비하지만 공사 규모가 워낙 방대해 손 쓸 방도가 없었다. 더구나 궁궐터가 좋지 않아 왜란이 일어났다는 풍문까지 생기자 선조는 경복궁을 포기하고 그 대신 창덕궁의 복원에 치중한다. 이로 인해 창덕궁이 조선왕조의 새로운 정궁이 되고 경복궁은 약 273년 동안 일부 건물만 남아있는 초라한 형국으로 방치되고 만다.

이런 경복궁이 복원된 것은 서기 1868년 고종 5년 때의 일이다. 흥성대원군은 외세에 대항하고 왕권강화를 위한 포석으로 경복궁을 원래보다 확장한 7,225칸 규모로 복원을 한다. 필요한 자금을 조달하기 위해 원납전을 받거나 당백전을 발행하지만 이 과정에 매관매직과 수탈행위가 빈번하게 발생한다. 와신상담 끝에 재건된 경복궁은 조선후기 건축 기술과 서양에서 들어온 건축 기술이 융화되어 완성도가 매우 높았고 남성미를 느낄 수 있는 강력한 궁궐로 재탄생한다.

1868년 7월, 경복궁이 제 모습을 갖추자 고종은 창덕궁에서 경복궁으로 옮겨온다. 안팎으로 발생하는 외세의 침탈 속에서 새 궁궐로 옷을 갈아입은 고종. 바야흐로 새로운 역사가 시작될 시기였다. 그런데 서기 1895년 고종 32년, 경복궁 건청궁에서 명성황후가 시해당하는 희대의 사건이 벌어진다. 신변의 위협을 느낀 고종이 러시아공관으로 피신하니 이 사건이 아관파천이다. 경복궁은 정궁의 기능을 또 다시 상실하면서 천덕꾸러기가 되었고 고종은 덕수궁을 정궁으로 사용하기 시작한다.

❶ 경북궁 근정전 내부 ❷ 경복궁 근정전

서기 1910년, 국권을 강탈당하자 경복궁은 수난의 세월 속에 빠져든다. 경복궁의 엄청난 규모에 놀란 일본 총독부는 경복궁을 천천히 파괴하기 시작하더니 절반에 가까운 4천여 칸을 마구잡이로 해체하기 시작한다. 해체된 궁궐 자재 중에는 시장바닥에 버려지거나 일본 사람이나 일반인에게 건축 자재로 팔려나간다. 문헌에 따르면 전각은 통째로 일본에까지 팔려나갔다 한다. 사정이 이렇다 보니 해방 후 온전하게 남아있는 건물이라고는 경회루나 근정전 등 10여 동 밖에 되지 않았다.

▶ 최근 일반인에게 개방된 경회루

1990년부터 시작된 경복궁 복원 사업은 1995년 조선총독부 건물을 철거하면서 본격화되어 강녕전, 교태전, 비현각을 복원시켰고, 2009년까지 전각 93동 모두를 복원할 것이라 한다. 경복궁의 실제 규모를 알 수 있는 그림인 '북궐도'를 참고하면 지금의 경복궁은 근전정을 중심으로 그 뒤편만 일부 복원된 상태라 말할 수 있다. 근정전 좌우 지역과 태원전 권역이 복원되지 않은 상태임에도 불구하고 경복궁의 현재 모습은 반나절 동안 발품을 팔아도 전부를 가늠할 수 없을 정도로 엄청난 규모와 강인한 인상을 준다.

눈여겨 볼 건물로는 국왕의 업무장소이자 정종, 세종, 단종, 세조, 성종, 중종 등의 즉위식이 열렸던 보물 제223호 근정전이 있다. 왕족의 잔치장소이자 외교사절 영접장이었던 경회루는 최근 일반인들에게 문호를 개방 자유출입이 가능해졌다. 장희빈의 초기 거처로 알려진 자미당 자리에 세운 자경전 뒷뜰에 위치한 보물 810호 십장생 굴뚝도 제법 볼만하다.

사진 촬영이 목적이라면 왕비의 침소인 교태전 후원인 아미산과 향원정 일대를 돌아보는 것이 좋다. 아미산 굴뚝은 진품 중의 진품이므로 자세히 답사해야 한다. 데이트 코스로 인기있는 경복궁 향원정은 눈 내리는 겨울에 특히 아름다우므로 겨울에도 다시 찾아가 봐야 한다. 어린 자녀들과 나들이를 겸한 경복궁 답사라면 경복궁 동쪽 출입구에 위치한 민속박물관 일대가 좋다. 팽이 돌리기와 같은 간이 민속놀이를 즐길 수 있고 야생화 정원에서 꽃내음을 만끽할 수 있다.

Information

경복궁 관리소 ☎ (02) 732-1932

- 지하철 3호선 경복궁역 하차 후 5번 출구 이용
- 버스 이용시 162, 212, 601, 1012, 7012, 7018, 9602번 등 20여편 운행, 광화문 등에서 하차
- 승용차 이용시 경복궁 정문인 광화문 우측 주차장 이용

매주 화요일 정기휴관, 하절기 오후 5시 입장 마감, 동절기 11월~2월 오후 4시 입장 마감(전국 궁궐 유적지 공통 적용)

가족과 오순도순 마음 편한 궁궐 여행

서울 창경궁

이른 봄이면 살구꽃과 앵두꽃, 벚꽃이 만발하는 궁궐 여행. 벚꽃이 자지러지면 철쭉이 눈부시게 피어나면서 서울 창경궁은 완연한 봄빛이 된다. 여름에는 울창한 수목의 산책로가 한여름 더위를 씻어준다. 가을이 오면 단풍놀이가 무색할 정도로 창경궁의 단풍이 아름다움을 뽐낸다. 서울 어디에도 이만큼 아름다운 명소는 없을 것이다.

창경궁은 서기 1418 세종 원년에 지은 수강궁을 모태로 서기 1484 성종 15년에 지어진 조선왕조의 별궁이다. 임진왜란 당시 경복궁, 창덕궁과 함께 창경궁도 소실되지만 서기 1616년 광해군 8년에 명정전, 문정전, 환경전, 인양전, 공사청, 홍화문 등의 복원 작업이 진행되어 지금의 모습을 갖추기 시작

❶ 창경궁 함인정
❷ 창경궁의 여름 산책로

한다. 장희빈이 중전에서 빈으로 강등되며 쫓겨난 후 거처했던 창경궁 취선당은 원래 명정전 부근에 있었지만 훗날 사도세자의 방화사건으로 불타 없어졌다. 장희빈은 당시 취선당에 머물며 인현황후를 저주하는 굿을 한 것으로 유명한데, 후에 그녀가 사약을 받은 장소도 창경궁 안이었다고 한다.

창경궁과 빼놓을 수 없는 임금이 바로 세종대왕이다. 자신의 아버지인 태종이 왕위를 물려주자 아버지의 거처를 마련하기 위해 세종이 지은 궁궐이 창경궁의 전신인 수강궁이기 때문이다. 세종이 문종에게 왕위를 물려주자 이번에는 문종이 앵두열매를 좋아했던 아버지 세종을 위해 궁궐 안팎으로 앵두나무를 심었다. 창경원 홍화문을 들어서면 바로 보이는 보물 제386호 옥천교 주변의 앵두나무가 바로 이 무렵 심어진 것이다. 창경궁의 볼거리는 명정전을 중심으로 한 궁궐 영역과 춘당지와 온실을 중심으로 한 산책 코스가 있다. 명정전 뒤로 있는 함인정은 영조가 과거시험에 장원급제한 사람들을 접견했던 장소로 유명하다.

궁궐 지역을 지나 춘당지로 이동하면 울창한 숲을 따라 산책로가 이어진다. 창경궁의 연못인 춘당지는 쌍쌍으로 온 연인들의 데이트 장소로도 인기가 있다. 연못 주위로 벤치가 있어 여름이면 도시락을 준비해온 가족들을 제법 많이 볼 수 있다. 춘당지를 지나면 창경궁의 식물원이라 할 수 있는 온실이 있다. 온실 앞에 조성된 야생화 단지는 봄과 여름에 특히 꽃내음이 마음을 설레게 한다.

Information

☎ 창경궁 관리소 ☎ (02) 762-4868

- 지하철 4호선 혜화전철역 하차 4번 출구에서 도보 10분
- 버스 이용시 100~107번, 140, 143, 150, 160~162번, 171, 172, ,272, 1011, 1012, 1018, 1019 버스 이용
- 승용차 이용시 서울국립과학관 방향 도로변 주차장 이용

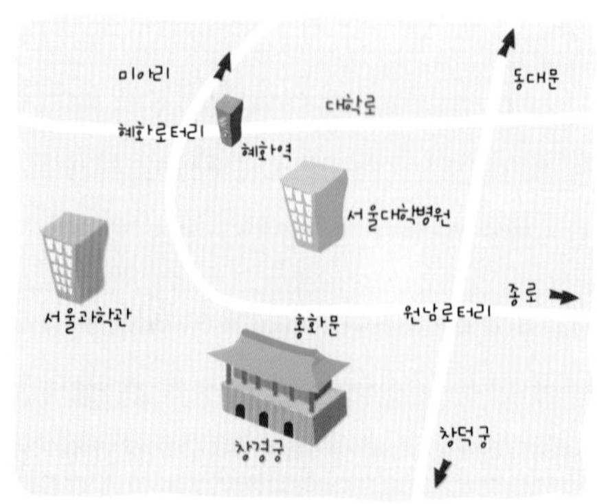

답답한 도시의 허파구실을 하는 서울의 명산

서울 북한산 국립공원

서울의 북한산과 도봉산 일대를 하나로 묶어 북한산 국립공원이라 부른다. 북한산과 도봉산은 서울에서 가장 뛰어난 명산이라고 알려져 있다. 실제로 전국의 유명한 여러 산과 비교해도 빠지지 않는 명산임에 틀림없다. 북한산성을 중심으로 곳곳에 산재해 있는 문화유적과 알려진 등산로가 100여 개나 되는 산, 크고 작은 100여 개의 사찰이 말해주듯 북한산은 서울의 역사와 같이 했다고 해도 과언이 아니다. 북한산을 오르려면 가능하다면 주말을 피해 평일을 이용하는 것이 좋다. 평일엔 시간이 없겠지만 가정주부나 대학생이라면 잠시 짬을 낼 수 있을 것이다. 가장 짧은 코스 중의 하나인 백운대(도선

북한산 등산 코스

1. 우이동 도선사 코스

우이동 도선사광장 → 백운매표소 → 하루재 → 인수대피소 → 백운대피소 → 위문 → 백운대정상 → 우이동(왕복 8km, 2시간 소요, 버스종점에서 도선사 광장까지 택시 합승 이용. 이 구간 도보 이용시 40분 안팎 소요)

2. 구기동 코스

구기동 정류장 → 구기매표소 → 구기계곡 → 갈림길 → 대남문(편도 4km, 1시간 50분)

3. 종주 코스

우이동 도선사광장 → 백운매표소 → 하루재 → 인수대피소 → 백운대피소 → 위문 → 백운대 정상 → 위문 → 노적봉안부 → 동장대 → 대동문 → 보국문 → 대성문 → 문수봉 → 비봉 → 향로봉 → 탕춘대성갈림길 → 족두리봉 → 불광매표소(종주 15km, 7시간)

사) 등산로는 왕복 2시간 30분 안팎이면 정상을 밟고 내려올 수 있다.

북한산의 주말 풍경은 다소 실망스러울 수도 있다. 도심생활에 찌든 사람들이 모두 몰려나와 주말이면 등산로 입구는 정말 산인지 시장판인지 구별이 되지 않을 정도로 복잡하다. 평소 10분이면 오를 수 있는 코스도 빼곡히 꼬리를 물고 오르는 등산객들로 인해 30~40분 이상 소요된다. 북한산은 수많은 코스가 있지만, 우이동 도선사에서 진입하는 백운대 코스가 북한산에서 가장 인기있는 등산 코스 중의 하나이다. 북한산 정상인 백운대를 가장 빠른 시간에 정복할 수 있고 등산로도 평이하기 때문이다.

도선사광장에 차를 주차한 후 상가 우측을 바라보면 백운매표소가 보인다. 버스로 도착한 사람은 버스종점에서 도선사광장까지 택시합승이나 절에서 신자를 위해 운영하는 버스를 타고 올라가는 것이 경제적이다.

도선사광장에 있는 백운매표소를 통과하면 바로 가파른 등산로가 시작되는데 약 30여 분가량 오르면 하루재에 도착한다. 하루재에 서면 저멀리에 암벽 훈련장으로 유명한 북한산 인수봉이 올려다 보인다. 인수봉 암벽훈련장은 일반인들이 오를 수 없는 전형적인 암벽 등반 코스이다. 인수봉 암벽을 오르려면 북한산 우이분소에서 별도의 허가증을 발급받아야 한다.

북한산 인수봉에서 암벽 등반 훈련을 하는 산악인들을 뒤로 하고 백운대를 향해 발걸음을 재촉하면 백운대 길목에 백운대피소(백운산장)가 기다리고 있다. 국수, 라면, 파전을 먹을 수 있는데 파전이 독특하다. 마른 새우를 넣은 만든 새우파전이다.

대피소 옆에는 사람들이 마실 수 있는 우물 모양의 약수가 있다. 두레박으로 떠 마시는데 그게 재미있는 모양이다. 도선사광장에서 대피소까지 소요되는 시간은 40여 분 남짓이다. 이제 20분을 더 오르면 북한산 정상인 백운대에 설 수 있다. 등산 코스가 쉽기 때문에 가정주부는 물론 젊은 여성이나 초등학생 정도의 어린 자녀를 동반하고도 백운대 정상을 밟을 수 있다.

백운대피소에서 조금 오르면 북한산성 위문이 보인다. 인구가 과밀한 서울의 산답게 평일에도 20대 초반의 젊은이들을 등산로에서 많이 볼 수 있다. 위문 → 백운대 사이의 등산로는 별도의 우회길이 없다. 따라서 등산객이 많으면 줄을 서서 올라가는 코스가 된다. 이 코스를 거치면 거대 암벽을 옆으로 돌아 북한산 정상인 백운대 꼭대기에 설 수 있다. 화려하게 이어지는 북한산 주능선이 한눈에 조망되어 가슴을 시원하게 만든다. 백운대 정상을 밟은 후에는 같은 코스로 하산하거나 용암문 → 도선사 방향으로 우회하여 하산할 수 있다. 하산 시간은 1시간 남짓 소요되는데 도선사 방향으로 하산할 경우 30분가량 더 지체된다.

❶ 우이동 백운대피소 풍경
❷ 백운대피소에서 만난 명물 새우파전

북한산에는 이 밖에도 널리 알려진 여러 등산로가 있다. 정릉 청수장 코스, 수유리 화계사 코스, 수유리 빨레골 코스는 대개 북한산의 칼바위 능선을 즐기려는 사람들이 이용하는 등산로다. 바위로 된 칼바위 능선을 오르는 것이 재미있지만 다소 위험하여 주의를 하지 않으면 추락할 수도 있는 코스이다. 중 · 고등학생 이상의 자녀들이라면 오순도순 대화를 나누며 함께 오를 수 있다. 이 코스는 보통 보국문을 목표로 오르는 코스라 할 수 있다. 청수장에서 보국문까지는 왕복 3시간 안팎. 만일, 보국문을 경유 백운대 정상을 밟은 뒤 우이동으로 하산할 경우 총 4시간 30분가량이 소요된다.

구기동 코스는 비봉 또는 대남문을 목표로 오르는 등산 코스이다. 서울의 스카이라인을 조망할 목적으로 오르는 등산로이므로 제법 인기가 많다. 구기동 → 대남문 방향은 접대용 코스이고 구기동 → 비봉 코스는 등산에 가까운 코스이다. 둘 다 왕복 3시간 30분 안팎이 소요된다. 불광동 → 향로봉 → 비봉 코스는 초보자가 아닌 중급자들이 선택하는 등산 코스이다. 바위 풍경이 인상적일 뿐 아니라 서울 조망권 또한 으뜸이다. 꽤 위험한 코스이지만 그만큼 산행의 즐거움이 많다. 이 코스는 다소 위험하므로 고등학생 이상만 도전하는 것이 좋다.

불광동 인근 구파발역에서 버스를 타면 북한산성으로 이동할 수 있다. 북한산성 입구에서 오르는 북한산은 우이동 코스와 마찬가지로 북한산 정상인 백운대를 목표로 오르는 산행 코스이다. 북한산성의 성곽 모양이 원형 그대로 보존되어있으므로 답사 겸 산행 코스라 할 수 있다. 가족 단위로 편안하게 트래킹할 수 있는데 서울 반대편에 위치한 덕택에 계곡의 상태는 상당히 양호한 편이다.

북한산 종주 코스는 딱히 말할 수 없을 정도로 여러 가지 코스가 있다. 알려진 등산로가 100여 개에 달하므로 종주 코스라 생각한 것이 횡단 코스이거나 순환 코스일 수도 있다. 그렇다면 북한산 종주 코스는 어느 코스가 과연 정답일까? 필자가 보기에는 불광동 → 우이동 코스가 가장 근사한 북한산 종주 코스라 할 수 있다. 이 종주 코스는 매우 뛰어나지만 상당히 위험하다. 향로봉 능선과 족두리봉 일대가 비교적 위험한 코스이고 나머지 능선도 간간히 위험한 구간이 존재한다. 그러나 불광동 독바위 구간에서 오를 때부터 서울 시가지가 멋지게 조망될 뿐 아니라 험악한 산세가 풍부하게 연이어진 것이 큰 장점이 되고 있다. 몇몇 위험 코스에는 우회 등산로가 있으므로 위험하다 싶으면 우회하는 것이 좋다. 북한산 종주 코스는 다소 힘이 듦으로 20세 이상만 도전하는 것이 좋고 총 산행시간은 7시간 이상을 잡아야 한다.

Information

- 우이(도선사)지구 ☎ (02) 997-8365 / 4호선 수유역 4번 출구 130, 1217번 버스, 미아역앞 1219번 버스 이용
- 수유지구 ☎ (02) 997-8366 / 4호선 수유역에서 아카데미하우스 방면 1119번 버스 이용
- 수유지구 화계사 및 빨래골 코스 / 4호선 미아삼거리역 또는 6호선 고려대역에서 104, 144번 버스 이용
- 정릉(청수장)지구 ☎ (02) 909-0497,8 / 4호선 길음역 3번 출구에서 정릉행 162, 1013, 1020번 버스 이용
- 정릉지구 형제봉 코스 / 4호선 길음역에서 170,171,1711,7111,7211번 버스 이용 국민대에서 하차
- 구기지구 ☎ (02) 379-7043 / 3호선 불광역에서 7111번, 7022번, 7211번 버스이용
- 불광지구 ☎ (02) 357-9698 / 6호선 독바위역에서 하차
- 진관동지구 ☎ (02) 357-9698 / 구파발역에서 7724번 버스 이용 또는 704번 탑승 부대입구 하차 도보 이동
- 북한산성지구 ☎ (02) 357-9698 / 3호선 구파발역에서 산성입구행 버스 이용

▶ 북한산 인수봉에서 암벽 훈련을 하는 산악인들

★★★ 우리나라에서 가장 큰 전쟁 박물관

서울 용산 전쟁기념관

1994년 6월 개관한 용산 전쟁기념관은 서울 구경에서 빼 놓지 않고 봐야할 대표적인 명소이다. 3만 5천 평 부지에 테마별 전시실과 대형무기 전시장을 갖추고 있는 국내 최대 규모의 전쟁관련 박물관이 용산 전쟁기념이다. 테마별 전시실은 호국추모실, 전쟁역사실, 6.25전쟁실, 해외파병실, 국군발전실, 대형장비실 등 6개로 나누어져 있다. 전시실 가는 입구에 있는 전사자 명부 열람실은 해방 이후 전사자 명부를 연람케 하여 절로 가슴을 숙연케 한다.

6개의 테마 전시실은 화살표 방향으로 이동하며 구경할 수 있는데 볼거리가 매우 푸짐하다. 주요 볼거리로는 삼국시대 때부터 현대까지 국내의 전쟁 역사를 보여주는 전쟁역사실이 있고, 6.25 전쟁의 원인과 피난 과정을 생생하게 재현한 6.25전쟁실, 우리 국군의 해외파병 역사를 년도별로 보여주는 해외파병실, 육해공군의 군사관련 장비와 발전과정, 군복 및 계급장 변천사, 무기 변천사를 전시한 국군발전실이 있다. 특히 국군발전실은 국방부의 도움 하에 육해공군 관련 모든 군장비가 일목요연하게 전시되고 있어 가장 볼거리가 풍성하다.

❶ 국군의 모든 탄약을 종류별 전시하는 국군발전실

❷ 충무함을 통채로 전시하는 국군발전실

옥외전시장에서 전시중인 각종 군사관련 장비들도 색다른 볼거리이다. 탱크, 장갑차, 전투기, 잠수함을 비롯해 해병대가 사용하는 에어보트 등 수많은 대형무기가 옥외전시장에서 전시중이다. 옥외전시장 옆으로는 연못, 분수대, 녹지대가 조성되고 있어 가족 나들이로도 안성맞춤이다. 편의시설로는 한식당, 매점, 군사관련 서적을 판매하는 서점 등이 있다. 한가지 더, 북문 출입구에 위치한 기념품판매점에서 사제 군복을 기념품으로 팔고 있는 것이 이색적이다.

6개의 테마별 전시실과 옥외 전시실까지 꼼꼼하게 돌아보려면 반나절 이상의 시간이 필요할 정도로 용산 전쟁기념관은 볼거리가 많다. 가족과 함께 돌아볼 수 있는 명소이자 군입대 전에 돌아봐도 안성맞춤의 장소인 셈이다.

Information

 전쟁기념관 ☎ (02) 709-3139, 3114

- 1호선 남영역 하차시 도보 10분 소요, 4, 6호선 삼각지역에서 하차시 도보 5분 소요
- 지방에서 출발시 서울역 또는 용산역 앞에서 시내버스 이용 10분 소요
- 승용차 이용시 경부고속도로 → 서울 → 반포 → 이태원 → 용산기념관
- 서울 북부지방에서 출발시 서울역 → 용산 삼각지 직전 용산 전쟁기념관 이정표보고 U턴 진입

매주 월요일 휴관, 오후 17시 입장 마감

서울 최고 인기의 도시공원

서울 올림픽공원 · 몽촌토성

서울 송파구 방이동에 위치한 서울 올림픽공원은 원래 1988년 서울 올림픽 당시 사용할 목적으로 조성된 각종 경기장이 있는 지역이다. 지금은 서울 시민들을 위한 체육 시설과 휴식처로 활용되면서 우리나라 도시공원 중에서 가장 빼어난 공원이 되었다.

전체면적 약 43만 평의 규모가 말해주듯 볼거리도 많고 즐길 거리도 많다. 크게 세 개의 테마로 나눌 수 있는 서울 올림픽공원에서 가장 흔히 찾는 장소는 평화의 탑 광장이다. 광장은 인라인 스케이팅을 즐길 수 있는 다목적 공간으로 변해 평일에도 수많은 스포츠 애호가들이 즐겨 찾는다. 공원 테두리를 따라 형성된 옛 백제토성인 몽촌토성과 몽촌역사관 일대는 인근 주민들의 산책 및 조깅 코스로 인기가 많다. 최근에는 수도권 인근에서 가족 단위로 놀러올 수 있는 나들이 장소로도 널리 알려져 있다.

몽촌토성은 2,210m 길이의 백제 토성으로 토성길을 따라 한 바퀴 돌 수 있는 산책 코스가 개발되어 있다. 토성길 주변으로는 호반길이나 추억길, 연인길 등이 있어 연인들의 데이트 코스로도 안성맞춤이다.

▶ 서울 올림픽공원 내 몽촌토성 길

몽촌토성 일대는 웨딩사진을 찍으려는 예비 신혼부부들의 야외 촬영 장소로 유명하다. 최근에는 입소문이 퍼져 디카 마니아들이 사진을 찍기 위해 즐겨 찾는다고 한다. 몽촌토성 일대는 가족 단위의 나들이와 연인들의 데이트 코스로 제격이지만 여름철에는 그늘이 많지 않아 햇볕을 피하기 어려운 것이 단점이다.

몽촌역사관은 백제문화의 대표적인 유물과 유적들을 한눈에 볼 수 있는 곳으로 백제 한성시대 당시 건립된 몽촌토성에서 발굴한 각종 유물들을 전시하고 있다.

서울 올림픽공원은 주말이면 특히 방문객들이 많은데 이는 공원 안 경륜장에서 경륜 경기가 열리기 때문이다. 경륜 경기는 매주 금, 토, 일요일마다 열리지만 겨울철 1, 2월에는 열리지 않는다. 올림픽공원의 그 외 볼거리로는 호돌이 관광열차, 음악분수, 야생화 단지 등이 있다.

지방에서 올라올 경우 올림픽공원에 위치한 올림픽파크텔을 숙박지로 선택하는 것도 좋은 방법이다. 지상 18층의 올림픽파크텔 객실에서 내려다 본 올림픽공원은 말 그대로 그림처럼 아름다운 풍광을 자랑한다.

Information

공원관리과 ☎ (02) 410-1247, 몽촌역사관 ☎ (02) 424-5138~9(매주 월요일 휴관)

- 지하철 이용시 5호선 올림픽공원역 또는 8호선 몽촌토성역 하차 후 각각 도보 15분 소요
- 지하철 몽촌토성역 앞에서 각 방향으로 연결된 버스 수시 운행
- 지방 출발 승용차 이용시 중부고속도로 강일 I.C → 올림픽대로 → 천호동 → 올림픽공원

올림픽파크텔 ☎ (02) 410-2514~5 외

★★ 서울에서 만나는 끝없는 억새밭의 파노라마

서울 하늘공원(월드컵공원)

서울의 현대식 공원 중에서 아름다운 공원이라 하면 올림픽공원, 선유도공원, 하늘공원을 꼽을 수 있다. 필자는 이를 서울의 3대 도시공원이라 부르는데 하늘공원 역시 한번쯤 찾아가봐야 할 아름다운 공원이다.

서울 상암동에 위치한 하늘공원은 난지도 쓰레기 매립장 105만 평을 매립하고 조성한 현대풍의 도시공원이다. 월드컵의 성공적인 개최와 상암 새 천년타운과의 연계를 통한 친환경 목적으로 조성된 월드컵공원에서 가장 인기있는 공원이 바로 98m 높이의 하늘공원이다.

월드컵공원 중에서 가장 하늘과 가깝다 하여 하늘공원이라 부른다. 고지대를 따라 억세와 같은 초지지대가 5만 8천 평 규모로 펼쳐진다. 노랑나비, 제비나비, 네발나비, 호랑나비 등 3만 마리의 나비를 풀어놓아 새로운 생태계가 조성되고 있지만 하늘공원의 최고 볼거리는 무엇보다 억새밭이 단연 으뜸이다. 봄부터 가을 사이에 억새밭을 거닐다 보면 새로운 추억거리가 된다. 또 다른 볼거리는 하늘공원에 설치된 5기의 풍력발전기이다. 이 풍력발전기를 이용해 만들어 낸 전기는 하늘공원의 가로등과 탐방객안내소 등에 전력을 공급한다고 한다.

▶ 하늘공원에서 바라본 한강과 여의도

하늘공원 전망대로 이동하면 서울의 도시 풍광이 한눈에 조망된다. 북쪽으로 북한산이 보이고 동쪽으로 남산과 63빌딩, 남쪽으로는 한강, 서쪽으로는 행주산성이 펼쳐진다. 하늘공원 내 편의시설로는 탐방객안내소와 간단히 휴식을 취할 수 있는 매점이 있다.

월드컵 공원 주변 여행 지도

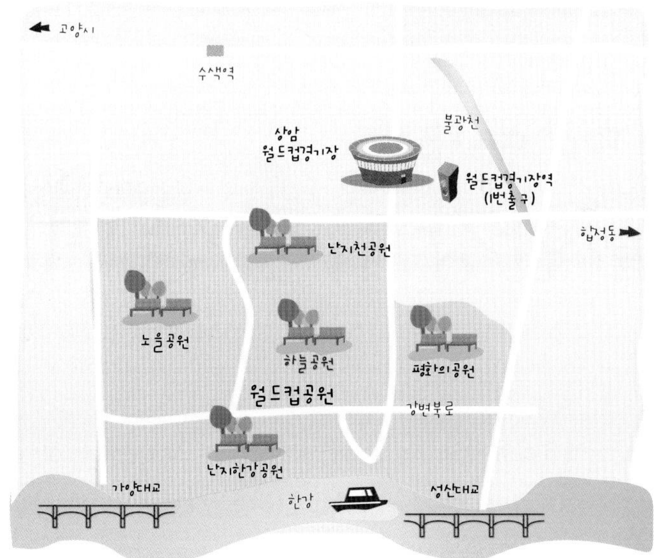

Information

☎ 월드컵공원 관리사무소 ☎ (02) 300-5501~2

- 지하철 6호선 서울월드컵경기장역 2번 출구에서 도보 이동후 월드컵공원 전시관 앞에서 셔틀버스 탑승, 20분 간격 운행
- 버스 이용시 월드컵경기장행 171, 271, 571, 7011, 7013, 7714번 버스 탑승후 월드컵공원 전시관 앞에서 셔틀버스 탑승, 20분 간격 운행
- 승용차 이용시 강변북로 → 성산대교 북단 → 하늘공원 또는 월드컵공원 이정표 보고 진입

★★ 물길 따라 떠나는

서울 한강 유람선 여행

서울 중심에서 유유히 흐르는 한강은 유람선을 타고 돌아보는 것이 제격이다. 유람선을 타고 돌아보는 한강 여행의 백미는 서울 야경이다. 유람선에서 바라보는 서울 야경은 낭만적이고 아름답다.

북한강과 남한강 두 물줄기가 모여 만든 한강에는 곳곳에 여러 명소가 있다. 봄, 여름, 가을, 겨울 계절에 따라 다른 모습으로 펼쳐지는 한강의 모습은 서울 시민들의 좋은 휴식처이다. 또한 한강은 생태계의 낙원이기도 하여 580여 종의 식물과 54종의 수서곤충, 35종의 철새가 서식하는 공간이기도 하다. 한강 여행은 유람선을 이용하는 방법과 강변을 따라 조성된 10여 개의 한강시민공원을 지하철이나 승용차로 찾아가는 방법이 있다.

한강시민공원은 뚝섬지구, 망원지구, 반포지구, 양화지구, 여의도지구, 이촌지구, 잠실지구, 잠원지구, 광나루지구 등이 있다. 각 지구마다 축구장이나 야구장, 테니스장 등의 스포츠 시설이 구비되어 있고 인라인 스케이팅과 자전거를 탈 수 있도록 전용 도로가 잘 닦여 있다. 이러한 한강시민공원에는 갈대숲과 같은 아기자기한 명소가 많으므로 데이트 및 산책 코스로 안성맞춤이다. 뚝섬지구나 망원지구, 양화지구, 잠실지구 등에서는 1천 원 정도의 비용으로 강 낚시를 즐길 수 있다. 한강 유람선은 여의도 여의나루역 근방의 여의도선착장이나 잠실 신천역 근방의 잠실선착장 그리고 건대입구역에서 가까운 뚝섬선착장, 당산역에서 가까운 양화나루선착장에서 각기 출발한다. 인기 코스는 여의도선착장과 잠실선착장 구간을 운행하는 편도 유람선이다.

승용차로 접근할 수 있는 한강 명소로는 한강공원 망원지구와 인접한 절두산성지와 행주산성, 선유도공원, 뚝섬지구의 수상스키장, 이촌지구의 거북선 나루터, 광나루 지구와 인접한 암사동 선사유적지가 있다. 타지에서 올라온 사람들에게 추천할 수 있는 대표 명소는 양화대교 중간에 위치한 선유도 공원이 좋다. 선유도 공원은 서울의 웨딩 촬영 명소이자 20대 초반의 젊은이들에게 인기가 많다. 여의도에 위치한 여의도공원과 63빌딩을 관광하는 것도 색다른 재미가 된다.

❶ 서울 한강 선유교 아래에서 연을 날리는 소녀
❷ 2004년에 있었던 한강 세계불꽃놀이 축제

Information

☎ 유람선 운항시간 문의 ☎ (02) 785-4411

[선착장] 여의도 선착장 ☎ (02) 785-4411 / 잠실 선착장 ☎ (02) 416-8611 / 뚝섬 선착장 ☎ (02) 785-4411 / 양화나루 선착장 ☎ (02) 2675-3535 / 선유도 공원 ☎ (02) 2631-9368

서울 명물 거리 · 시장 · 놀이동산

서울 인사동 거리 / 서울 종로 1가~6가 / 서울 명동 여행 / 그 밖의 서울 거리 여행 / 서울 남대문시장 / 서울 동대문 시장 / 그 밖의 서울 유명 시장 / 서울 롯데월드 / 서울 어린이대공원 / 서울 과천 서울대공원 · 서울랜드

서울의 거리 여행

서울 인사동 거리

서울 인사동은 종로2가 헐리우드극장 입구에서 북쪽으로 안국동 네거리까지의 거리를 말한다. 조선시대 때 한성부 관인방(寬仁坊), 한성부 대사동(大寺洞)으로 불리다가 가운데 글자인 '인' 자와 '사' 자를 따서 인사동이라 불렀다 한다.

인사동의 명성이 전국적으로 알려진 계기는 1987년부터 시작된 인사동 전통문화축제의 영향이 크다. 경인미술관을 필두로 관훈갤러리 등 유명 갤러리와 골동품 상점들이 예술가와 문인들을 불러 모으면서 지금의 인사동은 20대 초반의 젊은이들이 즐겨 찾는 문화의 거리로 거듭 탈바꿈하고 있다.

눈여겨 볼 인사동 거리 명소는 전통찻집과 미술관이 결합된 형태인 경인미술관(02-733-4448)과 전통찻집 귀천(02-3210-2288) 등이 있다.

데이트 코스로 안성맞춤인 경인미술관은 15종의 전통차를 판매하는 다원에서 입맛에 맞는 차를 마시며 아담한 정원에서 사진을 촬영하며 담소를 나눌 수 있다. 전통찻집 귀천은 고 천상병 시인의 부인이 운영하는 찻집으로 그 역사가 매우 깊다. 필자도 소싯적에 즐겨 찾았는데 귀천의 모과차는 지금도 옛 맛이 그대로 남아있다. 그 맛이 일본에까지 소문이 퍼져 일본인 관광객들이 귀천을 제법 찾는다고 한다. 원래 귀천의 위치는 인사동 대로변이었지만 수도약방 골목으로 잠시 이전했다고 한다. 천상병님의 시나 문학에 관심있는 사람이라면 귀천에서 오붓하게 전통차 한잔이 어떨까?

❶ 인사동 밤 풍경
❷ 인사동 카페 귀천

인사동의 맛집은 대로변 안쪽의 뒷골목에 형성되어 있다. 보릿고개추억 골목길과 학고재 골목길을 접어들면 다양한 종류의 전통과 현대적인 모습이 교차하는 음식점들을 만날 수 있다. 음식값은 서울의 다른 지역보다 2, 3천원 비싸지만 솥밥이나 사찰 음식을 맛볼 수 있는 것이 인사동만의 특징이다.

인사동은 자동차를 주차할 곳이 마땅치 않다. 주차장은 태화관 앞 공영주차장과 낙원상가 공영주차장을 이용할 수 있지만 주차비가 상당히 비싸므로, 되도록이면 대중교통을 이용하는 것이 좋다.

인사동 거리 지도

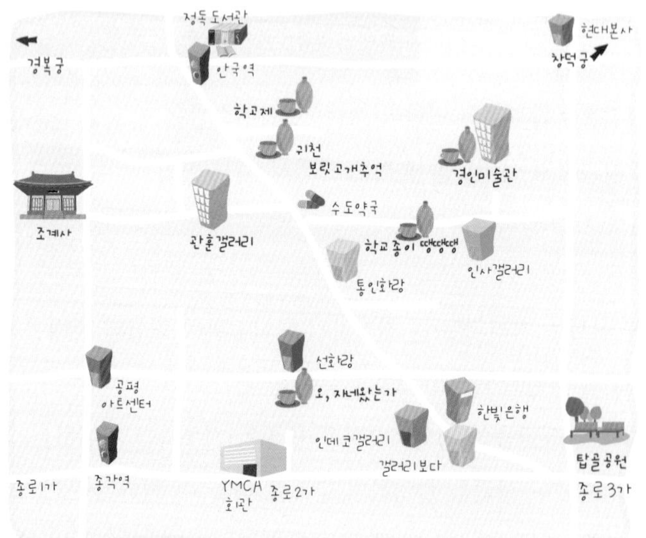

Information

• 1호선 종각역 3번 출구에서 도보 3분 소요 • 3호선 안국역 6번 출구에서 도보 1분 소요

서울의 거리 여행 ★★★

서울 종로 1가~6가

영웅호걸은 간데없고 디지털 이미지가 남발하는 세상이 되었지만 서울의 대표 거리는 누가 뭐래도 종로1가부터 6가까지의 거리일 것이다. 조선 왕조 600년 동안 나라의 중심이 된 거리인 서울 종로는 1가에 도성문(都城門)의 개폐 시각을 알려주던 큰 종루가 있다하여 운종가라 불리다가 지금의 종로라는 이름이 붙었다.

종로 거리의 최고 중심가는 종로2가 YMCA 건물을 중심으로 건너편 관철동 지역이라 말할 수 있다. 종로3가의 시네마 타운도 변치 않는 번화가이고 종로4가의 세운상가와 종묘공원, 종로5가의 약

❶ 종로2가 YMCA 건물
❷ 종로2가 거리 풍경
❸ 종로6가 화훼류 거리

국들과 광장시장도 많은 사람이 찾는 번화가이다. 종로 거리의 대표 유적지는 세계문화유산으로 등록되어 있는 종로4가의 종묘라고 할 수 있다. 흔히 종묘공원이라 불리며 노년층이 즐겨 모이는 곳이지만, 종묘 안으로 입장하면 5만 6503평 크기의 숨겨진 세계문화유산들을 만날 수 있다. 종묘는 조선시대 역대 왕과 왕비의 신주를 모신 일종의 사당으로 '종묘사직'이 모셔진 장소다.

종로에서 대표적 먹거리는 종로1가 청진동 일대에 있는 청진동 해장국과 무교동낙지가 유명하다. 무교동낙지가 유명세를 타자 그 일대가 전부 낙지관련 음식점으로 변해 낙지골목이 되었다. 무교동낙지의 그 매운 맛은 한번 먹어본 사람이라면 다시 안 찾고는 못 배긴다고 한다.

종로 최대 번화가인 종로2가 관철동(YMCA 건너편) 먹거리로는 스파게띠아 종로점(☎ 02-725-6777), 스시켈리포니아 종로점(☎ 02-739-5223), 삼계탕과 전기통닭구이를 먹을 수 있는 종로영양센터 등이 있다. 관철동 지역에는 베니건스를 비롯해 패밀리 레스토랑이 대부분 입점한 상태이므로 친구들이나 가족 모임에도 적당하다. 퓨전 음식점과 주점들이 많아 먹거리는 매우 풍부하다.

종로2가 삼성 종로타워(국세청 건물) 옆 골목에 위치한 이문설렁탕(☎ 02-733-6526)은 설렁탕 맛으로 유명한 집이다. 종로3가 네거리에서 피카디리 극장 방향 대로변을 따라 300m 가량 이동하면 만날 수 있는 종로빈대떡 본점(☎ 02-764-9148)에서 먹는 빈대떡은 별미 음식중의 하나이다.

종로5가 보령약국 옆 골목에 위치한 연지얼큰한동태국(☎ 02-763-9397)은 분식집 모양새를 가진 음식점인데 옛날 방식으로 가마솥에 동태찌개를 끓여 내오는 것으로 인기를 끌고 있다. 좁은 식당 안에 손님들이 항상 바글바글하고 가마솥은 수십 인분의 동태국을 한번에 끓여내고 있다. 늦게 도착하면 여러 번 끓인 것을 먹게 되므로 방금 끓여 내온 것을 먹으려면 바지런을 떨어야 한다.

종로6가 화훼류 거리 뒷골목에는 각종 도매서점이 늘어서 있는데 그 뒤편 골목과 옆골목에는 생선구이집 같은 대포집 분위기의 백반집들이 모여 있다. 삼치구이나 청어구이가 주메뉴인 이곳 음식은 제법 기분으로 먹어볼만 하다. 요즘은 서울에서는 좀처럼 볼 수 없는 전어구이를 내오는 음식점도 생겼다.

종로 거리 여행 지도

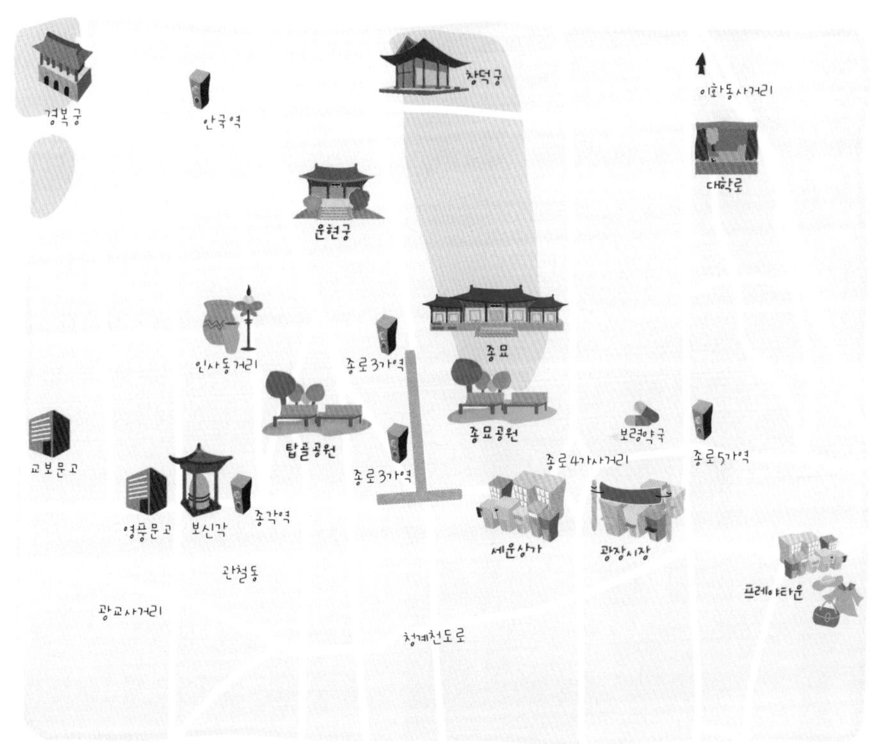

맛집

종로 시골집 – 장터국밥 ★★★

종로 YMCA 건물 바로 오른쪽 골목길로 들어서면 골목길 끝에 위치한 이 음식점은 쇠고기국밥을 잘하는 집이다. 국밥의 국물 맛이 끝내주는데 요즘 젊은 사람들의 입맛에도 잘 맞다. 한옥집을 들어서면 마당에서 연신 국밥을 끓여내는 풍경도 상당히 이채롭다. 적당히 방 하나 잡고 앉아있으면 잠시 뒤 이 집의 대표 음식인 장터국밥이 나온다. 지독하게 매워 보이는데 실제로는 전혀 맵지 않다. 고기가 듬성듬성 씹히고 국물 맛은 말로 표현할 수 없을 정도로 그윽하다. 국밥을 겸해 소주 마시기에 딱 좋은 집이다.

시골집 ☎ (02) 734-0525

유행을 창조하는 패션 일번지

서울 명동 여행

1930년대 말부터 형성되기 시작한 서울 명동 거리에는 그 당시 볼 수 없었던 도시풍의 다실을 중심으로 시인이나 문학가, 예술가들이 모여들면서 오늘날의 명동 패션 거리가 탄생한다. 서울 명동이 다른 번화가와 달리 남녀노소를 구분하지 않고 많은 사람들이 찾는 것은 이러한 역사적 배경 때문이다. 최근에는 여고생들이 명동의 주인공이 되면서 말 그대로 10대 소녀들의 거리가 되어 가고 있지만 지금도 다른 번화가에서는 볼 수 없는 40, 50, 60대 중장년층까지 폭 넓게 볼 수 있는 거리가 서울 명동이다.

서울 명동의 맛집으로는 일본인들에게 인기있는 명동 고궁의 전통전주비빔밥과 해물탕 골목의 해물탕이 있다. 젊은이들이 즐겨 찾는 틈새라면은 빠질 수 없는 별미이고 명동교자의 칼국수는 여전히 최고의 맛을 자랑한다. 또한 명동은 퓨전 음식의 천국이라 해도 과언이 아니다. 맛집 기행도 재미있지만 저렴한 가격과 푸짐한 양이 무기인 퓨전음식을 맛보는 것은 명동만의 즐거움이 된다.

Information

- 지하철 4호선 명동역 5, 6, 7, 8, 9, 10번 출구
- 지하철 2호선 을지로입구역 5, 8번 출구

명동 거리 여행 지도

맛집

명동교자 – 칼국수 ★★★

명동 최고 맛집인 명동 칼국수집이 지금은 명동교자로 이름을 바꾸었다. 항상 손님들로 바글거리는 인기 만점 음식점. 칼국수에 서너 개의 교자만두가 떠 있고 식사를 마칠 무렵이면 쌀과 조를 섞어 지은 조밥 한 공기가 서비스로 나온다.

바지락 칼국수나 해물 칼국수가 유행하는 시대지만 명동 칼국수의 구수한 국물 맛은 지금도 변함없이 맛있다. 명동 분위기에 딱 맞는 음식이므로 명동에 들릴 때면 한 번쯤 먹어보자.

[문의] 명동교자 ☎ (02) 776-5348

명동 고궁 – 전주전통비빔밥

전주고궁의 명동 분점이 명동고궁이다. 전주고궁은 필자의 남도여행 책에 잠깐 소개한 적이 있는 한정식이 유명한 집이다. 명동고궁의 대표 음식은 일본인 관광객에게 인기있는 전주전통비빔밥이다. 전주전통비빔밥은 육회 비빔밥의 하나로 육회와 나물을 얹고 잣과 호두, 대추를 고명으로 넣어 만든 것이 이색적이다. 육회를 싫어하는 사람들은 주문할 때 육회를 익혀달라고 말할 수 있다. 명동고궁은 세종호텔 뒤편에 위치하고 있다.

[문의] 명동고궁 ☎ (02) 776-3211

산동교자 – 오향장육, 물만두

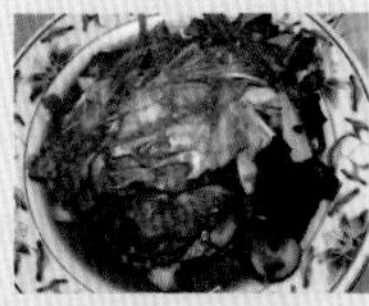

산동교자는 명동 중앙우체국 왼쪽 골목에 위치한 작은 규모의 중국집이다. 이 집의 오향장육과 물만두는 마니아층이 형성될 정도로 유명하고 자장면도 비교적 맛있게 잘한다. 오향장육이란 돼지고기에 다섯 가지의 향기나는 재료를 넣어 조린 음식으로 얇게 썰어 내온 고기에서 담백한 맛이 난다. 향이 독특해 코를 톡 쏘는 느낌이 나는데 소주와 함께 마시면 제격일 것 같았다. 이 집의 오향장육은 본토박이 스타일로 특히 유명하다.

[문의] 산동교자 ☎ (02) 778－4150

그 밖의 서울 거리 여행

서울 대학로

서울 대학로는 20대의 젊은이들이 즐겨 찾는 곳이다. 서울에서 대학을 다닌 386세대라면 종로, 신촌, 대학로가 주 활동 공간이었다. 대학로는 공연문화의 중심지로 지금도 많은 젊은이들에게 사랑을 받는 곳이다. 공연장은 동숭아트홀에서 마로니에 공원 사이에 10여 개가 형성되고 있다. 먹거리는 피자, 재즈바, 카페, 일본식 라면집이 주류이다. 특히 대학로의 카페는 아름답기로 정평이 나있다.

서울 신촌 · 이대앞

서울 신촌 번화가와 이대앞 번화가는 주머니 사정이 가벼운 대학생들과 젊은 직장인들이 주로 모이는 장소로 유명하다. 이대앞 패션가는 여대생들이 주로 모이고 신촌 번화가는 저렴한 비용으로 술을 마시려는 젊은이들로 항상 붐빈다. 패스트푸드점, 캘리포니아 롤, 퓨전 음식 등의 먹거리가 풍부하다. 불닭 같은 유행을 선도하는 음식들은 신촌에서 시작되고 있다고 봐도 과언이 아니다.

서울 강남역 4거리

IMF 이후로 서울에서 가장 많은 사람이 모이는 번화가로 아직도 그 인기가 식지 않고 있는 곳이 강남역 4거리이다. 이 거리의 주류는 10대 후반부터 20대 중반의 여대생들과 직장인들이다. 강남 중심가라는 특성으로 물가가 다소 비싼 것이 흠이지만 오후 8시부터 새벽 1시 사이에는 수 많은 인파로 발딛을 틈이 없다. 골목길로 승용차의 진입이 가능한 것이 장점이지만 주차할 장소는 마땅치 않다.

서울시민의 향수를 간직한 시장 ★★★

서울 남대문시장

하루 이용객이 30만 명에 육박하는 남대문시장은 1414년 태종 14년에 시작된 정부임대전(政府賃貸廛)이 기원이다. 조선 선조 때는 대동미, 베, 돈의 출납을 맡아보던 선혜청 창고가 설치되면서 난전이 형성되고 남대문 밖 칠패 지역에 상인들이 모여들면서 저자거리가 본격적으로 꽃을 피운다. 점차 세력이 강해진 칠패 지역의 노점상들이 남대문 안쪽인 현재의 남대문시장으로 진출 미곡, 소금, 야채, 어류, 과일 시장과 주막촌이 형성된다. 근대적인 의미의 종합시장 형태가 된 것은 1911년 조선농업주식회사가 설립되면서부터인데 이 무렵만 해도 150여 개의 점포가 남대문시장에서 영업을 했다고 한다.

❶ ❷ 남대문시장 거리 풍경

❸ 남대문시장 갈치조림

지금의 남대문시장은 약 1만 100여 개의 점포가 있는 서울의 대표시장으로 의류, 액세서리, 식품잡화, 농수산물, 수입품, 주방용품, 주류음료, 공예품, 피혁제품의 도소매상으로 널리 알려져 있다. 아동복, 숙녀복, 남성복을 판매하는 도매 의류시장이 개점하는 밤 11시부터 야시장이 본격적으로 서고 야시장이 폐장하는 낮에는 주방용품, 잡화용품, 침구류, 수입상가, 문구점들이 본격적으로 영업을 시작한다. 이렇게 남대문시장은 24시간 언제 방문해도 활발하게 움직이므로 사람사는 모습을 자연스럽게 볼 수 있는 곳이다. 남대문시장의 대표적인 먹거리는 갈치골목에서 맛볼 수 있는 칼칼한 맛의 갈치조림이 있다.

Information

- 지하철 4호선 회현역에서 하차
- 서울역에서 도보 15분 거리, 서울역 건너편에서 택시 이용시 기본요금 거리

★★★☆ 우리나라 패션 일번지

서울 동대문시장

서울 동대문시장은 1905년 7월에 형성된 서울 광장시장이 기원이다. 미곡상 성격의 광장시장이 발전하면서 종로5가에서 청계천7가 지역까지 아우르는 현재의 동대문상권이 탄생한다. 지금의 동대문 시장은 우리나라 패션 일번지라 해도 과언이 아니다.

두산타워, 밀리오레, APM 일대가 국내 최대 패션 일번지로 부상되었고 건너편 동대문운동장 방향에 형성된 디자이너클럽, NUZZON 지역도 빼놓을 수 없는 여성의류의 천국이다.

동대문 옆으로 형성된 평화시장은 각종 옷을 판매하는 구평화시장, 속옷전문의 신평화시장, 의류할인매장인 동평화시장, 가죽옷이나 보세 옷 전문의 청평화시장과 남평화시장, 캐쥬얼 의류 전문상가인 아트플라자, 광희플라자로 나누어진다.

동대문시장의 원조인 광장시장은 의류, 원단, 수입품 전문상가로 알려져 있고, 종로6가 동대문 종합시장은 각종 양복원단, 포목, 혼수용품 전문상가로 인기가 있다. 이스턴호텔 방향의 신발상가와 창신문구도매상가도 눈여겨볼 만하다. 동대문시장의 먹거리는 크게 두산타워 · 밀리오레 옆으로 형성된 식당골목과 건너편 아트프라자 식당골목으로 나눌 수 있다. 밀리오레 식당골목은 주로 두산타워나 밀리오레에서 쇼핑을 끝낸 손님들이 자주 가는 식당이다. 심야 영업을 병행하므로 새벽에 여러 가지를 골라먹고 싶다면 이 골목을 찾는 것이 가장 좋다.

아트프라자 옆 식당골목은 주로 상인들이 즐겨 찾는 배달전문 음식점이지만 일반인들도 많이 찾는다. 상차림이 전체적으로 푸짐하기 때문에 입맛을 당긴다.

남평화시장 신발노점상 초입에 형성된 포장마차에서의 조촐한 한 끼 식사도 또 다른 재미를 제공한다. 이 포장마차에서는 지금도 3,000원 안팎의 백반과 비빔밥을 팔고 있는데 제법 먹을 만하다. 동대문시장은 골목길과 상가를 따라 먹거리가 즐비하게 이어지므로 군것질을 하면서 돌아다닌 것도 색다른 재미가 된다.

동대문시장 주변 여행 지도

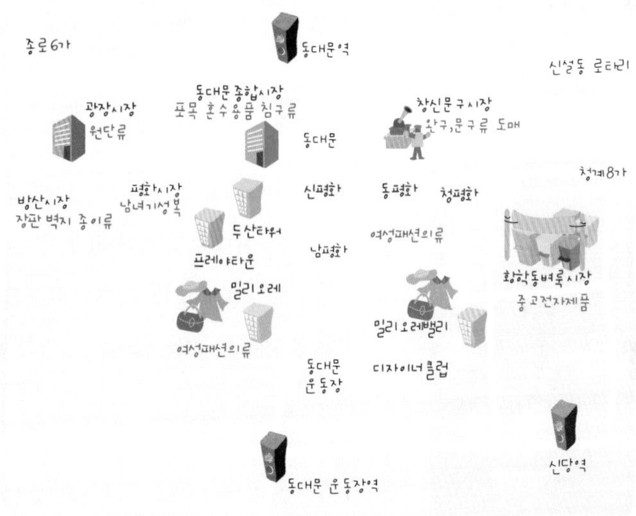

맛집

동대문 진고개 식당 – 어복쟁반 ★★★

전골요리의 하나인 어복쟁반은 평안도 전통음식이라고 알려져 있고 궁중요리에서 유래되었다는 이야기도 있다. 우설, 양지 등의 육류를 신선한 야채와 육수로 끓인 뒤 양념장에 찍어 먹는다. 먹는 맛이 남다르고 운치도 제법 좋아 술안주로 안성맞춤이다.

진고개식당의 어복쟁반은 하나를 3명이 즐길 수 있을 정도로 양이 푸짐하다. 함께 내오는 잘 숙성된 보쌈김치는 진고개만의 별미이고, 이 집은 비빔밥도 맛있게 잘한다. 진고개 동대문점은 이대병원에서 신설동 방향으로 도보 100m 부근에 위치하고 있는데 심야영업을 하지 않아 밤에는 맛볼 수 없다.

[문의] 동대문점 ☎ (02) 763-3565 / 충무로점 ☎ (02) 2267-0955

그 밖의 서울 유명 시장

서울 황학동 벼룩시장 · 원할머니보쌈 본점

청계천8가 대로변에 위치한 황학동 벼룩시장은 서울 최대의 중고품 및 골동품 벼룩시장이다. 골동품을 비롯한 냉장고, TV, 진공관 오디오, 카메라 중고품이 산더미처럼 쌓여있는 이곳은 IMF 이후로 유일하게 찾는 사람이 더 많아진 곳이기도 하다. 유명한 먹거리로는 청계천8가 로타리에 위치한 원할머니보쌈 본점(☎ 02-2232-3232)인데, 이 집의 매력은 김치맛에 있다.

서울 경동약제시장 · 경동시장

우리나라 최대 규모의 한약제 시장이 경동약제시장이다. 한약방과 약제시장이 즐비하게 들어선 이곳을 구경한 후에는 도로 건너편에 있는 경동시장도 돌아보자. 경동시장은 서민 취향의 재래시장으로 농산물, 수산물, 축산물, 청과물 전문시장이다. 경동시장 먹거리는 장어가 유명하므로 장어를 구입한 후 가정에서 고추장 양념으로 구워 먹으면 가격도 저렴하고 맛도 좋다.

서울 중부시장 · 서울 오장동 냉면골목

서울 중구 오장동에 위치한 중부시장은 건어물 전문시장으로는 전국에서 가장 규모가 크다. 건어물을 비롯해 청과물도 구입할 수 있으므로 명절 제수용품을 한곳에서 해결할 수 있다. 중부시장을 구경한 뒤에는 오장동 냉면골목에서 북한식 함흥냉면을 먹어보자. 오장동 흥남집(☎ 02-2266-0735), 오장동 함흥냉면(☎ 02-2267-9500)의 물냉면이나 회냉면이 먹어볼 만하다.

청소년들의 인기만점 테마파크

서울 롯데월드

중 · 고등학생 조카들에게 크게 점수를 딸 수 있는 놀이동산이 서울 롯데월드이다. 세계최대 규모의 실내형 놀이공원과 석천호수가 보이는 옥외 놀이동산이 결합된 롯데월드는 미국, 일본의 '디즈니랜드'와 비견되는 세계적인 테마파크로 평가받고 있다.

각종 놀이기구가 있는 롯데월드 어드벤처, 세계 각국의 고유한 건축물과 풍물거리를 재현한 매직 아일랜드, 민속박물관 등의 볼거리가 있고, 매일 다채로운 공연이 열리는 월드 페스티벌 같은 볼거리가 푸짐하다. 인접해 있는 롯데월드 쇼핑몰과 연계 관광이 가능한 것도 또 하나의 장점이다. 볼거리, 놀거리, 먹거리가 푸짐하지만 입장료와 자유이용권이 다소 비싼 것이 흠이다. 각종 카드나 특별우대권을 사용해 할인율을 적용받는 지혜가 필요하다.

Information

롯데월드 고객센터 ☎ (080) 001-1110

- 지하철 2, 8호선 잠실역에서 하차, 4번 출구에서 도보 1분 거리
- 버스 이용시 301, 302, 361, 730, 2225, 3315, 9202, 9403번 버스 등 30여 노선버스 운행
- 승용차 이용시 중부고속도로 → 서하남 I.C → 올림픽공원 → 잠실 4거리 → 롯데월드 / 경부고속도로 이용시 경부고속도로 서울 방면 → 구리, 판교 I.C → 송파 I.C → 가락시장 → 잠실4거리 → 롯데월드

입장권 성인 24,000원, 청소년 21,000원, 어린이 18,000원 / 자유이용권 구매시 각각 약 5,000원 금액 추가 / 특별우대권 사용시 15% 할인율 적용, 특별우대권 인쇄(www.lotteworld.com) / 일부 신용카드 사용시 할인율 적용 가능 / OK Cashbag 사용시 자유이용권 15% 할인 / 중복 할인 불가

서울의 놀이공원 여행

서울 어린이대공원

❶ 언제나 인기있는 낙타타기 체험장

❷ 겨울에는 썰매장이 되는 수영장

서울 어린이대공원은 어린이날이 되면 그 인기를 실감할 수 있다. 푸른 잔디밭과 구름처럼 많은 인파, 솜사탕을 물고 잔디밭에서 마음껏 뒹굴 수 있는 장소가 서울 어린이대공원이다.

어린이대공원은 원래 대한제국의 마지막 임금 순종황제비와 순명황후 민씨의 능이 있던 곳이다. 후에 민씨의 능이 양주군으로 이장되자 골프장 용도로 남아있던 이곳이 1973년 5월 5일 어린이날에 어린이대공원으로 준공된다. 어린이대공원의 볼거리는 동물원과 식물원, 야외수영장, 놀이동산으로 나눌 수 있다. 놀이동산에는 88열차를 비롯해 20여 종의 놀이기구가 있고 야외수영장은 겨울철에 썰매장으로 개장한다.

서울 중심가라는 위치와 실비에 가까운 저렴한 입장료는 어린이대공원만의 매력이다. 더구나 12세 이하 어린이는 무료입장할 수 있다. 이런 어린이대공원은 가족 단위의 나들이나 연인들의 데이트 장소로 안성맞춤이다. 겨울철에도 각종 이벤트가 꾸준히 지속되어 방문객들을 유혹하고 있다.

Information

어린이대공원 ☎ (02) 457-7054

- 지하철 2호선 건대입구 역에서 하차, 시내버스 이용 정문 5분 거리, 지하철 7호선 어린이대공원역 1번 출구정문 4분 거리, 지하철 5호선 아차산역 4번 출구 대공원후문 2분 거리
- 시내버스 이용시 정문 부근 3216, 4212, 2217, 2222번 외, 후문 부근 2221, 2232, 3215, 9301번 외 약 20여 노선버스 운행
- 승용차 이용 지방에서 출발시 중부고속도로 → 강일 I.C → 천호대교 → 천호대로 → 아차산역 → 어린이대공원 후문 주차장

입장권 성인 1,500원, 청소년 900원, 어린이 무료 / 놀이동산 자유이용권 어른 17,000원, 청소년 15,000원, 어린이 13,000원

가족 나들이에 좋은 테마파크

서울 과천 서울대공원 · 서울랜드

매주 주말이면 수도권 시민들이 몰려드는 놀이동산이 과천 서울대공원과 서울랜드이다. 272만 평 크기의 서울대공원은 동물원, 식물원, 현대미술관, 장미원이 있고, 서울랜드에는 각종 놀이시설이 나들이객들의 발길을 모으고 있다. 서울대공원과 서울랜드는 별로도 입장권을 구매해야 한다.

1984년에 개원한 동물원은 세계적 희귀종인 로랜드고릴라를 비롯해 약 360여 종 3,200여 마리의 세계 각국 동물들이 원산지와 생태, 계통별로 나뉘어져 자연생태에 가깝게 관리되고 있다. 동물원 배후에는 청계산 자락을 따라 7.4km 길이의 산림욕장이 있다. 봄, 여름 시즌이면 5천 평 규모의 장미원이 볼만하다. 장미원에서 동물원, 식물원으로 이동하는 코스는 연인들의 데이트 코스로 제격이고 가족 단위 나들이 코스로도 안성맞춤이다.

1988년에 개장한 서울랜드는 국내 최초로 테마파크 조성된 세계의 광장, 모험의 나라, 환상의 나라, 미래의 나라 및 삼천리 동산 등의 독특한 테마를 갖춘 놀이동산이다. 서울대공원 입구에서 서울랜드 사이는 거리가 꽤 떨어져 있으므로 코끼리열차를 이용해 이동하는 것이 좋다.

❶ 서울대공원 입구 전경
❷ 서울대공원 식물원 전경

Information

☎ 서울대공원 동물원 ☎ (02) 500-7311, 서울랜드 ☎ (02) 504-0011

- 지하철 4호선 대공원역에서 하차, 도보 5분 거리
- 승용차 이용시 경부고속도로 양재 I.C → 과천 방면 양재대로 → 관문사거리 직전 서울대공원 이정표 보고 진입

서울랜드 입장권 성인 12,000원, 청소년 8,000원, 어린이 7,000원 / 자유이용권 구매시 각각 약 14,000원 금액 추가 / 일부 신용카드 사용시 자유이용권 50% 할인 / 서울랜드 www.seoulland.co.kr 회원가입시 25% 할인쿠폰 신청 가능 / 동물원 입장권 성인 3,000원, 청소년 2,000원, 어린이 1,000원

경기도 Gyeonggido

파주 · 연천

파주 임진각 국민관광지 / 파주 안보 관광지 / 파주 화석정 / 파주 자운서원 /

연천 재인폭포 / 연천 한탄강 유원지 / 심야 드라이브 코스

북녘땅이 저만치 보이는

파주 임진각 국민관광지

매년 설날이나 추석 무렵이면 TV 화면에 자주 나오는 여행지가 파주 임진각이다. 임진각 본관 앞 망배단에서 실향민들이 고향을 향해 절을 하면서 조국분단의 한을 달래기 때문이다. 망배단에서면 우측으로 보이는 것이 자유의 종이고 그 사이에 있는 계단을 내려가면 자유의 다리가 있다. 임진각은 지하 1층, 지상 3층 건물로 1, 2층에 북한관련 전시장이 있고 3층은 전체가 전망대로 사용되고 있다.

임진각에서 가장 큰 볼거리인 자유의 다리는 1953년 건설된 교각으로 경기기념물 제162호로 지정되어 있다. 자유의 다리는 길이 83m, 너비 4.5~7m, 높이 8m로 목조와 철조 혼합 건축물이다.

▶ 통일의 희망을 담은 메시지가 적힌 손수건이나 옷가지들

휴전협정 당시 국군 포로 1만 2,773명이 이 다리를 통해 귀환하면서 자유의 다리라는 이름이 붙었다. 도로는 자유의 다리 맞은편에서 가로 막혀 있는데 그 너머로 철조망과 함께 군부대 막사가 보인다.

자유의 다리는 국토종단여행의 종착지로 유명하다. 이 때문인지 길을 막고 있는 철조망에는 통일의 희망을 담은 메시지들이 적힌 티셔츠나 태극기, 손수건들이 빼곡하게 꽂혀있어 가슴을 뭉클하게 한다.

임진각 일대는 국민관광지로 지정되어 공원 내에 임진각전적비를 비롯해 6.25때 사용된 탱크나 장갑차, 비행기를 전시하는 옥외 전시장이 있다. 경의선 철도가 끊어진 철로에는 증기기관차가 기념품으로 전시되어 있고 '철마는 달리고 싶다' 라는 팻말이 눈에 들어온다. 또한 초대형으로 구비된 주차장과 어린이들을 위한 놀이동산, 식당가 및 매점이 즐비하게 들어서 있다.

임진각은 통일대교 건너편에 있는 제3땅굴, 도라산역, 도라산전망대, 판문점 등의 안보관광을 떠나는 출발 장소이기도 하다. 제3땅굴이나 도라산 관광을 떠나려면 먼저 임진각에서 견학신청을 해야 하며, 판문점 관광은 이보다 복잡한 신청과정이 필요하다.

Information

☎ 임진각 관광지 ☎ (031) 953-4744

- 서울 불광동 909번, 광화문 922번 버스 탑승후 문산터미널에서 하차, 94번 버스 이용 임진각 도착
- 열차이용시 경의선 임진각역 하차 후 도보 이동
- 승용차 이용 서울 강북에서 출발시 구파발 → 1번 국도 → 벽제 → 문산 → 임진각 / 서울 강남에서 출발시 행주대교 → 자유로 → 임진각
- 지방에서 출발시 경부고속도로 또는 서해안고속도로 → 서울 → 행주대교 → 자유로 → 임진각

파주의 안보 관광지

– 자료제공 : 파주시청 문화관광과

도라산 역

민간인 통제구역인 비무장지대(DMZ) 남방한계선에서 700여 미터 떨어진 남쪽 최북단에 위치한 역이다. 2002년 2월 20일 미국의 부시대통령이 방문하여 세계적으로 주목을 끈 남북화해의 미완성 역이기도 한 도라산역은 2001년 10월 임진강역 개통에 이어 2002년 2월 12일 설날에는 철도운행이 중단된 지 52년 만에 임진강을 통과하는 특별 망배열차가 운행되었다. 도라산역 이정표에는 평양 205km, 서울 56km라는 문자가 남북분단의 현실과 앞으로 극복해야 할 희망과 기대를 담고 있다. 향후 도라산역은 한반도 분단의 상징적 장소이면서 남북교류의 관문이라는 이중적 역사의미도 아울러 내포하고 있다.

제3땅굴

1978년 아군에게 발견된 제3땅굴은 문산까지의 거리가 12km, 서울까지의 거리는 52km 지점에 있다. 폭 2m, 높이 2m, 총길이는 1,635m로 1시간당 무장군인 3만 명의 병력이동이 가능하다고 한다. 북한은 이 땅굴이 발견되자 남한에서 북침용으로 뚫은 것이라고 억지를 쓰기도 하였는데 땅굴 내부 갱도를 살펴보면 굴을 뚫을 때의 폭파흔적이 남쪽을 향하고 있어 북한의 주장이 허구임을 알 수 있다. 2002년부터는 셔틀 엘리베이터, 최첨단 시스템을 갖춘 DMZ 영상관, 상징조형물, 기념품 판매장 등의 시설이 설치되어 관광객들에게 다양한 볼거리를 제공하고 있다.

판문점

판문점은 1953년 7월27일 휴전협정이 이루어진 곳으로 서울에서 통일로를 따라 북으로 50km떨어진 지점에 있으며, 자연부락명은 널문리이다. 남북대화 및 군사정전회담이 열리는 곳으로 세계적인 명소가 된 이곳은 국토분단의 비극과 동족간의 전쟁이라는 민족의 아픔을 되새기는 산교육장이기도 하다. 외국인은 10세 이상으로 여권을 소지한 사람에 한해 판문점 관람이 가능하다. 내국인은 앞의 여행지와 달리 신청 접수 후 약 2~6개월 후 관람이 가능하며, 내국인은 단체(30~43명)에 한해서 신원조회 후 결격사유가 없어야 한다.

Information

- 승용차 이용시 서울 → 행주대교 → 자유로 → 임진각 I.C → 통일대교 → 판문점(관람 허가증을 소지하지 않을시 통일대교 경비초소에서 U턴해 돌아 나와야 한다.)
- 판문점 견학 문의 : 거주지 시도 국가정보원 상담소(080) 999-1113(전국공통) 서울 지역 (02) 273-1114~7

통일 전망대

서울에서 자유로를 타고 임진각을 향해 달리다 보면 문산 못 미쳐서 자유로 옆에 있는 전망대로 관람신청 없이 자유여행이 가능한 곳에 위치하고 있다. 자유로에서 심야드라이브를 할 때는 통일 전망대 입구에 카페촌, 음식점, 포장마차가 즐비하게 형성되어 있으므로 간단하게 요기를 할 수 있다.

도라산전망대

송악산 OP 폐쇄에 따라 대체 신설되었으며 북한의 생활을 바라볼 수 있는 남측의 최북단 전망대로 개성의 송학산, 김일성동상, 기정동, 개성시 변두리, 기차화통(장단역), 금암골(협동농장) 등을 망원경을 통해 바라볼 수 있다.

Information

버스 – 서울 909(불광동), 922(광화문) 탑승 후 문산터미널 하차, 94번 버스 이용 임진각 도착
열차 – 임진강역 하차

도라산, 제3땅굴 견학 방법 : 관광객은 임진강역에서 출입허가 절차 후 도라산역까지 운행하는 열차에 승차 가능. 1회 300명 견학 가능(도라산역 방문 120명, 제3땅굴 연계관광 180명)
셔틀버스편 : 임진각 매표소 → 출입신청 → 셔틀버스 탑승 → 제3땅굴 → 도라전망대 → 도라산역 → 통일촌직판장 → 임진각 관광지 / 열차편 : 임진강역 11:19분, 12:19분, 13:19분 출발(1일 3회)

파주 · 연천 지역 여행 지도

율곡의 유년시절 유적지

파주 화석정

❶ 화석정 풍경

❷ 화석정에서 내려다 본 새벽녘의 임진강

문산에서 전곡 방향 37번 국도변에 있는 아담한 분위기의 정자 화석정은 역사적으로 그 의미가 매우 많다. 율곡이 유년 시절을 보낸 장소일 뿐 아니라 임진왜란 때는 선조가 의주로 피난 가던 중 한밤중 임진강을 건널 때 이 정자를 불태워 어둠을 밝혔다는 이야기도 전해오고 있는 곳이다. 지금의 정자는 정면 3칸, 측면 2칸 팔작지붕 겹처마 방식의 건물로 정자에 오르면 임진강이 한눈에 내려다보인다. 정자 우측으로는 율곡 이이가 8세 때 화석정에서 임진강을 내려다보며 지었다는 팔세부시(八歲賦詩)가 작은 돌탑에 적혀있다.

정자 밑은 절벽이고 그 아래로 민가와 임진강이 보이는데 지금은 정자 바로 밑으로 문산-전곡을 연결하는 37번 국도가 시원스럽게 뚫려있다. 임진강 건너편은 군사작전지역이므로 일반인들은 임진강 강변까지만 출입할 수 있고 강을 건널 수는 없다.

팔세부시 국역본

숲속 정자에 가을이 이미 깊어드니,
시인의 시상이 끝이 없구나,
멀리 보이는 물은 하늘에 잇닿아 끝이 없고
서리 맞은 단풍은 햇볕을 향해 붉구나.
산 위에는 둥근 달이 떠오르고
강은 만 리에서 불어온 바람을 머금었네.
변방의 기러기는 어느 곳으로 날아가는고?
울고 가는 소리 저녁 구름 속으로 사라지네.

정자를 돌아 나온 뒤 37번 국도변의 굴다리를 지나면 강변 마을로 이동할 수 있다. 가정집형 식당 몇 곳이 옹기종기 모여 있는데 대개가 장어 음식과 매운탕 종류를 팔고 있다. 화석정은 드라이브 도중에 잠깐 들릴 수 있는 장소로 새벽녘 임진강에서 불어오는 강바람 앞에 서면 제법 운치가 빼어나다.

Information

승용차 이용시 서울 강북 불광동 → 통일로 → 문산에서 전곡 · 적성 방면 37번 국도 → 화석정 이정표 보고 진입
또는 서울 → 행주대교 → 자유로 → 문산사거리에서 전곡 · 적성 방면 37번 국도 → 화석정 이정표 보고 진입

율곡 이이의 묘소를 모신 곳

파주 자운서원

파주 자운서원은 율곡 이이의 묘와 신사임당 묘가 있는 곳으로 파주지역의 대표적인 명소이다. 서기 1615년 광해군 7년 이 지역 유림들의 노력으로 창건된 자운서원은 1650년 효종 원년에 자운(紫雲)이라는 사액을 받았다. 매표소를 지나면 넓은 잔디공원을 배경으로 저 멀리에 율곡 이이의 사당이 있고 우측으로 율곡기념관, 중앙에 연지가 있다. 율곡 이이의 영정이 모셔져 있는 사당은 팔작지붕 형식으로 강당, 동재, 서재, 협문, 외삼문 등으로 구성되어 있고, 서원 주변으로는 수령 400여 년 된 고목들이 둘러싸고 있다.

율곡 이이의 가족묘는 사당 앞에서 왼쪽으로 올라가야 하는데 신사임당과 율곡 이이의 묘소를 비롯해 모두 13기의 가족묘가 조성되어 있다. 서원 안의 잔디공원은 시원스럽고 잘 정돈되어 가족 단위의 나들이에 적당하다. 매년 10월 초순에 자운서원에서 율곡문화제가 열리므로 이 기간에 맞춰 방문하면 보다 풍성한 볼거리가 있다.

Information

- 자운서원 관리사무소 ☎ (031) 958-1749
- 서울 불광터미널에서 법원리행 버스 이용, 법원리에서 도보 1.5km(법원리에서 택시 이용시 기본요금 거리)
- 승용차 이용시 서울 강북 불광동 → 통일로 → 문산에서 전곡 · 적성 방면 37번 국도 → 선유4리 삼거리에서 법원리 방면 310번 지방도 → 법원사거리 직전 자운서원 이정표 보고 진입 / 서울 강남 → 행주대교 → 자유로 → 문산에서 전곡 · 적성 방면 37번 국도 → 위와 동일

재인의 한이 서린 폭포

연천 재인폭포

재인폭포라는 이름은 줄을 타는 '재인(才人)'에서 전래되었다고 한다. 먼 옛날 이 지역에 아름다운 아내를 둔 재인이 살았다고 한다. 마을 사또가 그 아내를 탐하여 폭포에 외줄을 설치하고 재인에게 줄을 타고 폭포를 건너도록 시킨다. 재인이 외줄을 타고 건널 때 사또의 수하가 줄을 끊으니 재인이 폭포 아래로 떨어져 죽는다. 떨어져 죽은 재인을 뒤따라 재인의 아내도 자결을 하였다고 한다. 이런 전설을 가슴에 담은 폭포라고 생각을 하니 분위기도 심상치 않고 폭포도 심상찮게 느껴진다.

▶ 관람대 시설이 이색적인 재인폭포

철원 고석정에서 전곡 한탄강, 그리고 연천 재인폭포 일대는 마그마가 분출되어 흐른 현무암 지대라고 한다. 전문가의 연구에 의하면 이 지역은 한라산과 같은 큰 화산이 존재하지 않는 대신 평원지대를 따라 마그마가 꿀 덩어리처럼 분출된 지역이라고 한다. 흔히 추가령구조대라 하여 서울부터 원산까지 직선으로 마그마가 분출되었다고 하는데, 재인폭포에는 그 흔적이 현재 현무암 형태로 남아있다. 특히 재인폭포의 현무암은 고석정과 달리 제주도에서나 볼 수 있는 현무암들이 눈에 많이 띄어 이 지역이 화산지대였음을 말해준다. 이 화산지대를 배경으로 폭포가 장쾌하게 선을 그리니 그 분위기가 이색적이고 수려하다. 과히 서울 근교에서는 좀처럼 볼 수 없는 폭포의 명소라고 할 수 있다.

재인폭포는 군사작전 지역에 위치하고 있으므로 구경하는데 약간 제약이 있다. 5월에서 9월까지는 매일 자유롭게 개방하지만 10월부터 이듬해 5월까지는 토요일 오후부터, 일요일, 공휴일에만 개방하는 것을 유념해야 한다. 재인폭포 주차장에는 식당 겸 매점이 서너 집 있는데 주로 매운탕류를 내온다.

Information

- 서울 상봉터미널 또는 수유리에서 연천, 전곡행 버스 탑승 전곡에서 하차 / 전곡에서 고문리행 버스 탑승, 재인폭포 입구에서 하차 후 도보 5분 거리
- 승용차 이용시 서울 동부간선도로 → 의정부 → 3번 국도 → 동두천 → 전곡 → 연천 방면 3번 국도 → 통현삼거리에서 우회전 → 재인폭포

여름철 물놀이 명소

연천 한탄강 유원지

서울 강북에서 학창시절을 보낸 사람들이라면 한번쯤 들어보거나 가본 적이 있을 법한 곳이 전곡 한탄강 유원지다. 자가용 이용자가 그리 많지 않았던 20년 전만 해도 서울 강북의 학생들이 피서철 물놀이 장소로 즐겨 찾았던 곳이 퇴계원이나 한탄강 유원지였으니 말이다.

대성리나 청평으로 놀러간다고 말하면 MT라고 생각하지만 한탄강으로 간다고 하면 인심 좋은 시골에서 여름철 더위를 피해 쉬었다 오려나 보다고 생각하는 곳이 한탄강 유원지이다.

❶ 한탄강의 재미 오리보트 타기
❷ 수도권 인근에서 최대 규모인 전곡리 선사유적지

나이 들어 찾아간 한탄강이었지만 예전에 봤던 수수한 강의 면모가 아직도 남아 있다. 여름철에는 피서객들을 위해 야영장이 개설되고 어린 자녀들을 위한 오리보트와 같은 탈 것들이 마련되어 있다. 봄과 가을철에는 한탄강에서 낚시를 즐기는 강태공들도 제법 많이 볼 수 있다. 한탄강 도로변에는 지금도 K-1 탱크가 굉음을 내며 지나가는 모습을 종종 보게 된다. 예나 지금이나 변한 것이 없다. 학창시절에는 큰맘 먹어야 찾을 수 있던 곳이지만 지금은 수도권 실속파 시민들의 피서지로 각광받는 장소가 되었다.

한탄강 유원지 근처의 볼거리로는 한탄강 유원지에서 도로 건너편에 위치한 전곡리 선사유적지가 있다. 전곡리 선사유적지는 규모와 내용면에서 수도권에서 가장 뛰어난 선사유적지라 할 수 있다. 가족 단위의 나들이 장소로도 손색이 없으므로 도시락 준비해 찾아갈 수 있는 여행지이다.

Information

☎ 연천군청 문화관광과 ☎ (031) 839-2774

- 서울 상봉터미널 또는 수유리정류장에서 전곡행 버스 탑승, 전곡에서 도보 15분 거리, 경원선 한탄강역 하차 후 도보 10분 거리
- 승용차 이용시 서울 동부간선도로 → 의정부 → 3번 국도 → 동두천 → 전곡

한탄강 관광호텔 ☎ (031) 832-8094) / 인강 파크 ☎ (031) 832-7717 / 민들레 여관 ☎ (031) 835-3579 외

서울 자유로 · 문산 · 전곡 · 철원 ★★

심야 드라이브 코스

자유로는 수도권 인근에서 심야에 드라이브를 즐길 수 있는 코스 중 가장 대표적인 곳이다. 인천국제공항 고속도로가 데이트 코스 겸 홀로 떠나는 드라이브 코스로 안성맞춤이라면 자유로 → 문산 → 전곡 드라이브 코스는 가족과 함께 떠나는 호젓한 드라이브 코스라 할 수 있다. 물론 평일 낮에는 자유로의 교통체증이 심각하지만 자정 무렵이나 휴일 새벽이라면 마음껏 속도를 낼 수 있다. 서울에서 출발할 때는 내부순환도로나 강변도로를 타고 성산대교에서 자유로를 타고 문산과 전곡을 향해 달리는데 내친 김에 밭갈아 엎는다고 철원까지 달리면 금상첨화가 된다. 통일전망대, 임진각, 화석정, 감악산, 한탄강, 선사유적지 같은 명소가 즐비하고 철원 도피안사, 고석정 국민관광지까지 하루 안에 돌아볼 수도 있다. 물론 좀 빠듯할 수도 있으므로 철원 구경은 잠시 접어야 할지도 모른다.

파주에서 전곡을 향해 달릴 때와 철원평야를 끼고 달릴 무렵에는 서울 근교에 이처럼 호젓한 도로가 있었나하고 두 눈이 의심스럽기까지 하다. 이 지역에는 지금도 골프장이나 펜션 같은 현대식 건축물이 없으므로 어딜 돌아봐도 고향 냄새가 물씬 풍긴다. 먹거리로는 37번 국도변에 위치한 '임진강 폭포어장' 이란 음식점이 있다. 장어요리가 유명하지만 밤에는 영업하지 않는다.

맛집

전곡만두 – 학창시절을 떠오르게 하는 조촐한 순두부 백반과 만두

새벽부터 자유로→문산→전곡 코스로 드라이브를 나서면 통일전망대를 지나 문산으로 가는 길까지 꼭두새벽부터 영업을 하는 음식점이나 카페를 만날 수가 없다. 문산 시내로 들어서서야 24시간 김밥집이 있지만 문산을 지나면 이젠 식사를 포기해야 할 지경에 이른다. 새벽 드라이브 중 전곡 시내를 빙둘러보면서 찾아낸 24시간 김밥집이 '전곡만두' 집이다. 맛은 섭섭하지 않을 정도인데 가만히 보니 학창시절에 맛보았던 박리다매 분식 맛이 고스란히 살아있다. 새벽에 떠난 드라이브 길, 전곡만두집에서 학창시절을 떠올리며 조촐하게 한 끼 식사를 해결하는 것도 여행의 재미를 더한다.

동두천 · 양주 · 포천 · 남양주

동두천 소요산 자재암 / 양주 회암사지 · 회암사 / 포천 산정호수 / 포천 광릉 국립수목원 /

포천 백운계곡 · 화천 광덕계곡 드라이브 / 몽골문화촌과 축령산 자연휴양림

원효대사와 요석공주의 전설이 깃든 ★★☆

동두천 소요산 자재암

요석공주와 인연을 맺은 원효가 깨달음을 얻고자 숨어 수행한 장소가 동두천 소요산 자재암이다. 자재암의 창건 연대는 정확하지 않으나 선덕여왕 14년(서기 645년)에 이미 암자 형태의 건물이 있었다고 한다. 후에 원효가 여기서 수행생활을 하던 시기인 서기 660년에 절의 면모를 비로소 갖추기 시작했으니 이에 원효대사를 자재암의 실질적인 창건자로 보고 있다.

절터는 비좁지만 경치가 빼어나서 한 여름 푸른 녹음을 배경으로 경내를 둘러보면 절 집이 참 아담하다 못해 소탈하게 느껴진다. 주변을 산자락이 호리병처럼 둘러싸니 경내에서 하늘을 올려다보면 호리병 형태의 무아지경이 펼쳐진다. 대웅전 마당 앞에는 깊이 10m 가량의 급한 계곡이 있고, 그 너머에는 청량폭포가 있으므로 여름철에는 쉬어 가기 좋은 장소가 된다. 자재암은 천연암굴인 나한전을 비롯해 깊이 팬 협곡으로 쏟아지는 청량폭포(옥류폭포)와 뾰족한 바위산인 옥류봉이 노송군락과 어우러져 절묘한 풍광을 자아낸다.

❶ 원효대에서 바라본 소요산 암괴
❷ 작고 앙증맞은 소요산의 폭포

소요산 등산 코스

1. 주차장 → 자재암(1km, 20~30분 소요)
2. 주차장 → 자재암 → 중백운대 → 상백운대 → 의상대 → 공주봉 → 주차장(6.5km, 3시간 소요)

자재암은 창건 초기에는 44칸에 달하는 사찰이었다고 전해진다. 고려 광종 25년(서기 974년)에 각규대사가 중창했으며, 순종 1년(서기 1907년)에 이곳이 의병활동의 근거지가 되자 일본군에 의해 불태워진 것을 그 후 제암화상과 그의 제자 성파스님이 복원했다고 한다. 현재 사찰은 6.25 때 전소된 것을 1961년부터 단계적으로 복원한 것이라 한다.

자재암의 또 다른 볼거리는 세조 10년(서기 1464년) 간경도감에서 간행한 반야바라밀다심경약소 언해본이 소장되어 있다. 이 언해본은 보물 제1211호로 지정되어 있다.

자재암을 품고 있는 소요산은 예로부터 소금강산이라 불릴 정도로 기암괴석이 빼어난데 가을 단풍철에는 병풍 같은 기암들 너머로 눈부시게 색색의 단풍이 흐드러지게 여행객들의 시선을 홀린다. 매표소에서 30분가량 올라가면 규모는 크지 않지만 알록달록한 기암괴석과 협곡들이 전체적으로 그림같이 아름답게 펼쳐진다. 이 협곡을 배경으로 발길을 재촉하면 산과 산 사이의 움푹 파인 계곡에 위치한 암자가 바로 자재암이다. 몇 개의 산봉우리가 첩첩산중을 이루는 곳에 자리를 잡았으니 한눈에 봐도 숨어 살기 딱 좋은 장소다.

소요산 부근의 볼거리로는 매표소 입구에 있는 '자유수호 평화박물관'과 '요석별궁터'가 있다. 요석별궁터는 원효를 찾아온 요석궁주가 원효를 학수고대하면 기다렸다는 곳에 지은 별궁이지만 지금은 사라지고 별궁터만 남았다.

소요산이 알록달록한 산행 코스로 안성맞춤이라면 자재암까지의 코스는 데이트 및 삼림욕 코스로 제격이다. 주차장 시설이나 등산로의 관리 상태는 국립공원을 보듯 매우 깨끗한 편이고 주차장 주변에는 젊은 연인들 취향의 카페가 발단해 있으므로 먹거리도 풍부하다.

❶ 잘 꾸며진 소요산 진입로
❷ 소요산 주차장에 위치한 카페 작은성

Information

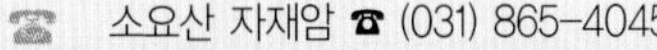

☎ 소요산 자재암 ☎ (031) 865-4045

- 경원선 소요산역에서 하차 후 도보 10분 거리에 소요산 매표소 위치
- 서울 상봉터미널 또는 수유리정류장에서 전곡행 직행버스 탑승후 소요산 입구에서 하차
- 승용차 이용시 서울 동부간선도로 → 의정부 → 3번 국도 → 동두천 → 소요산

무학대사 부도가 있는

양주 회암사지 · 회암사

경기도 양주시 회암동 천보산 자락에 있는 회암사의 창건 연대는 정확하지 않다. 회암사가 폐사된 이유도 알려진 내용이 없다. 회암사는 12세기경부터 이미 존재했던 것으로 보이며 1328년 고려 충숙왕 15년에 인도에서 돌아온 지공화상(지공화상을 회암사의 창건자로 보는 견해도 있다)과 그의 제자인 나옹대사가 중건하였고, 조선 성종 때의 중건기를 거쳐 총 262칸 규모의 초대형 사찰로 변모하니 조선 3대 사찰이 된다. 조선 건국기에는 태조 이성계의 정신적 스승인 무학대사가 회암사의 주지로 재임, 불교탄압정책이 실시되던 시기에도 회암사만은 왕실의 비호 하에 계속 발전을 한다.

그 후 알려지지 않은 원인으로 폐사되고 지금은 옛 회암사 자리인 회암사지에서 발굴조사가 한참 진행중인 상태이다.

전망대에서 바라본 회암사지는 그 규모가 놀랄만한데, 이 규모는 경복궁의 초기 모습과 비교할 때 거의 대등한 수준이라 할 수 있다.

▶ 회암사지에서 승용차로 10분 거리에 있는 현 회암사

회암사지에서 산길을 따라 승용차로 10여 분을 올라가면 서기 1821년에 재건한 작은 사찰이 있다. 절의 규모는 비교적 작지만 옛 회암사를 정식 승계한 이 사찰은 경내에 보물 제88호 회암사지 부도, 보물 제387호 회암사지 선각왕사비, 보물 제389호인 회암사지 쌍사자석등 등의 문화재가 있다. 이 중 회암사지 부도가 회암사 주지였던 무학대사의 부도라고 알려져 있다.

회암사 뒤로 보이는 천보산은 해발 337m의 산으로 바위봉우리와 소나무가 잘 어우러지는 한 폭의 동양화 같은 산이다. 천보산은 등산 코스가 개발되어 있으므로 가벼운 마음으로 산행을 즐길 수 있다.

Information

회암사 종무소 ☎ (031) 866-0355

- 의정부에서 회암사 입구행 시내버스 수시 운행
- 승용차 이용시 의정부 → 동두천 방면 3번 국도 → 회천동에서 송우리 방면 56번 지방도 → 6km 직진 → 시멘트 공장 진출구를 지난 다음 좌회전 → 회암사지 및 회암사 이정표 보고 진입

⁑ 왕건과 궁예 최후의 격전지

포천 산정호수

명성산 등산 코스

1. 기점(산정호수 입구 등산로) – 비선 폭포 – 등룡 폭포 – 억새밭 – 자인사(6.3km, 3시간)
2. 기점 –비선 폭포 – 등룡 폭포 – 억새밭 – 삼각봉 – 명성산 정상 – 산안 고개 – 기점(종주 코스, 14.1km, 6시간)

포천 산정호수는 수도권 연인들의 데이트 코스이자 기업체의 단체연수나 대학생들의 MT 장소로 잘 알려진 여행지이다. 1925년 해발 922m의 명성산 중턱에 농업용 저수지가 축조된다. 세월이 흘러 저수지는 자연그대로의 호수가 되었고 산 중턱에 있다하여 산정호수라 불리면서 수도권에서 유명세를 타기 시작했다. 산정호수의 최고 볼거리는 새벽 물안개이다. 아침 일찍 일어나 산책로를 걸으면 첩첩산중에 물안개가 자욱히 내려앉아 색다른 풍경이 된다. 겨울철에는 얼어붙은 산정호수 빙판을 걷는 것도 스릴있고 운치가 넘친다. 최근에는 산정호수 배후에 명성산 등산로가 개발되어 등산객들에게도 인기를 얻고 있다.

명성산은 궁예가 왕건과 최후의 격전을 벌인 장소인데 산정상에 오르면 철원 일대가 한눈에 조망된다. 도읍지인 철원을 빼앗긴 궁예, 명성산(鳴聲山)이란 이름도 그 당시 부하들의 곡소리 때문에 붙은 것이라 하니 궁예의 마지막 모습은 참으로 처참했던 것 같다. 명성산 전투에서 패배한 궁예는 명성산에서 자결했다는 전설이 내려오지만, 역사에 의하면 평강에서 농가의 보리이삭을 훔쳐 먹다가 백성들에게 맞아 죽은 것으로 기록되어 있다.

1977년 국민관광지로 지정된 산정호수는 사계절 내내 볼거리가 다양하다. 겨울철의 꽁꽁 얼어붙은 산정호수는 자연 그대로의 스케이트장으로 활용되고 있다. 눈썰매장도 주변에 개장하므로 스케이트와 눈썰매를 한꺼번에 즐길 수 있는 곳이다. 여름철에는 선착장에서 타는 모터보트와 오리보트가 젊은 연인들에게 인기를 끌고, 가을철에는 명성산 등산이 인기 있다. 왕건이 고려를 개국한 뒤 기도처로 삼았던 고려사찰 자인사 답사도 제법 운치가 있다.

산정호수 내 편의시설로는 산정호수 놀이동산과 한화콘도 온천이 있다. 호수 건너편에 위치한 산안마을은 가족 단위로 휴식을 취할 수 있는 자연 친화적인 펜션들이 제법 들어서고 있다. 숙박시설은 모텔급을 비롯해 단체 연수생들을 위한 한화리조트 콘도, 산정호수 유스타운 등이 있다. 저렴한 비용으로 피서를 즐기려는 젊은이들을 위해 피서철에는 별도의 텐트촌이 개장된다.

철원 · 포천 · 양주 여행 지도

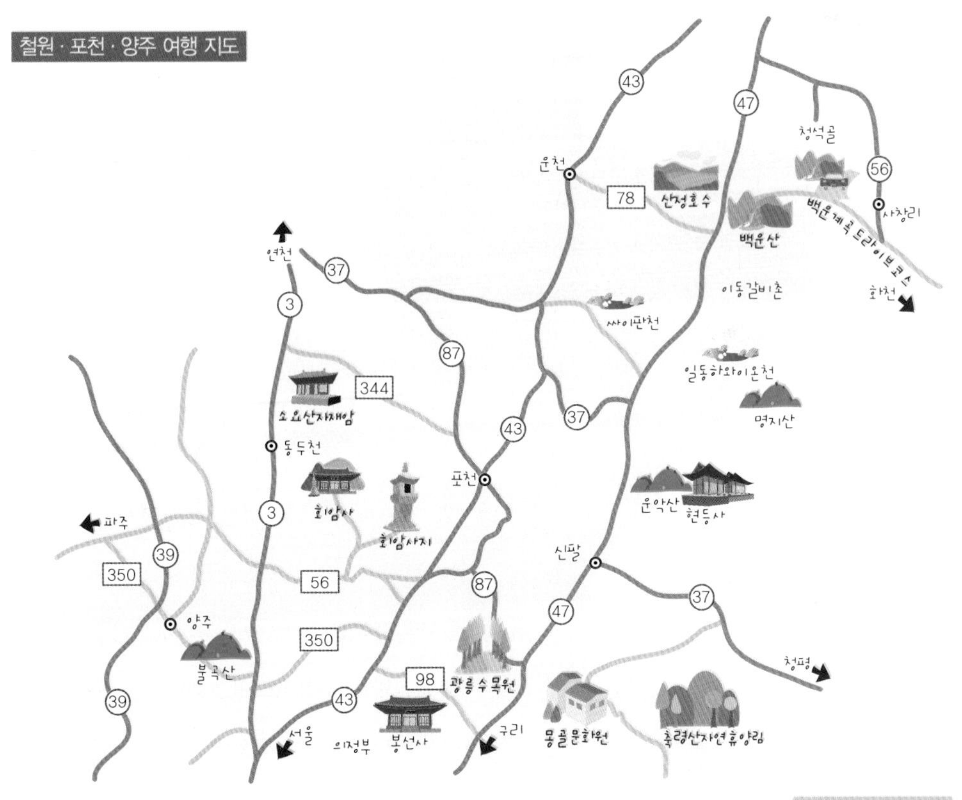

Information

- 의정부에서 산정호수행 좌석버스 1일 9회 운행
- 서울 상봉터미널 또는 수유리에서 운천행 버스 20분 간격 운행, 운천에서 산정호수행 버스 수시 운행
- 승용차 이용시 서울동부간선도로 → 의정부 → 포천 방면 43번 국도 → 포천 → 만세교 삼거리에서 좌회전 → 산정호수

☆ 전나무 숲에서의 삼림욕

포천 광릉 국립수목원

포천 광릉수목원의 정식 명칭은 산림청 산하 광릉 국립수목원이다. 자생식물의 보존과 산림에 대한 자연학습을 위해 1984년부터 조성하기 시작해서 1987년에 완공하였고, 1999년 국립수목원으로 정식 개원하였다.

국립수목원 내에는 기존에 있던 산림자원인 광릉 숲이 총 1,118ha의 면적을 차지하고 있고 국립수목원 영역으로는 100ha의 전문수목원과 1,018ha의 천연수목원이 있다. 수목원 내 식물군은 목본식물 1,863종, 초본식물 1,481종으로 모두 3,344 종의 식물들이 자라고 있다. 이들 식물들은 각각 특징이나 용도에 맞게 침엽수원, 활엽수원, 관목원, 외국수목원, 고산식물원, 만목원, 관상수원, 화목원, 습지식물원, 수생식물원, 약용식물원, 식용식물원, 지피식물원, 시각장애인을 위한 식물원, 난대수목원인 온실 등 15개의 전문수목원으로 조성되어 있고 산림박물관이 구비되어 있다.

국립수목원의 최대 인기 코스는 아무래도 전나무 숲이라 할 수 있다. 산림보전을 위해 전나무 숲 안으로 직접 들어갈 수 없지만 숲 앞으로 나있는 흙길을 따라 산책이 가능하다.

국립수목원은 탐방 예약을 신청한 후 약속 날짜에 방문하면 방문자센터에서 안내를 받으며 탐방할 수 있다. 1일 관람할 수 있는 인원수는 총 5,000명으로 겨울철에는 1일전에도 예약할 수 있지만 여름 한철에는 5일전에 예약을 해야 자신이 원하는 날짜에 방문할 수 있다. 단체 예약은 5명 단위로 신청할 수 있으므로 5명을 초과할 경우 분산해서 신청해야 한다.

수목원 내 특별 시설물로는 우리나라 동물 중 멸종위기의 동물을 증식 보전할 목적으로 개원한 산림동물원과 전망대 등이 있다.

산림동물원은 그동안 관람을 허락하지 않아 베일에 감춰진 상태였지만 2004년 5월 17일부터 일부 구역을 제한적으로 개방하고 있다. 동물원의 규모는 100ha로 백두산 호랑이 한 쌍을 비롯해 늑대, 반달가슴곰, 독수리, 수리부엉이, 원앙 등 총 16종의 동물들을 볼 수 있다.

▶ 국립수목원의 여름

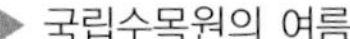

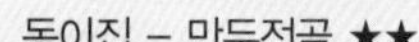

▶ 산림동물원에 있는 백두산 호랑이

국립수목원은 침엽수림이나 수생식물원 등 나무 탐구 목적의 삼림욕 장소로는 매우 적당하지만 여러 식물들을 근접해서 구경할 수 없는 것이 다소 아쉬운 점이다.

수목원 주변의 명소로는 세조와 세조 비 정희왕후 윤씨를 모신 광릉과 고모리 카페촌이 있다. 수목원 입구에 있는 광릉은 천연기념물 크낙새 서식지로도 유명한 곳이다. 수목원에서 의정부 방향으로 나가다 보면 만날 수 있는 '고모리 카페촌'은 젊은이들의 드라이브 명소로 유명하다.

광릉수목원 여행의 최고 백미는 아무래도 전나무 숲을 따라 펼쳐지는 드라이브라 할 수 있다. 특히 무더운 여름밤에 즐기는 광릉 드라이브는 수도권 최고의 심야 드라이브 코스라 해도 손색이 없다.

맛집

동이집 – 만두전골 ★★

광릉 인근에서 가장 인기 있는 음식점의 하나가 동이집이다. 이 집의 별미음식은 미역으로 색을 낸 녹색 만두전골이다. 필자는 국립수목원에 개인적으로 친분이 있는 분이 근무를 하고 있어 종종 만나곤 하는데 그 분을 통해 이 집에서 몇 번 식사를 해 보았다. 푸짐한 만두전골도 먹을 만하지만 동이 찜만두도 먹을 만하다.

광릉 입구에서 의정부 방향으로 승용차를 몰고 가다 보면 깨끗한 음식점들이 간간히 나타나는데 그 중 토담집 모양의 음식점이 동이집이다.

[문의] 동이집 ☎ (031) 541-6870

Information

광릉수목원 탐방 예약 ☎ (031) 540-2000(탐방 예약 없을시 수목원 출입 불가)

- 서울 청량리 우체국 건너편 국민은행 앞에서 7, 707번 버스 탑승 후 광릉내 종점에서 하차 후 의정부행 21번 버스 이용 광릉수목원 앞에서 하차
- 서울 종로5가에서 1018번 버스 이용 의정부 구시외버스터미널 하차 후 광릉내행 21번 버스 이용
- 승용차 이용시 서울 동부간선도로 또는 외각순환고속도로 → 퇴계원 → 47번 국도 → 광릉내 입구에서 이정표 보고 진입 / 경기이남에서 출발시 중부고속도로 → 중부고속도로 종점인 퇴계원 I.C → 퇴계원 → 47번 국도 → 진접 → 광릉 내 입구에서 이정표 보고 진입

포천 백운계곡 · 화천 광덕계곡 드라이브 ★★

백운계곡 · 광덕계곡 드라이브는 수도권에서 한나절동안 즐길 수 있는 드라이브 코스 중에서 산악 드라이브의 묘미를 즐길 수 있는 코스이다. 이 드라이브 코스는 필자의 동해안 여행 책에서 잠깐 소개된 적이 있다.

드라이브 코스

서울 → 구리 → 신팔 방면 47번 국도 → 포천 이동갈비촌 → 백운계곡 → 광덕계곡 → 화천 사창리 → 육단 방면 56번 국도 → 육단 직전 좌회전 → 청석골 매월대 → 47번 국도 → 백운계곡 입구 → 구리 → 서울

구리 또는 퇴계원에서 47번 국도를 타고 신팔 방면으로 계속 달리면 신팔을 지나면서부터 도로가 좁아지며, 지방도 풍경이 물씬 풍기기 시작한다. 계속 47번 국도를 달리다 보면 포천 이동갈비촌이 나타난다. 포천 이동갈비촌을 지나면 산정호수 이정표와 백운계곡 이정표가 운전자를 유혹하지만 산정호수를 둘러보기에는 시간이 빠듯하므로 백운계곡을 향해 계속 달리자. 포천 백운계곡은 맑은 물이 흐르는 계곡으로 10세 전후의 어린 자녀와 실속 있게 여름 피서를 즐길 수 있는 곳이다. 백운계곡 정상까지 차를 몰고 오르면 고갯마루에서 난데없이 장터 풍경이 펼쳐진다. 고갯마루에 위치한 이 장터는 경기도 포천과 강원도 화천의 경계선이 되는 셈인데, 산나물 같은 농특산물을 저렴한 가격에 구입할 수 있다.

고갯마루에서 화천 방면으로 내달리면 바로 광덕계곡이 시작된다. 광덕계곡 또한 피서철 물놀이 장소인데 규모는 백운계곡과 거의 유사하므로 자녀들과 물놀이를 즐길 수 있다. 여기서 사창 → 가평 → 서울로 돌아오는 코스가 마음에 들긴 하지만 퇴근시간이 되면 가평에서 서울 방향 경춘가도가 숨을 못 쉴 정도로 꽉 막히는 경우가 많다. 그러므로 화천 사창리에서 핸들을 돌려 오던 길로 돌아나가는 것이 좋다. 바로 돌아나가는 것이 싫다면 사창리에서 철원군 육단리(56번 국도) 방면으로 이동한 후 육단리에서 가까운 김시습 은거지 '청석골(매월대)'을 둘러보자. 청석골을 구경한 뒤 김화로 이동하면 바로 47번 국도를 통해 구리 방면으로 빠져나올 수 있다.

몽골문화촌과 축령산 자연휴양림

축령산은 서쪽이 가평군에 속하고 동쪽 기슭은 남양주군에 속한다. 구리에서 남양주 방면으로 46번 국도(경춘가도)를 달리면 마치고개를 지나 마석(화도)에서 362번 지방도 방면으로 좌회전한다. 362번 지방도를 따라 수동면을 지나면 4~5km 간격으로 축령산 자연휴양림, 수동계곡, 몽골문화촌을 만날 수 있다. 마석과 가평군 상면을 연결하는 362번 지방도는 드라이브 코스로도 손색이 없다.

남양주 몽골문화촌

몽골문화촌은 362번 지방도변 수동국민관광지에 있다. 2000년 4월 남양주시와 몽골 울란바토르시가 협력하여 몽골 문화의 이해를 돕고자 전시관, 체험관, 승마장 등을 개관하였다. 이 중 전시장은 몽고의 전통 생활상과 유물을 전시하고 있으며, 별도로 몽고의 전통 생활방식을 체험할 수 있는 몽고 전통 천막인 겔이 구비되어 있다.

축령산 자연휴양림

축령산 자연휴양림은 수동계곡 외방천 상류에 위치하고 있다. 수령 60년 이상의 잣나무 숲이 아름답고 맑은 물이 흐르는 계곡은 가족 단위 물놀이가 가능하다. 울창한 숲을 배후로 해발 888m의 축령산과 832m의 서리산이 펼쳐지므로 삼림욕을 겸한 등산을 할 수 있다. 휴양림 내에서 축령산 정상까지는 약 5.7㎞로 3시간가량 산행 시간이 소요된다. 휴양림 내에는 숙박시설이 구비되어 있으므로 가족 단위 휴양은 물론 직장인들의 MT 장소로도 손색이 없다. 특히 여름철에는 야영 데크에 텐트를 치고 야영을 즐길 수 있다.

Information

☎ 몽골문화촌 ☎ (031) 590-2793 / 축령산 자연휴양림 ☎ (031) 592-0681

- 몽골문화촌은 청량리에서 330-1번 좌석버스 30분 간격 운행
- 축령산 자연휴양림은 청량리역 또는 잠실역 7번 출구 또는 강변역에서 마석행 버스 탑승 후 마석에서 하차, 마석에서 축령산행 버스 1일 10회 운행
- 구리 → 남양주 → 마석 → 수동 방면 362번 지방도 → 축령산 자연휴양림 또는 몽골문화촌으로 이동 가능

가평

가평 아침고요수목원 / 가평 운악산 · 현등사 / 청평호반 수상레저 / 청평호반 드라이브 / 가평(춘천) 남이섬

★★★ 수도권 최고의 인기 명소

가평 아침고요수목원

수도권에 위치한 수목원 중에서 가장 인기 있는 여행지인 아침고요수목원은 경기도 가평군 축령산(해발 879m) 기슭 약 10만 평의 부지에 조성되어 있다. 삼육대학교 원예학과 교수인 한상경 씨가 한국식 정원(Korea Garden)을 표방하며 만들었기 때문에 한국 자연의 아름다움인 곡선과 비대칭의 균형을 아름답게 잘 살린 수목원이다. 17개의 테마정원은 분재 정원, 매화정원, 침엽수정원, 하경정원, 석정원 등으로 구성되어 있는데 하경정원과 분재정원이 특히 인상적이다. 식물 구성은 총 3,200여 종으로 우리나라 야생화 1,000여 종을 비롯해 독일계 아이리스 1,000여 종, 석정원의 식물 230여 종,

아침고요수목원의 아침광장

▶ 아침고요수목원 정문 상가

구근정원의 250여 종들이 아기자기하게 배치되어 있어 계절별로 여행객들을 쉴 새 없이 불러들이고 있다.

식물원 주차장에 차를 주차한 후 매표소를 들어가면 바로 보이는 것이 고향집정원이다. 여기서 우측으로 올라가면 '허브정원'이 있고, 계곡을 건넌 뒤 우측으로 올라가면 야생화정원과 하늘나라정원으로 이동할 수 있다. 계곡을 건넌 후 바로 직진하면 매화정원, 아이리스정원, 하경정원을 순서대로 만날 수 있으며, 좌측으로는 분재정원과 식당이 있다.

아침고요수목원은 여타 수목원과 달리 수목원 안에 자연적으로 형성된 두 군데의 아담한 계곡을 가지고 있다. 필자는 여러 차례 아침고요수목원을 취재했는데 여름철에는 계곡가에서 발을 담구고 더위를 식히는 사람들을 제법 많이 볼 수 있었다. 또한 하늘나라정원에서 중앙으로 형성된 넓은 잔디밭인 아침광장에서는 어린 자녀와 도시락을 먹는 젊은 부부들을 심심치 않게 만날 수 있었다. 수목원 안에는 식당 두 곳과 매점 한 곳, 전통찻집 한 곳이 있으므로 하루 내내 수목원 안에서 소일할 수도 있다. 개장 초기에는 야생화를 좋아하는 사람들이 즐겨 방문했지만 지금은 가족 단위의 나들이객들과 결혼을 앞둔 예비 신랑신부들의 웨딩촬영장으로 각광을 받고 있다고 한다.

이렇게 빼어난 아침고요수목원은 대중 교통편이 좋지 않은 것이 흠이다. 여름철에는 수도권 인근의 대학생들이 MT를 겸해 이곳을 찾는데, 아침고요수목원 입구인 상면초등학교에서 수목원까지의 4km 구간을 걸어서 이동하는 광경이 종종 목격된다. 도보 여행자들은 버스를 이용하여 상면 초등학교 앞에서 하차 후 1시간가량을 걸어가야 한다. 휴가철에는 이 4km 구간에서 콜택시가 운영되지만 이때는 걸어가는 것이 더 빠를 정도로 교통체증이 심하다. 숙박시설은 상면초등학교부터 아침고요수목원까지 진입로를 따라 형성된 펜션을 이용할 수 있는데, 최근 몇 년 사이에 아름다운 펜션들이 상당히 많이 들어서고 있다.

가평 여행 지도

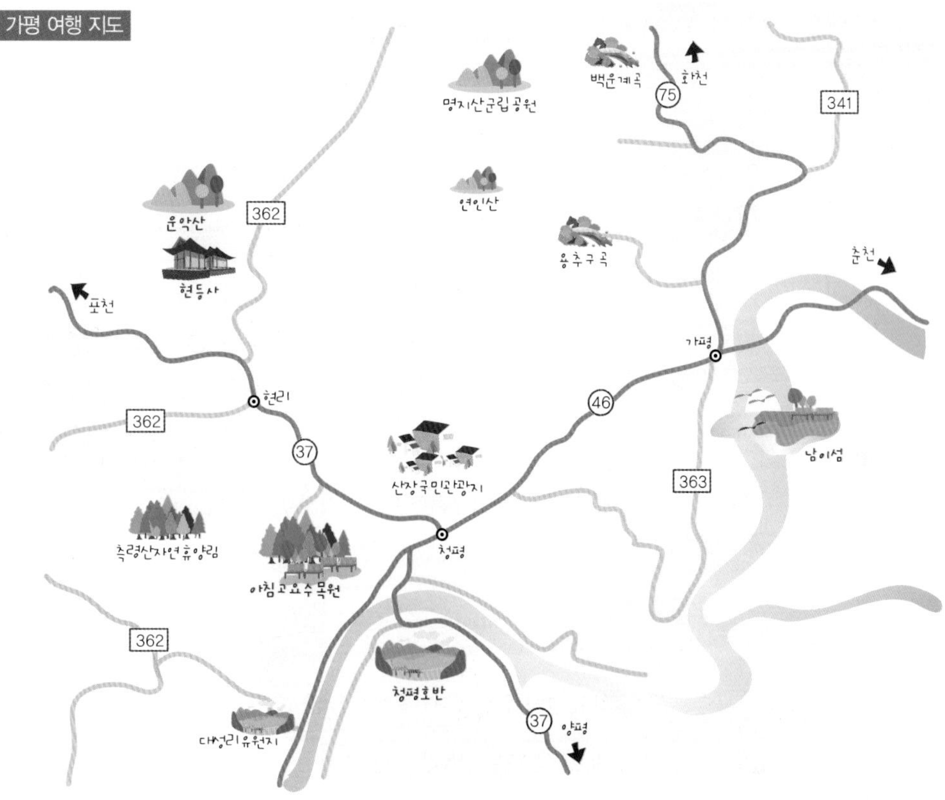

맛집

옛골 – 옛골밥상 정식 ★★

아침고요수목원의 진입로 중간에 위치한 옛골 식당은 된장국을 잘 끓여내는 집이다. 차려진 반찬들도 도시에서는 볼 수 없는 시골 스타일의 반찬인데 맛이 깔끔하고 손맛이 깊다. 필자는 아침고요수목원을 여러 번 취재했는데 맨 나중에 갔을 때는 이 집이 진입로의 오른편에서 왼편으로 이사를 했다. 상면초등학교에서 아침고요수목원으로 진입하면 약 2km 지점에 위치하고 있다.

[문의] 옛골 식당 ☎ (031) 585-1818, 3585

Information

아침고요수목원 ☎ (031) 584-6702~3

- 상봉터미널, 청량리, 동서울터미널 등에서 청평행 버스 이용, 청평버스터미널에서 현리행 버스 탑승 후 임초리 상명초등학교 앞에서 하차 후 도보 약 4km 이동
- 청평에서 택시 이용시 수목원까지 약 11km
- 승용차 이용시 서울 북부에서는 퇴계원(구리) → 신팔 방면 47번 국도 → 신팔에서 현리 방면 37번 국도 → 현리에서 청평 방면 → 임초리 상면초등학교 앞 신호등에서 수목원 이정표보고 진입 / 경기 남부에서는 중부고속도로 → 구리 → 경춘국도(46번 국도) → 청평 검문소에서 현리 방면으로 진입 → 임초리 상면초등학교 앞에서 수목원 이정표 보고 진입

경기 5악의 하나

가평 운악산 · 현등사

가평 운악산(해발 935m)은 경기도에서 5대 악산에 해당하는 산답게 오르는 등산로가 꽤 가파르고 험하다. 오르는 길은 가평 현등사 코스와 포천 운주사 코스가 있지만 현등사 코스가 조금 더 인기가 있다. 현등사 방면으로 오르는 운악산은 깊고 울창한 계곡이 특징이다. 꽤 깊었던 현등사 계곡은 등산로가 계곡 옆으로 놓이면서 손상된 흔적이 곳곳에 남아 있어 이산을 오르는 사람들의 가슴을 아프게 한다. 운악산은 필자가 여행책을 쓰면서 경기도 지역에서 맨 처음 오른 산이었는데 등산로가 내내 30~45도 각도로 가파르게 형성되어 있어 상당히 고생했었다.

현등사에서 정상까지는 더 험한 급경사가 형성되어 있으므로 등산화 같은 장비를 필히 착용하고 도전해야 한다. 만일 현등사를 경유하지 않고 운악산 정상인 만경대로 바로 오르려면 운악산 입구 매표소에서 눈썹바위 코스를 타는 것이 좋다.

운악산 기슭에 있는 현등사는 신라 법흥왕 때 창건된 유서 깊은 사찰이다. 신라 말에 도선이 한차례 중창하였지만 폐사되었고, 고려 희종 때 보조국사 지눌이 현등사 터를 발견하고 재건하였다. 폐사지에 남아있던 석등이 유난히 빛을 발한다 하여 보조국사 지눌이 현등사란 이름을 붙였다. 입구 주차장에서 현등사까지는 대략 40~50분가량이 소요된다.

운악산 등산 코스

1. 일반 코스
가평 운악산 입구 동구 주차장 → 1번 방향 표지판 → 눈썹바위 → 철사다리 → 만경대 정상 → 절 고개 → 현등사 → 민영환 바위 → 입구 주차장 (4~5시간)

2. 종주 코스
가평 운악산 입구 동구 주차장 → 현등사 → 철사다리 → 삼거리 → 만경대 정상 → 서쪽 능선 → 포천 방면 운주사 (8.5km, 4~5시간)

맛집

할머니 손두부 – 모두부 한 접시와 볶은 김치 ★★

운악산 입구에는 토속음식인 손두부 식당가가 넓게 형성되어 있다. 이로 인해 수도권 동부 지역에 사는 사람들이 두부 요리를 먹기 위해 운악산을 찾는 경우도 많은데 맛도 제법 괜찮다. 유명한 음식점이 두어 집 있는데 할머니 손두부집이 제일 유명한 집이다. 모두부 1인분과 함께 내온 반찬을 보면 기름에 잘 볶은 김치가 있다. 아무리 더운 여름이라 해도 산행을 마친 후 볶은 김치에 모두부를 싸 먹으면 온 몸이 싸늘해질 정도로 그 맛이 일품이다. 1인분으로도 푸짐하기 때문에 식사대용으로도 안성맞춤이다. 주차장에서 식당가로 올라가면 바로 할머니 손두부집이 보인다.

[문의] 할머니 손두부집 ☎ (031) 585-1219

Information

☎ 가평군 하면사무소 ☎ (031) 580-2654, 현등사 종무소 ☎ (031) 585-0707

- 서울 청량리 현대코아 앞에서 가평 현리행 1330번 버스 1일 10회 운행, 현리 터미널에서 하차 후 상판리행 버스 탑승, 운악산 입구에서 하차
- 승용차 이용시 구리 → 경춘국도(46번 국도) → 청평 검문소에서 현리 방면으로 좌회전 → 현리 → 운악사 방면 362번 지방도 → 운악산 입구 주차장

▶ 현등사로 올라가는 등산로

★ 수도권에 인접한 수상레저스포츠의 낙원

청평호반 수상레저

❶ 가평군 청평댐의 모습
❷ 청평호반에서 즐기는 수상스포츠

서울에서 경춘가도를 달리다가 청평 입구에서 호곡리 방향으로 우회전하면 청평호반을 끼고 드라이브를 즐길 수 있다. 드라이브 코스로 인기 있는 청평호반이 지금은 수상레저스포츠의 요람이 되어 수도권의 마니아들을 불러 모으고 있다.

청평호에서 즐길 수 있는 수상스포츠는 수상스키, 제트스키, 모터보트가 있고 초보자들은 바나나보트, 땅콩보트, 플라잉피쉬 등을 즐길 수 있다. 장비가 없는 초보자들도 청평호반 영업장에서 장비를 대여, 20분가량 강습 후 바로 수상스포츠를 즐길 수 있다. 청평호에는 보트선착장이 30여 곳이나 있지만 피서철이면 수상스포츠를 즐기기 위해 수많은 청춘남녀들이 모여들어 어느 곳이나 사람들로 분빈다.

이용료는 제트스키 종류가 3~5만원 안팎이고 바나나보트 종류는 2~5만원, 여러 종의 수상스포츠를 조금씩 맛볼 수 있는 패키지는 7~10만 원선 안팎이다. 모터보트는 탑승자 수와 운항코스에 따라 이용료가 달라진다.

Information

☎ 포세이돈 수상레저, 청평호 북쪽 강변 ☎ (031) 585-7461 / 올림푸스 수상레저클럽, 청평호 남쪽강변 ☎ (031) 585-7557 / 글라우스 리조트 수상레저, 청평호 남쪽 강변 ☎ (031) 585-3150 외

승용차 이용시 서울 강변북로 → 천호대교 방면 → 계속 직진 → 팔당댐 → 조안 I.C → 청평 방면 → 대성리 → 신청평대교에서 강변을 따라 직진 또는 강 건너 남쪽으로 이동 / 경기도 이남에서 출발시 중부고속도로 토평 I.C → 팔당댐 방면 직진 → 팔당댐 → 조안 I.C → 청평 방면 → 대성리 → 신청평대교에서 강변을 따라 직진 또는 강 건너 남쪽으로 이동

청평댐 부근 나이아가라호텔 ☎ (031) 584-4470, 뉴월드호텔 ☎ (031) 584-8533 외

시원스럽게 뚫린 강변 드라이브의 진수 ★★★

청평호반 드라이브

경춘가도란 서울과 구리, 춘천을 잇는 46번 국도를 말한다. 예전에는 드라이브 간다고 하면 경춘가도를 생각할 정도로 인기가 있었지만 지금은 서울 강변북로와 덕소 사이에 도로가 놓이면서 서울 강변북로를 내달리면 한강을 끼고 바로 청평 입구까지 논스톱으로 달릴 수 있어 찾는 사람이 많이 줄었다. 청평호반 드라이브는 청평 입구에서 호곡리 방향으로 나있는 강변도로를 타면 시작된다. 청평댐에서 가평대교가 있는 남이섬 앞까지 북한강을 끼고 달릴 수 있으므로 수도권 근교의 호반 드라이브 코스로는 가장 인상적이다.

청평호반 드라이브 코스

서울 강변북로 → 천호대교 방면 → 계속 직진 → 팔당댐 → 계속 직진 → 조안 I.C → 청평 방면 → 청평 입구에서 우회전 → 복장리 → 청평 양수 발전소 방면 6번 지방도 → 귀곡산장 입구에서 U턴 또는 상천 저수지에서 U턴 → 복장리 → 남이섬

청평호반을 끼고 달리다가 복장리 부근에서 '청평 양수발전소' 이정표를 보고 진입하면 6번 지방도를 타고 호명산 옆자락을 승용차로 올라갈 수 있는데, 커피나 식사를 할 수 있는 카페가 종종 보이고 정상 부근에는 귀곡산장, 상천저수지 등의 명소가 있다. 귀곡산장 드라이브는 예전부터 명성이 있는 드라이브 코스로 스릴있는 S자형 코스가 인상적이다. 귀곡산장에서 U턴해서 원래 위치로 돌아온 뒤 남이섬까지 내달리면 청평호반 드라이브 코스가 완성된다.

가평 대성리 국민관광지

경춘가도의 대성리역을 중심으로 북한강변에 있는 물놀이터가 대성리 국민관광지이다. 전체 크기 약 8만 평으로 야영장, 산책로, 나들이장은 물론 편의시설이 잘 갖추어져 있다. 물놀이는 북한강과 합류되는 구운천에서 즐길 수 있고 북한강에서는 보트놀이를 할 수 있다. 수도권 대학생들에게 인기있는 피서지이다.

Information

서울 강변북로 → 천호대교 방면 → 계속 직진 → 팔당댐 → 계속 직진 → 조안 I.C → 청평 방면 → 대성리

★★ 명지산 명지계곡(가평천)

가평 명지계곡은 수도권 인근에서는 좀처럼 볼 수 없는 30km 구간의 길고 긴 계곡이다. 계곡을 따라 75번 국도가 놓여있지만 이 도로는 도마치고개를 중심으로 화천 방면 도로가 완공되지 않은 비포장 상태이다. 비포장도로는 2005년 봄에도 공사중이었는데 도로가 완공되면 경기도 가평과 강원도 화천군 사창리가 바로 연결된다. 명지계곡 상류는 수자원 보호지역인 관계로 물놀이가 불가능하지만 중류나 하류인 가평천 일대는 가족 단위의 물놀이가 가능하다. 민박집과 식당가가 제법 형성되어 있지만 비교적 깨끗한 편이다. 특히 하류로 내려갈수록 하천이 넓어지고 유속의 흐름이 완만해 가족 단위의 실속 피서지로 안성맞춤이다. 여름철, 수도권 인근에서 떠날 수 있는 가장 근사한 강변 피서지라고 할 수 있다.

Information

각 유원지에 대한 문의는 가평군청 ☎ (031) 580-2065

서울 강변북로 → 천호대교 방면 → 계속 직진 → 팔당댐 → 계속 직진 → 조안 I.C → 청평 → 가평 → 명지산 방면 75번 국도 → 가평천 → 명지산

겨울연가의 준상과 유진처럼

가평(춘천) 남이섬

남이섬은 행정구역상으로는 춘천시에 속하지만 거리상으로는 가평군에서 가깝다. 청평호반 드라이브 길을 달리면 그 끝이 남이섬 선착장이므로 수도권에서 출발한 승용차 이용자라면 누구나 손쉽게 찾아갈 수 있다.

강 중앙에 떠있는 남이섬은 원래는 육지였고 태반이 땅콩밭이었다. 그러나 청평댐이 완공되자 강물이 차오르면서 둘레 4km, 면적 13만 평의 반달 모양의 섬을 만들었다. 섬에는 남이장군의 묘가 있었고, 그 인연으로 지금의 남이섬이라는 이름을 갖게 된다. 남이섬을 가려면 주차장에 차를 주차한 뒤 표를 끊고 선착장으로 이동해 남이섬을 30분 간격으로 왕복 운행하는 선박을 타야 한다. 선박을 타고 불과 10여 분을 달리면 바로 남이섬 선착장에 도착한다. 남이섬을 처음 찾는 사람들은 모두 콜럼버스가 된다. 무엇이 있을까? 중앙광장 쪽으로 이동하자 줄줄이 이어진 잣나무 가로수 길이 시작된다. 남이장군의 묘는 가로수 길 초입 좌측에 위치하고 있으므로 한 번 둘러보자.

잣나무 가로수 길을 10여 분정도 걸으면 작은 광장에서 '추억의 메타세쿼이아 길'이라는 이정

▶ 남이섬 메타세쿼이아 가로수 길

❶ 남이섬 광장의 이정표
❷ 남이섬 타조들의 외출

표를 만날 수 있다. 이정표가 가리키는 방향으로 발길을 돌리면 강변을 향해 시원스레 뻗은 메타세쿼이아 가로수 길이 시작된다. 겨울연가 촬영지로 유명한 메타세쿼이아 가로수 길에 메타세쿼이아 나무가 식재된 것은 1966년 겨울부터라고 하는데 벌써부터 울창한 숲이 운치 또한 남다르다.

메타세쿼이아 가로수 길을 걸어본 후 광장으로 되돌아 나온다. 이번에는 가을이면 노란색으로 물드는 은행나무 길을 걸어보자. 남이섬에는 다양한 종류의 가로수 길과 산책로가 있지만 노란색으로 물드는 가을에는 은행나무 가로수 길이 가장 인상적이다. 은행나무 길을 지나면 남이섬의 남쪽 강변 근처까지 오게 된다. 섬 끝에 위치한 강변산책로는 단단한 모양새의 흙길이다. 이 산책로를 걸으면 유년 시절 걸었던 흙먼지 펄펄 날리던 황톳길이 아련한 기억 속에 되살아난다.

강변길을 따라 남이섬 북쪽 끝으로 이동하면 자작나무 가로수 길이 나타난다. 한여름에도 서늘한 한기가 감도는 자작나무 길은 찾는 사람들이 별로 없어 호젓하게 데이트를 즐기려는 연인들이 숨어들기 딱 좋은 장소다. 폭 3~4m 안팎의 좁은 가로수 길은 연인들 둘만의 시간을 가지며 산책하기에 정말이지 안성맞춤이다. 남이섬에는 몇몇 동물들을 방사하여 자연 생태적으로 살도록 하고 있다. 가장 눈에 띄는 것은 등치가 큰 타조 무리이다. 사람들을 하도 많이 봐서인지 사람이 근접해도 도망가지 않는다. 이외에도 숲길을 걷다보면 사슴, 거위, 오리, 토끼 등을 종종 만날 수 있다.

Information

☎ 남이섬 고객센터 및 숙박예약 ☎ (031) 582-5118
서울 강변북로 → 천호대교 방면 → 계속 직진 → 팔당댐 → 계속 직진 → 조안 I.C → 청평 → 가평 → 남이섬 선착장
남이섬행 선박 아침 7:30부터 오후 21:30까지 매 30분 간격 운행

양평 · 이천 · 여주

양평 용문산 용문사 / 양평 양수리 두물머리 / 이천 도자기문화 체험관광 / 여주 신륵사 / 여주 명성황후 생가 · 영릉

주말 오후 반나절 삼림욕 코스로 좋은

양평 용문산 용문사

양평 용문산 자락에 위치한 용문사는 서기 913년 신라 신덕왕 2년 대경대사가 창건한 유서 깊은 사찰이다. 일설에는 신라 경순왕이 친히 창건했다는 이야기도 있는 것을 보면 용문사는 경순왕을 비롯해 그의 아들 마의태자와도 관련이 많은 사찰인 듯하다.

서기 1378년 고려 우왕 4년에 지천대사가 개풍 경천사 대장경을 용문사에 봉안하였고, 조선 태조 4년에는 조안화상이 용문사를 중건한다. 세종 29년, 세조 3년, 성종 11년, 고종 30년에도 중건되지만 1907년 의병들이 용문사를 근거지로 삼자 일본군들이 사찰을 모두 불태웠다.

지금의 사찰은 서기 1909년부터 여러 차례 중건된 것으로 사찰의 규모가 그다지 크지 않지만 단아한 운치가 제법 좋다. 경내 문화재로는 보물 제531호 정지국사 부도와 비각이 있고, 천연기념물 제30호로 지정된 용문사 은행나무가 있다.

용문산의 최고 볼거리는 아무래도 용문사 은행나무다. 수령이 무려 1100년이나 된 이 은행나무는 우리나라에서 가장 오래된 은행나무로 알려져 있다. 우리나라 천연기념물 30호로 지정된 이 은행나무는 신라의 마지막 왕인 경순왕의 아들 마의태자가 망국의 설움을 달래려고 금강산으로 가다가 심었다는 이야기와 의상대사가 지팡이를 꽂자 은행나무가 자랐다는 전설이 전해지고 있다. 오랜 전란 속에서도 유일하게 불타지 않고 살아남아 천왕목이란 별칭이 있고 세종 때는 정3품에 해당하는 당상직첩이란 벼슬을 하사받기도 했다. 용문사는 암자가 아닌 사찰임에도 천왕문이 보이지 않는데 바로 이 은행나무가 천왕문이 있어야 할 위치에서 천왕문 역할을 하기 때문이라 한다. 나무의 크기 또한 엄청난 규모를 자랑해 수고가 67m, 둘레가 10.3m에 달한다.

용문사는 사찰 답사지로도 좋지만 울창한 숲을 따라 이어지는 삼림욕 코스는 더할 나위 없다. 식당 숙박단지를 지나면 매표소가 나오고 광장이 시작된다. 이 광장에는 다목적 광장을 비롯해 놀이동산인 용문산그린랜드, 연지, 계곡, 야영장이 있다. 용문산그린랜드 뒤편으로는 반딧불이 보호지역이란 푯말이 있어 여름철에는 반딧불이가 서식하고 있음을 알 수 있다. 용문산그린랜드를 지나 계곡을 따라 올라가면 바로 용문사 일주문이 보이면서 울창한 소나무 숲이 시작된다. 솔 숲이 깊어 여름철 한낮에도 산책로가 캄캄하고 서늘한 공기가 맴돈다. 이 길을 따라 30~40여 분을 오르면 용문사에 도착할 수 있다.

❶ 우리나라에서 가장 오래된 은행나무
❷ 용문사 일주문 겨울 풍경

용문산 등산 코스

1. 신점리 주차장 → 용문사 → 안부 → 920고지 → 주계곡합류점 → 용문사 → 주차장 (8km, 3시간 40분)
2. 용천리 사나사 → 주능선안부 → 백운봉 → 샘터 → 용천리 사나사 (12km, 4시간)

용문사에서 등산로를 타면 용문산 등산을 시작할 수 있다. 해발 1,157m의 용문산은 산세가 웅장할 뿐 아니라 오르는 길이 제법 가파르다. 용문산 정상은 군사기지가 있어 입산이 금지된 지역이므로 우회하는 코스로 등산로를 찾아봐야 한다.

양평 · 이천 · 여주 여행 지도

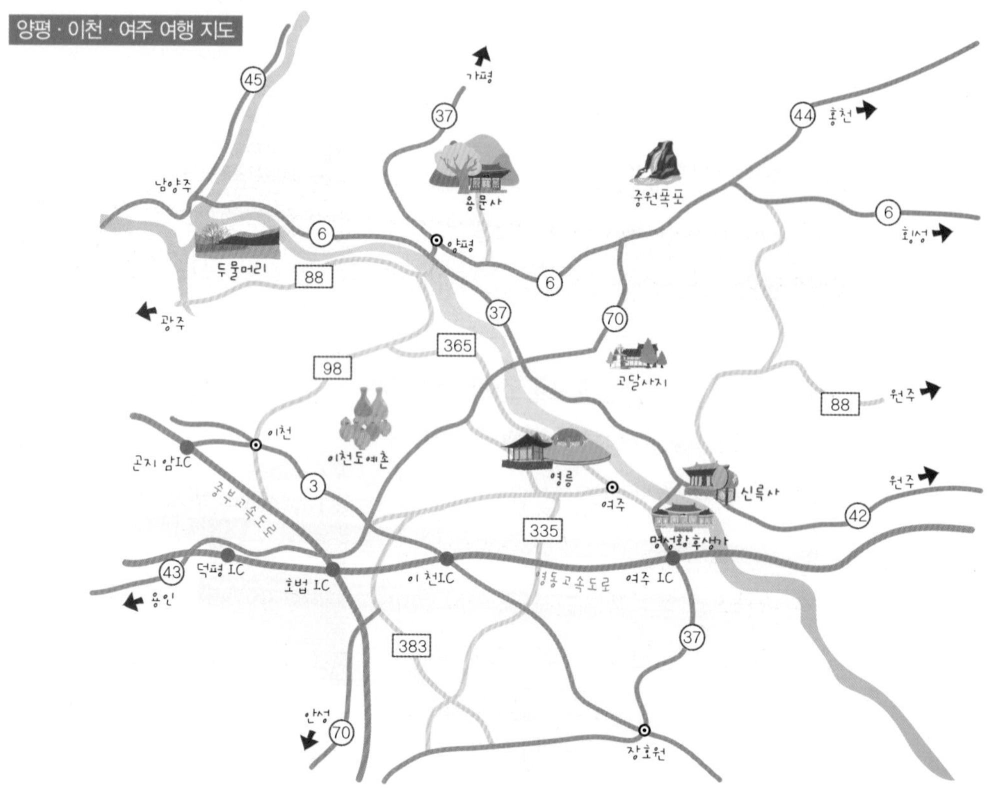

Information

☎ 용문산 관리사무소 ☎ (031) 773-0088

- 서울 상봉터미널에서 용문사행 버스 1일 4회 운행, 상봉터미널에서 용문행 버스 1일 26회 운행, 용문에서 용문사행 버스 1일 15회 운행
- 경기 이남지방에서 출발할 경우 양평행 버스 이용, 양평에서 용문행 버스 이용
- 승용차 이용시 중부고속도로 → 곤지암I.C → 곤지암(설촌) → 98번 지방도 → 양평대교 → 양평 → 용문사 또는 사나사 방향으로 이동 가능

용문산 콘도렉스 ☎ (031) 771-5433, 에이스 모텔 ☎ (031) 772-9760~1 외 민막 펜션 약 30~40여 곳

하늘보다 큰 느티나무 한그루

양평 양수리 두물머리

서울에서 불과 30분 거리에 위치한 양평 두물머리 마을은 이름부터 정겹게 느껴진다. 큰 두 물줄기가 머리를 맞댔다 하여 두물머리라고 순 우리말로 이름을 지었다고 전해진다. 양평 양수리의 제일 서남단에 위치한 두물머리 마을은 남한강과 북한강이 만나는 강변 풍경이 아름답게 펼쳐지는 곳으로 TV 드라마와 CF 촬영지로 알려지면서 요즘 크게 유명해진 드라이브 명소이다.

두물머리의 볼거리는 아무래도 유유히 흐르는 한강 풍경이라 할 수 있다. 강변에 띄운 돛단배로 인해 봄, 여름, 가을 명소로 알려지다가 최근에는 눈 내리는 겨울에도 찾는 사람이 많아졌다. 또 다른 볼거리는 양평군 보호수로 지정되어 있는 수령 400년 된 느티나무다. 수고가 30m, 둘레가 8m에 달해 성인남자 3명이 손을 잡고 둘러싸야만 겨우 안을 수 있을 정도로 그 풍채가 우람하고 늠름하다. 느티나무 그늘에서 바람 소리를 들으며 바라보는 한강 풍경은 연인들의 데이트 코스로도 손색이 없다.

입구 주차장에서 두물머리까지 걸어가는 진입로 풍경도 평화로운 고향 마을을 연상케 한다. 진입로를 따라 펼쳐진 논에서는 오리들을 많이 볼 수 있는데 이곳의 오리들은 일부로 논에 풀어 키운다고 한다. 오리들이 각종 병충해를 잡아먹어 벼농사가 더 잘되기 때문이란다. 근처 명소로는 조안 마현마을에 있는 다산기념관과 서울영화촬영소가 있다.

Information

- 서울 청량리에서 8번 시외버스 또는 166번 좌석버스 또는 강변역에서 200번 버스를 타고 양수리에서 하차. 양수리에서 두물머리까지 강변 산책로 따라 도보 10분 거리
- 서울 강변북로 → 팔당댐 → 6번 국도→ 신양수대교 앞에서 청평, 조안 방향 → 양수교 → 양수리 → 약국앞 삼거리 → 우회전 → 두물머리 / 서울 이남에서 출발시 제1중부고속도로 경안 I.C → 팔당대교 방면 45번 국도 → 양평 방면 6번 국도 → 위와 동일

양평 양수리 두물머리의 수령 400년된 느티나무

가족과 함께 즐기는 도자기 체험마을

이천 도자기문화 체험관광

이천 도자기 체험관광은 이천도예마을에서 직접 흙을 빚어 도자기나 그릇을 만들어 볼 수 있는 관광을 말한다. 주로 가족이나 연인, 친구들이 함께 다녀가지만 최근에는 교육기관이나 각급단체의 체험학습장으로 널리 알려져 있다. 이천도예마을에는 40여 개의 요장이 있으므로 각 요장별로 개인 전시관이나 전통 흙가마 등 볼거리가 풍부하다.

이천 도자기 체험관광의 주요코스는 도자기요장 견학과 전시장 견학, 실습 과정을 거쳐, 이천도자기문화센터나 해강도자문화연구소를 견학하는 코스라 할 수 있다.

관광객은 우리나라 전통도자기 이론을 습득하고 도자기의 역사, 제작 과정을 공부한 후 가마터를 견학한다. 실제 진행중인 도예 작업을 관람하기도 하고 전시장에서 전시중인 도자기를 감상할 수 있다. 실습 과정으로는 물레작업 전문가의 지도 하에 직접 물레를 돌려보거나 개인 작품 만들기로 머그컵 등을 만들어 볼 수 있다.

매년 9월말부터 10월초까지는 이천도예마을에서 도자기축제가 열린다. 이 시기에 방문하면 볼거리가 더욱 풍성해지고 축제 분위기도 만끽할 수 있다. 도예마을 인근 명소로는 이천온천이 있으므로 도자기 체험과 동시에 온천욕을 즐길 수 있다.

Information

[도자기체험 문의]
남양도예 ☎ (031) 632-7142, 대광도예 ☎ (031) 633-5686, 두용도예 ☎ (031) 637-2256, 석천요 ☎ (031) 633-6351, 소정도예 ☎ (031) 632-7686, 우진요 ☎ (031) 632-7678, 주영도요 ☎ (031) 632-6518, 학현도예 ☎ (031) 632-7251, 현보도예 ☎ (031) 634-2825 외
해강 도자기미술관 ☎ (031) 632-7017

- 서울 강변역에서 동원대행 1103번 좌석버스 이용 동원대에서 하차, 시내버스 환승 5분 뒤 도예마을
- 승용차 이용시 중부고속도로 서이천 I.C → 3번 국도 → 이천 → 이천도예촌 / 영동고속도로 이천 I.C → 서울 방면 3번 국도 → 이천 → 이천도예촌

이천 도자기체험 1일 체험비용 어른 15,000원, 어린이 10,000원 안팎 / 20인 이상 단체시 할인율 적용 / 전시장 관람비 및 식대 별도

여주 신륵사

▶ 신륵사 극락보전

여주 신륵사는 신라 진평왕 때 원효대사가 창건한 후 고려 우왕 2년에 나옹선사가 입적하면서 유명해진 사찰이다. 신륵사가 전국적으로 알려진 것은 세종대왕릉(영릉)이 여주로 이장되면서부터다. 영릉이 여주로 이장된 1491년에 신륵사는 영릉의 원찰이 되어 그 명성을 드높인다. 원찰이란 죽은 임금의 극락왕생을 빌거나 국가번영을 기원하는 전용 사찰을 말하는데 신륵사는 세종대왕의 명복을 비는 전용 사찰인 셈이다.

신륵사는 여주 시내에서 승용차로 5분 거리에 있는 남한강 상류 여강변에 있다. 국내 사찰로는 보기드물게 강가에 위치한 신륵사는 이 덕택에 신륵사 전체가 국민관광지로 지정되어 있다. 신륵사 국민관광지는 호젓한 산사 여행은 물론 강변 여행, 여름철 알뜰 피서지로 제격인 셈이다. 여름철에는 신륵사를 중심으로 펼쳐진 금모래 은모래 유원지가 이 지역 알뜰 피서지로 각광받는데, 신륵사에서 강 건너편에 위치한 은모래유원지는 특히 캠핑을 하려는 젊은이들에게 인기가 있다.

신륵사 경내에는 극락보전을 비롯해 보물 제180호 조사당, 보물 제225호 다층석탑, 보물 제228호 보제존자석종, 보물 제229호 보제존자 석종비, 보물 제230호 대장각기비, 보물 제231호 석등이 있다. 특히 인상적인 문화재는 보물 226호인 다층전탑인데 이 전탑은 신륵사 경내를 나온 뒤 강변 절벽으로 가다보면 볼 수 있다. 강변 절벽에는 다층전탑 외에도 나옹선사의 당호를 딴 강월헌(江月軒)이란 정자가 있다. 이 정자에 앉으면 남한강 상류인 여강 일대가 한눈에 조망되어 누구라도 탁월한 시인이 된다.

신륵사 국민관광지는 여주군이 자랑하는 대표관광지로 전체 면적만 약 32만 평에 달하고 있다. 주차장 쪽에 있는 여주도요단지는 각종 도자기 체험장과 전세계 생활도자기를 전시하는 전시장으로 꾸며져 있다. 도요단지에서 신륵사까지는 걸어서 약 5분 거리로 진입로를 따라 조경이 아름답게 꾸며져 있다.

강변으로 내려가면 오리보트를 탈 수 있는 뱃놀이 시설과 놀이공원 시설이 있다. 건너편 강변의 은모래유원지는 야영객을 위해 야영장과 취사시설을 약 2000평 규모로 꾸며놓고 있다. 신륵사 답사가 호젓한 사찰 여행에 어울린다면 강변 풍경은 연인들의 데이터 코스로 적당하다. 가족 단위의 피크닉은 물론 기업체의 단체 MT 장소로도 손색이 없는 여행지이다.

❶ 신륵사 다층전탑
❷ 간월헌에서 휴식을 취하는 여행객
❸ 신륵사 입구 여주도요단지

Information

☎ 신륵사 종무소 ☎ (031) 885-2505, 세계 생활도자기전시장 ☎ (031) 884-8644, 토야체험교실 ☎ (031) 884-8552

- 서울 고속버스터미널에서 여주행 버스 탑승, 여주 버스터미널에서 신륵사행 버스 1시간 간격 운행, 여주버스터미널에서 신륵사까지 택시로 5분 거리
- 경부 · 중부고속도로 → 영동고속도로 여주 I.C → 여주 방면 37번 국도 → 여주 시내 → 여주대교 → 신륵사

조선의 국모 명성황후와 세종대왕을 만나러 가는 길

여주 명성황후 생가 · 영릉

❶ 명성황후 생가
❷ 세종대왕릉인 영릉

여주 신륵사와 함께 둘러볼 수 있는 인근 명소로는 명성황후 생가와 세종대왕을 모신 영릉이 있다. 영동고속도로 여주 I.C에서 진출한 뒤 여주 방향 37번 국도를 달리면 바로 명성황후 생가 이정표가 보이고, 여주 시내에서 왕대리 방면 365번 지방도를 타면 영릉을 갈 수 있다.

조선 제26대 고종황제의 황후였던 명성황후는 개화기의 중심에 서서 파란만장한 일생을 마친 여장부라 알려져 있다. 명성황후 생가는 그녀가 출생하여 8세까지 살던 집으로 현재의 생가는 1995년에 복원된 본채, 행랑채, 사랑채, 별당채 등으로 구성된 집이다. 생가 앞에는 기념관이 건립되어 명성황후와 관련된 자료와 유품 등을 전시하고 있다.

조선 4대 왕인 세종대왕과 소헌왕후 심씨의 합장릉인 영릉은 조선시대 다른 왕릉과 달리 규모가 비교적 크고 볼거리도 제법 많다. 정문을 들어서면 해시계, 측우기, 혼천의 등 과학기구가 야외에 전시되어 있고 세종전은 세종대왕의 업적을 기리는 각종 유물과 자료들을 전시하고 있다.

Information

☎ 명성황후 생가 ☎ (031) 880-1881 / 세종대왕릉 ☎ (031) 885-3123

🚌 명성황후 생가, 여주 버스터미널에서 장호원행 버스 탑승, 여주읍 점봉초등학교앞 하차 도보 5분 거리 / 세종대왕릉, 여주읍에서 택시 7분 거리

승용차 이용 여주 1일 여행 코스 / 영동고속도로 여주 I.C → 명성황후 생가 → 여주 시내 → 세종대왕릉(효종대왕릉) → U턴 → 여주 시내 → 강변관광지 → 신륵사

수원 · 용인 · 안성

수원 화성 / 용인 한택식물원 / 용인 한국민속촌 / 용인 에버랜드 / 용인 와우정사 / 안성 미리내성지

★★★ 조선시대 정조대왕의 야망과 꿈

수원 화성

흔히 수원성이라 알려져 있지만 정확한 명칭은 수원 화성이다. 수원 화성 답사를 하루 안에 끝내려면 아침 일찍 시작하는 것이 좋다. 둘레 5,743m, 면적 130ha의 수원 화성은 분당 신도시니 일산 신도시니 하는 그 당시의 신도시 개념의 성곽이었다. 성의 넓이가 예측할 수 없을 정도로 크기 때문에 한두 시간 안에 돌아보려다가는 큰 낭패를 당한다.

승용차 이용자는 서장대 관광안내소 주차장에서 화성 답사를 시작하는 것이 좋다. 북동포루와 연무대 앞에도 주차가 가능하지만 수원 행궁과 비교적 먼 거리에 있다. 서장대 주차장에서 팔달산 능선에 축성된 성곽을 따라 도보로 이동하면 화성 안에 위치한 수원 행궁까지 한꺼번에 구경할 수 있다.

❶ 조깅 코스가 되어버린 화성의 암문
❷ 팔달문 방향에서 올라가는 수원 화성

이른 아침이면 팔달산 아래에서 운동을 하러 사람들이 올라오는데 넓은 길은 놔두고 암문을 통해 올라온다. 암문이란 비상시에 적에게 노출되지 않게 성곽 안으로 비상 식량이나 무기를 반입할 때 사용하는 비밀문을 말한다. 이 비밀문을 통해 트레이닝복을 입고 드나드는 사람들을 보자면 헛웃음이 절로 나온다.

화성의 역사는 정조가 아버지 사도세자의 능을 양주 배봉산(지금의 서울 배봉산)에서 풍수설에 따라 최대 명당인 수원 화산(지금의 수원과학대 인근)으로 옮기면서 시작된다. 이 무렵 수원 화산은 수원부 관아와 고을이 있는 중심지였는데 사도세자의 능이 이장되자 관아와 고을사람들을 지금의 팔달산 아래로 옮기면서 성곽을 축성한 것이 지금의 수원 화성이다.

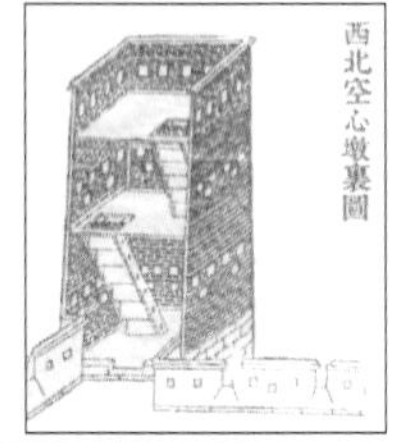

▶ 화성성역의궤에 수록된 건물 도설

수원 화성이 원형그대로 복원될 수 있었던 것은 '화성성역의궤' 라는 책이 있었기 때문이다. 이 책은 정조의 명으로 성을 쌓는 모든 과정을 자세히 기록한 일종의 공사보고서이다. 이 책에는 공사 일정과 공사 감독관의 명단과 직위 그리고 건물 각 부분을 그림으로 설명한 도설이 수록되어 있다. 뿐만 아니라 각종 공문서와 일한 사람들의 명단, 임금 규정, 각종 자재의 명칭, 수량 등이 상세히 기록되어 있다.

수원 화성의 시설물들을 살펴보면 영 · 정조 시대에 찬란하게 꽃피었던 문화를 실감할 수 있다. 화성은 장안문(북문), 팔달문(남문), 화서문(서문), 창룡문(동문) 4곳의 문이 있고 성문에는 각기 옹성을 쌓고, 성문 밖으로 둥글게 겹으로 성벽을 쌓았다. 4곳의 성문 외에도 5곳에 암문을 두었고, 흐르는 개천 위에는 각기 북수문과 남수문을 세웠으며 북수문 위에는 화홍문 누각을 올렸다. 북문과 남문 좌우에는 적대를 쌓고, 서쪽과 동쪽에는 노대를 쌓았다. 또한 멀리 떨어진 적을 감시하는 공심돈도 3곳에 두었고, 비상시 인접한 성에 연락할 수 있도록 봉돈을 세웠다. 이외에도 성벽을 밖으로 돌출시킨 치성을 8곳에 두었으며, 포루를 5곳, 포구를 5곳에 만들었다. 성의 서쪽 서장대, 동쪽 동장대를 두어 군사를 지휘했고, 성벽 모서리 5곳에 누각을 만들어 적을 감시했다.

▶ 수원 행궁과 그 뒤로 보이는 팔달산

수원 화성의 또 다른 볼거리는 화성 행궁이다. 총 570칸 규모의 행궁은 봉수당, 낙남헌 등으로 구성되어 우리나라 행궁 중에는 최대 규모의 궁궐이다. 화성 건축시에는 관아로 사용되었다가 후에 행궁으로 조성된 이곳은 정조가 사도세자의 능을 참배하고 돌아가는 길에 머무른 궁으로, 이때 정조가 행궁을 행차하는 모습은 지금도 여러 장의 그림으로 남아있다. 수원 화성 여행을 도보로 하려면 팔달산매표소에서 출발하는 화성열차를 이용하는 것이 가장 좋다. 수원 화성의 주요 출입문이었던 팔달문, 화서문, 장안문 등에서 답사를 시작해도 좋다.

수원 · 용인 · 안성 여행 지도

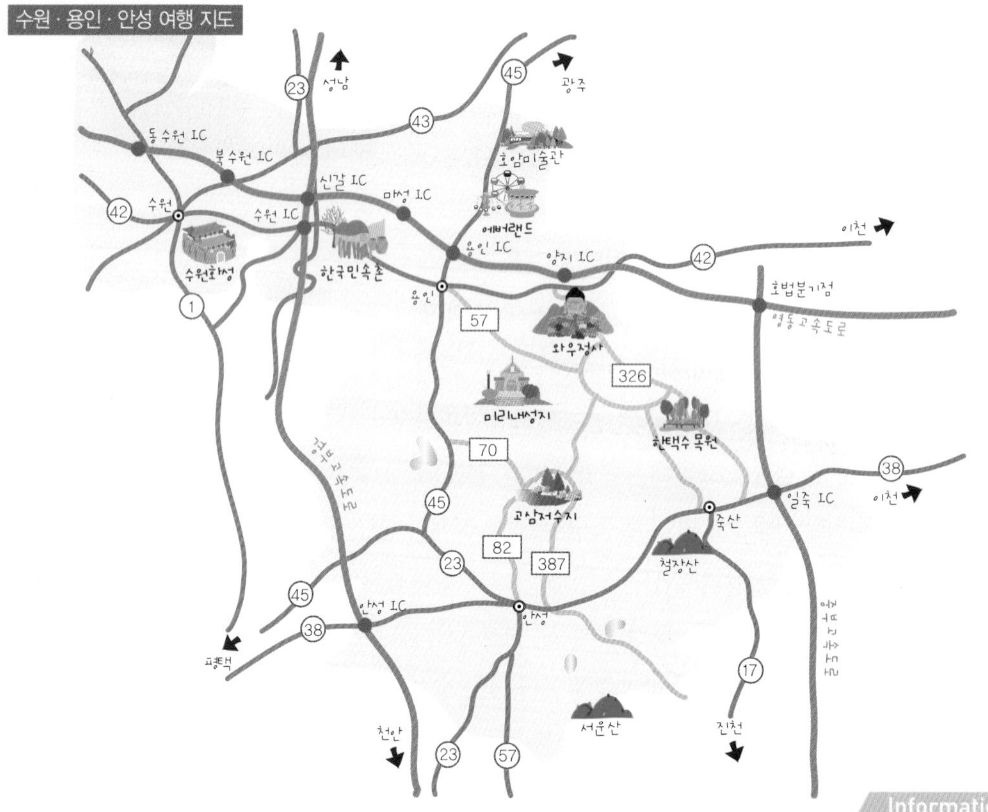

Information

- ☎ 수원시 문화관광과 문화담당 ☎ (031) 228-3086 / 팔달산매표소 ☎ (031) 228-4683, 연무대 매표소 ☎ (031) 228-4686
- 🚌
  - 수원역에서 팔달문 또는 화서문 또는 장안문 또는 화성행궁행 시내버스 이용
  - 승용차 이용시 경부고속도로 수원 I.C → 동수원 4가에서 직진 → 중동 4가 우회전 → 팔달문 로터리 → 화성 행궁
- 화성열차는 매일 12회 왕복 운행 / 팔달산(행궁 뒤편 강감찬 장군 동상앞) → 화서문 → 장안공원 → 화홍문 → 연무대

울창한 숲 속에서의 하루

용인 한택식물원

용인시 비봉산 자락에 위치한 한택식물원은 울창한 관목류의 숲이 매력적인 곳이다. 비봉산 자락의 음지와 양지를 따라 여러 나무들이 잘 식재되어 있는 한택식물원은 전체 면적 20만 평에 각종 희귀식물과 멸종위기식물, 자생식물, 교배종에서 외래종까지 7,000여 종의 식물들을 한 곳에서 만날 수 있다. 1979년부터 개발하기 시작한 식물원은 2002년 수목원으로 정식 등록되고, 2003년 5월에 한택식물원으로 정식 개원한다.

식물원은 1,000여 종의 자생식물이 자라는 자연생태원과 봄, 여름이면 꽃이 만발하는 아이리스원, 원추리원이 볼만하고 500여 종의 고산식물이 자라는 암석원과 비비추가 많은 비비추원도 인상적이다. 이외에 바오밥 나무를 볼 수 있는 호주온실, 약용식물이 식재되어 있는 약용식물원, 아프리카 자생식물 전시장인 남아프리카 온실, 350여 종의 모란이 심어진 모란작약원도 인상적이다. 다른 꽃은 비에 영향을 받지 않지만 모란꽃 만큼은 큰 비가 내리면 꽃잎이 뚝뚝 떨어지기 때문에 큰 비가 오기 전에 구경해야 한다. 한택식물원은 가족들의 나들이를 겸한 생태교육 장소로 적당하고 연인들의 데이트 코스로도 안성맞춤의 여행지라 할 수 있다.

❶ 한택식물원 전경
❷ 입구에 위치한 야생화 판매장

Information

- ☎ 한택식물원 ☎ (031) 333-3558, ☎ (031) 671-5665~7
- 🚌
  - 서울 남부터미널에서 백암터미널행 버스 이용, 백암터미널에서 한택식물원행 10-4번 버스 1일 4회 운행 / 용인 시외버스터미널에서 10-4번 시외버스 1일 8회 운행
  - 승용차 이용시 중부고속도로 일죽 I.C → 죽산리 → 죽산리 시내에서 한택식물원 이정표 보고 이동
- 연중무휴, 입장료 성인 평일 7000~8,500원, 어린이 4,000~5,000원 / 동절기 11월~3월에는 약 40% 할인율 적용

우리나라 전통문화를 한눈에 둘러볼 수 있는

용인 한국민속촌

한국민속촌은 흔히 용인민속촌이라 알려진 한국의 전통문화를 체험할 수 있는 테마 관광지이다. 점점 우리삶 속에서 잊혀져 가는 조상들의 삶의 지혜와 생활 모습을 직접 체험할 수 있어 내국인 물론 외국인들에게도 큰 인기가 있는 명소이다. 필자가 취재차 방문한 날은 꽤 추운 초겨울 날씨이었는데도 방문객들이 상당히 눈에 많이 띄었다.

민속촌에는 270여 동의 전통가옥, 7개의 민속전시관, 5개의 민속공연장, 박물관, 조각관, 세계민속관, 놀이공원, 옛 장터 모습을 재현한 민속장터, 유스호스텔 등의 시설물들이 있다. 20여 개의 공방에서는 전통공예품인 목기공예, 죽공예, 한지공예, 유기공예 등 전통공예품 제작 과정을 재현하고 있을 뿐 아니라 현장에서 직접 판매도 하고 있다. 민속촌의 또 다른 볼거리는 매일 열리는 민속공연이다. 농악공연(11:00, 15:00), 널뛰기공연(11:30, 15:30), 줄타기공연(11:40, 15:40), 전통혼례(12:00, 16:00)가 볼만한데 특히 줄타기 공연이 남다르게 재미있다. 봄부터 가을까지는 거의 매주 사극 촬영 스케줄이 잡혀있으므로 시간이 맞으면 TV 촬영 광경을 직접 목격할 수도 있다.

❶ 한국 전통문화를 체험할 수 있는 한국민속촌
❷ 야외놀이마당에서 열리는 널뛰기 공연

민속촌의 먹거리로는 매표소를 지나면 시작하는 편의시설 지역의 음식점 먹거리와 민속촌 제일 끝에 있는 민속장터 먹거리가 있다. 필자는 편의시설 지역에서도 식사를 해보았고 민속장터에서도 식사를 해보았는데 맛은 비슷했지만 운치로 따지면 민속장터에서 먹는 것이 더 좋았다. 때마침 필자가 취재중일 때는 민속장터의 어느 음식점이 겨울 김장을 준비하고 있었다. 20여 명의 아주머니들이 김장을 하고 있기에 몇 포기를 하냐고 묻자 한 달 동안 나누어 총 1만 7천 포기를 한다고 한다. 뭘 그렇게 많이 하냐고 묻자 내년 이맘때인 11월 중순까지 먹어야 할 김치를 담그는 것이라고 말한다. 요즘은 김치 냉장고가 유행인데도 좌우지간 묵은 김치가 인기가 좋다고 한다.

민속촌을 시계방향으로 돌아 나오면 그 끝에 자녀들을 위한 민속촌 놀이마을이 있다. 13종의 첨단 놀이기구를 비롯해 폭포, 플라워 가든, 세계민속관, 조각공원 등의 볼거리가 풍부하다. 겨울에는 눈썰매장이 개장하므로 사계절 내내 사람들이 붐빈다.

Information

☎ 한국민속촌 ☎ (031) 288-0000, 셔틀버스 안내 ☎ (031) 256-6031

- 서울 강남역 6번 출구에서 1560번 버스, 잠실역 6번 출구에서 1116번 버스, 세종문화회관 앞에서 5500-1번 버스, 여의도 순복음교회 앞에서 7007-1번 버스 이용 민속촌 앞에서 하차
- 수원역 앞에서 37번 버스 나 민속촌행 셔틀버스 1일 5회 운행
- 승용차 이용시 경부고속도로 수원 I.C → 신갈 오거리 → 민속촌

입장료 성인 11,000(일반)~16,000(자유이용권), 청소년 8,000(일반)~14,000(자유이용권), 365일 연중무휴

하루 평균 3만 명이 찾는 테마파크

용인 에버랜드

국내 최초 가족공원을 표방하여 1976년 자연농원이라는 이름으로 오픈한 에버랜드는 현재에 이르기까지 20여 년 넘게 거침없는 개척정신을 발휘, 국내 가족놀이의 문화수준을 세계적으로 끌어올리는데 크게 기여했다고 해도 과언이 아니다. 현재의 에버랜드는 지난 1996년, 월드 클래스 리조트로 거듭나기 위하여, 용인 자연농원에서 에버랜드로 BI를 변경하여 더욱 더 즐겁고 행복한 공간으로 태어났다고 한다.

40여 개의 최신 어트랙션과 세계 유일의 복합 야생화 단지인 사파리월드, 절기마다 열리는 사계절 꽃축제, 국내 최초이자 최장의 눈썰매장을 갖춘 페스티발 월드와 세계 최고 수준의 실내외 워터파크인 캐리비안베이, 그리고 에버랜드 스피드웨이 등 3개의 테마파크를 갖춘 에버랜드는 남녀노소, 가족과 연인 모두에게 늘 즐거움과 행복을 안겨주는 놀이문화의 대명사로서 자리매김 하였다.

▶ 용인 에버랜드 안내도

용인 에버랜드는 1996년 연간 입장객 912만 명을 돌파, 세계적으로 6위에 해당하는 테마파크이자 국내 최대의 테마파크라 할 수 있다. 개장 25년 만에 1억 명의 입장객을 달성한 에버랜드는 현재도 하루 평균 3만 명 안팎의 관광객이 입장하고 있다. 말하자면 우리나라 놀이공원 중에서 가장 별천지에 해당하는 곳이 용인 에버랜드라 할 수 있다.

Information

서울 강남역 6번 출구에서 5002번 버스, 사당역 2번 출구에서 1500-2번 버스, 양재역에서 1500번 버스 이용 에버랜드 앞에서 하차 / 수원역 앞에서 66-4번 버스 운행 / 수원역 맞은편에서 6000번 버스 운행 / 승용차 이용시 경부고속도로 신갈 분기점 → 영동고속도로 → 마성 I.C → 에버랜드

입장요금 성인 24,000(일반)~30,000(자유이용권), 청소년 18,000(일반)~23,000(자유이용권), 사파리투어 별도

부처님 두상과 와불로 유명한 사찰

용인 와우정사

용인 연화산 와우정사는 대한불교 열반종의 총본산으로 절 입구에 8m 높이의 부처님 두상이 있는 곳으로 유명한 사찰이다. 경내에는 흔히 보는 사찰과 달리 이색적이고 독특한 조형물이 제법 많다. 입구를 지나 언덕을 오르면 마이산 탑사에서나 볼 수 있었던 돌탑 군들이 '통일의 돌탑' 이란 주제하에 세계 각국 불교성지에서 가져온 돌로 쌓았다 하니 실로 성스럽게 느껴진다. 인도네시아산 향나무 재질로 만들어 졌다는 길이 12m, 높이 3m의 와불도 독특하다. 와우정사는 용인 지역과 인근 수도권 시민들이 주말나들이를 겸해서 방문할 수 있는 볼거리 많은 사찰이라 할 수 있다.

▶ 부처님 두상이 인상적인 와우정사

와우정사는 1970년 실향민인 해곡 삼장법사가 부처님의 공덕을 빌어 민족 화합을 이루기 위해 세운 호국사찰이다. 사찰 주차장에 위치한 버섯 모양의 '풍뎅이' 레스토랑은 푸짐한 먹거리를 자랑하는데 전통차와 커피, 요즘 유행하는 '허브비빔밥' 같은 음식을 먹을 수 있다. 와우정사 근처 명소로는 용민민속촌과 한택식물원, 안성 미리내성지와 고삼지 등이 있다.

Information

와우정사 종무소 ☎ (031) 332-2472

- 용인터미널에서 운학리 또는 원삼행 버스 이용, 와우정사 입구에서 하차 후 도보 이동
- 승용차 이용시 경부고속도로 수원 I.C → 기흥 → 용인 → 57번 지방도 → 해곡동 → 와우정사

김대건 신부의 묘소가 있는 천주교성지

안성 미리내성지

미리내성지는 병오박해(1846년) 때 서울 새남터에서 순교한 우리나라 최초의 천주교 신부인 김대건(金大建, 안드레아) 신부가 안장된 성지이다.

당시 안성, 용인, 양평 일대는 천주교 단일 선교 지역이었는데 천주교신자들이 신유박해(1801년)와 기해박해(1839년)를 피해 숨어 들어와 교우촌을 형성하면서부터 신자들이 피운 불빛이 달빛 아래 비치는 냇물과 어우러져 한밤중에 보면 은하수처럼 보인다 하여 미리내라는 이름이 붙었다. 미리내는 은하수의 순우리말이다. 천주교탄압을 피해 숨어들어온 전체 신자의 수는 1천 6백여 명, 이들은

신부가 없는 상태에서 진행하는 미사인 공소예배를 1883년부터 시작하였고, 1896년에 본당으로 승격, 교회가 건립된다.

지금의 미리내성지는 서기 1972년에 시작된 성역화 작업의 결과 현대화된 성당과 옛 유적지가 잘 어우러진 천주교 신자들의 대표적인 순례코스라 할 수 있다. 순례 코스는 좌측으로 103위 성인 기념 대성전, 김대건 신부의 묘, 김대건 신부의 모친인 고 우르술라 묘가 있는 김대건 신부 유적지 코스와 우측으로 미리내성당, 순례자의 집, 게쎄마니 동산 코스로 나눌 수 있다.

❶ 김대건 신부 묘소에 있는 경당 내부
❷ 미리내성지의 김대건 신부의 묘

눈에 띄는 유적은 김대건 신부 묘소와 그 뒤에 있는 작고 아담한 경당의 모습이다. 경당 마당에는 김대건 신부 묘소, 페레올 주교 묘소, 강도영 신부 묘소, 최문식 신부 묘소가 있다. 김대건 신부가 순교한 후 갖은 고생과 핍박 생활을 하며 살았던 모친도 7년 후 돌아가셨는데 모친의 묘는 경당 왼쪽 뜰에 있다. 경당 안에는 김대건 신부의 아래턱 뼈가 모셔져 있어 평일에도 이곳을 찾아 참배하는 천주교 신자들이 제법 많다.

103위 성인 기념 대성당은 1984년에 세워진 현대식 건물로 상당히 웅장한 규모이다. 이 대성당에서는 주일예배와 매일 11시 미사가 거행된다고 하는데 일반인들도 참석할 수 있다.

주차장에서 우측으로 올라가면 첫 번째로 보이는 건물이 미리내성당이고 미리내성당을 지나면 방문객이 식사를 할 수 있는 순례자의 집이 있다. 게쎄마니 동산은 순례자의 집 우측 산 위에 있는데, 예수님이 십자가에 돌아가시기 전 기도하던 동산을 그대로 재연하고 있다.

주차장에서 103의 성인 기념 대성당을 경유해 김대건 신부 묘소, 미리내성당, 게쎄마니 동산까지 답사하는 데는 대략 3시간 가량이 소요된다. 천주교 신자들의 성지 순례 코스이지만 일반인들도 경건한 마음으로 호젓하게 돌아볼 수 있다. 성지 진입로에 있는 미산저수지 주변에는 깔끔한 음식점이 많으므로 간단히 한 끼 식사를 해결할 수 있다. 근처의 명소로는 고삼저수지가 있다.

Information

☎ 미리내성지 사무실 ☎ (031) 674-1251

- 안성 버스터미널 뒤 농협에서 미리내성지 입구행 버스 이용
- 승용차 이용시 영동고속도로 용인 I.C → 용인 → 안성 방면 45번 국도 → 송전리 → 난실3거리 → 82번 지방도 → 노곡리 → 미리내성지 이정표 보고 진입

Go On a Trip To the West Coast _ Part 3

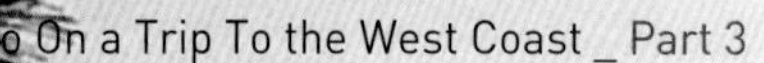

충청남북도 Chungcheongdo

청주 · 청원 ·
보은 · 괴산
청주 상당산성 / 그 밖의 청주 여행지 / 청원 청남대 / 보은 속리산 법주사 / 속리산 법주사지구 문장대 /
속리산 화양구곡(괴산) / 속리산 선유구곡(괴산) / 속리산 쌍곡구곡(괴산) / 그 밖의 보은 · 괴산 여행지

청주 시민들의 보금자리

청주 상당산성

상당산성은 포곡식 석성으로 둘레 4.2Km, 면적 22만 평의 웅장한 규모의 산성이다. 성 안에 민가를 비롯해 한옥마을, 호수, 향토음식점이 있어 청주 시민들이 즐겨 찾는 나들이 공간이다.

상당산성은 남문 밖에서 통일신라 유물이 발견되기도 하여 고려시대 이전부터 성의 형체가 있었다고 추측하고 있다. 「삼국사기 열기열전」에는 김유신의 셋째 아들 원정공이 쌓았다 하고, 「상당산성 고금사적기」에는 김유신의 아버지가 쌓았다 하여 어느 것이 정확한 것인지 알 수 없다. 지금의 모습은 선조 29년에 수축한 것으로 이 후 여러 번 성벽공사가 진행되었다고 한다. 부속 건물로는 공남문, 진동문, 미호문 등의 출입문 3곳과 남암문, 동암문 등의 암문 2곳, 서장대, 동장대, 관아 등이 있다.

▶ 상당산성의 호수 풍경

주차장에서 보이는 초원지대 언덕에 있는 건축물이 공남문이다. 공남문을 구경한 뒤에는 도보로 성내를 둘러보거나 동장대 방면 성벽 사이에 나있는 도로를 경유하여 자동차로 성안 마을까지 진입하여 둘러볼 수 있다. 성안으로 들어가면 바로 보이는 것이 넓은 호수다. 「신증동국여지승람」에 기록되어 있는 기존 연못은 홍수로 사라지고 지금의 호수는 1943년에 만든 것이다. 호수 우측에는 한옥마을과 향토음식점들이 즐비하며 대표적인 먹거리는 대추술이다. 성곽을 한 바퀴 돌아보는 데는 대략 1시간 40분가량 소요되며 공남문에서 시계방향으로 돌아보는 것이 좋다. 수원성에 비해 정교하게 만들어진 암문 구경도 색다른 즐거움이 된다.

청주 · 청원 여행 지도

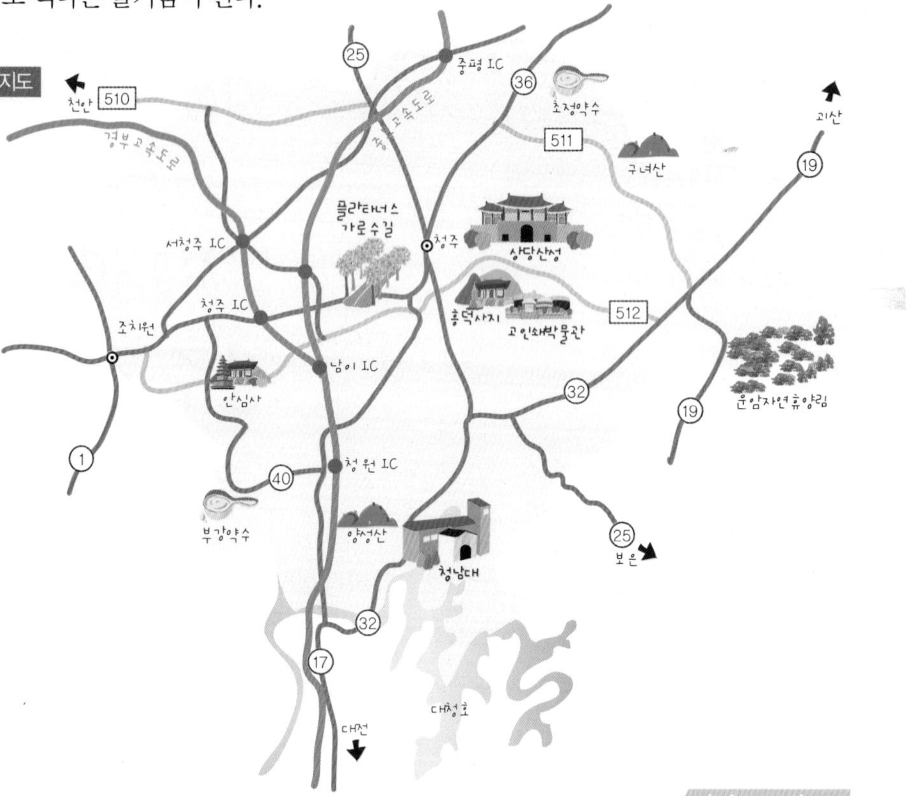

Information

- 청주 시내에서 상당산성행 시내버스 1시간 간격 운행
- 승용차 이용시 청주 시내에서 청주동물원 → 상당동 → 상당산성

그 밖의 청주 여행지

▶ 직지활자판 하권 복제본

청주 흥덕사지

고인쇄 박물관 북쪽 흥덕사지에는 흥덕사 금당과 3층 석탑이 복원되어 있고 이곳에서 발굴된 석재들이 주춧돌 등으로 활용되었다. 옛 흥덕사는 서기 685~954년(신라 신문왕~고려 광종) 무렵에 창건된 사찰로 금속활자본 직지가 간행된 시기인 1377년까지 존재했지만 그 이후 큰 화재가 발생해 폐사한 것으로 알려졌다.

고인쇄 박물관

박물관 내에서는 1,100여 점의 유물을 볼 수 있는데, 직지와 흥덕사지 전시관, 동서인쇄문화실, 고인쇄 도서관 등에 분류 전시되어 있다. 직지는 고려 말경 여러 스님들의 설법에서 선의 핵심을 깨닫는데 필요한 내용을 뽑아 엮은 것으로 불교 최고 덕목인 선과 관련된 내용을 담고 있다. 고인쇄 박물관은 청주 시내 중심가에 있으며, 매주 월요일과 명절에는 휴관한다.

★★☆ 청주 플라타너스 길

청주 플라타너스 가로수 길은 우리나라에서 몇 안 되는 운치 있는 드라이브 코스 중 하나이다. 경부고속도로 청주 I.C에서 진입한 뒤 청주 방향으로 달리면 가로수 길이 시작되어 가경동 죽천교까지 대략 6Km 가량 이어진다.

플라타너스 나무는 공해방지용 나무로 유명한데 그 때문인지 몰라도 공기도 제법 맑게 느껴진다. 이곳의 플라타너스 나무는 대부분 1948년에 집중 식재된 것으로 영화 '만추'의 배경이자 드라마 '모래시계'의 촬영지로도 알려져 있다.

총 1,527 그루의 플라타너스 나무들이 하늘을 뒤덮고 있어 자동차로 달리다 보면 터널 속을 통과하는 것처럼 운치가 있는데 여름이면 특히 아름답다. 데이트 중에 달려볼 수 있는 드라이브 코스로 이만한 코스도 없어 보인다.

Information

경부고속도로 청주 I.C에서 청주 시내 방향 36번 국도

처음으로 공개되는 대통령 별장

청원 청남대

충북 청원군 문의면에 위치한 대통령 별장 청남대는 지난 몇 년 사이에 국내에서 인기 있는 관광지로 부상하고 있다.

2003년 4월 일반인들에게 개방을 시작하면서 그 해 약 70만 명이 청남대를 찾았고, 2004년에는 약 1백만 명의 관광객이 청남대를 방문했다. 연간 900만 명 이상이 찾는 국내 유명 테마파크와 비교하면 입장객 수가 현저하게 작지만 청남대는 입소문으로만 100만 명의 입장 수익을 올렸으니 그 인기가 대단한 셈이다.

청남대는 충북 청원군 대청댐 상단부에 위치한 55만 평 크기의 대통령 별장으로 남쪽에 있는 청와대라는 의미로 지어진 이름이다. 청남대 본관 진입로에 들어서면 먼저 보이는 것이 헬기장이다. 대통령을 비롯한 고위관료가 별장을 출입할 때 사용한 이 헬기장은 동시에 2대의 헬기가 이착륙을 할 수 있다. 웬만한 축구장보다 넓은데 실제로 축구, 국궁, 양궁, 배구, 야구, 게이트볼장으로 이용되었을 정도로 잔디 관리도 잘되어 있다. 헬기장을 지나면 전두환대통령 시절 스케이트장으로 사용되었다는 양어장이 있다. 양어장 초입에는 수질을 정화시키기 위해 메타세쿼이아 나무가 빼곡히 심어져 있다.

양어장을 돌아 나오면 원래 위치로 나오게 되는데 여기서 별장 본관이나 김영삼대통령 시절 자전거장이었다는 골프장으로 이동할 수 있다. 골프장을 지나면 대청호로 나있는 대통령 전용 낚시터 겸 선착장이 보인다. 선착장 근처에는 김대중대통령 시절 대통령이 즐겨 찾았다는 초가정이 있다. 초가정은 대청호가 내려다보이는 장소에 위치하고 있는데, 대통령이 나타나면 토끼들이 등장해 교육받은 데로 재롱을 떨었다는 웃지 못 할 일화가 있다.

❶ 문의면 청남대 관광 안내소
❷ 청남대 본관

별장 본관은 1층 388평, 2층 247평, 지하 181평 규모로 1층에 회의실과 손님 접견실, 식당, 손님 침실 등이 있다. 2층은 대통령 전용 공간인 침실, 서재, 거실, 식당과 가족들을 위한 침실, 거실과 설 및 추석에 하례를 받던 한실이 있다. 지하는 기계실 및 물품창고가 있는 곳으로 비공개 지역이다.

본관 1층에 들어서면 중앙 홀에서 통유리창 너머로 본관 정원이 보인다. 커다란 분수와 섬잣나무, 느티나무, 배롱나무 등이 식재되어 있는데 그림처럼 아름답다. 1층을 모두 구경한 후에는 계단을 따라 2층으로 올라간다. 2층 침실과 거실을 구경할 때 쯤 되자 같이 구경하던 할머니들의 입에서 그냥 웃어버리기에는 왠지 씁쓸한 재밌는 입담이 마구 쏟아진다.

"거 참, 볼만 하구먼, 지들끼리 재미있게도 놀았구먼."

▶ 대청호의 대통령 전용 선착장

사실 할머니들은 몇 개인지도 알 수 없는 수많은 방 때문에 우선 놀란 모양이었다. 방금 침실을 구경했는데 이번엔 가족용 침실이 있고 또 다시 온돌형 침실이 있는 것이다. 서재도 서너 개가 있는 것 같고 화려한 빨간색 융단이 깔려있는 복도, 아이보리색 내벽에 고딕풍이거나 바로크풍이거나 중국풍의 실내가구들 이런 것들이 나라를 대표하는 대통령의 체통이 될 수도 있겠지만, 그것은 국민들이 낸 세금으로 치장된 것이기에, 할머니들의 입에서는 여과되지 않은 민심의 소리가 여지없이 터져 나온다.

이유야 어쨌든, 청남대는 볼거리가 참 많은 곳이다. 본관 건물은 대통령 별장다운 품격이 남아있으니 대통령의 일상생활을 간접적으로나마 경험할 수 있다. 진입로마다 조성된 작은 야생화 단지와 장미원, 곳곳에 있는 작은 정원들은 조경 상태도 초일류급이다. 5홀 규모의 미니 골프장도 그림처럼 아름답다. 필자는 조경학을 공부한 적이 없지만 청남대만큼 조경이 잘 된 관광지를 만나본 적이 없다.

청남대 관광은 초창기 때와 달리 자유롭게 이동하며 관람이 가능해진 것이 새로운 매력이다. 부모와 함께 떠나는 효도관광에 적합할 뿐 아니라 명소를 즐겨 찾는 사진작가들에게도 안성맞춤이다. 대통령 별장이 주는 신비감으로 인해 어린 자녀들에게 꿈과 희망을 주는 여행지로 소개할 수도 있다.

한가지 아쉬운 점, 청남대 안에서는 나들이를 온 것처럼 도시락을 까먹을 수 없다. 워낙 방대한 규모의 별장이기 때문에 관광객이 쓰레기를 버리면 청소 관리에 문제가 많다고 한다. 따라서 관광객들은 문의면에서 식사를 해결하는 것이 좋다.

Information

☎ 청남대 관리사무소 ☎ (043) 220-5673

- 청주 시외버스터미널에서 문의행 버스 이용, 문의 셔틀버스정류장에서 셔틀버스 이용 청남대 하차
- 승용차 이용시 경부고속도로 청원 I.C → 좌회전 → 척산 3거리 → 문의면 / 대청댐 경유시 경부고속도로 신탄진 I.C → 대청댐 → 문의면 / 청주에서 출발시 청주 시내 → 보은 방면 25번 국도 → 문의면

청남대 주차장이 협소한 관계로 청남대까지 승용차 진입 불가 / 승용차 이용자는 문의면 호반주차장에 무료 주차 후 셔틀버스 주차장에서 셔틀버스 이용 청남대 진입 / 오전 9시~오후 4시 30분까지 셔틀버스 10분 간격 운행(겨울철에는 오후 3시 30분까지 운행)

부처님의 불법이 머무는 사찰

보은 속리산 법주사

법주사의 가을은 눈이 부시게 아름답다. 서기 553년인 신라 진흥왕 14년, 천축국(인도)에서 경전을 가지고 귀국한 의신스님은 나귀를 타고 속리산으로 들어가 법주사를 창건한다. 절집 이름이 '부처님의 법이 머문다.' 라는 뜻을 가지고 있는데, 천축국에서 가져온 경전을 모시려 했으니 어쩐지 절집 이름과 잘 어울리는 것 같다.

법주사는 신라왕실의 비호 하에 776년 진표대사가 중창을 거듭 미륵장육상을 모시면서 우리나라 3대 가람이 되었고, 조선 초기에는 60여 동의 건물과 70여 개의 암자를 거느린 거대한 사찰이 된다. 하

❶ 법주사 입구 정이품송
❷ 국보 제55호 법주사 팔상전
❸ 마애여래의상이 새겨진 바위

지만 임진왜란 때 거의 불타 버리고 지금의 법주사는 사명대사와 벽암스님에 의해 중건된 후 다시 여러 차례 중창된 건물이다.

법주사의 첫 번째 볼거리인 동양최대 금동미륵대불은 높이 33m, 무게 160톤의 거대한 불상이다. 이 불상은 신라 36대 혜공왕 시절 진표율사가 주조한 미륵장육상에서 비롯되었고 아쉽게도 미륵장육상은 정유재란 당시 사라졌다. 이에 새로 만든 것이 옛 용화보전 안에 금동미륵삼존상인데, 이 역시 대원군 시절 당백전을 제조할 목적으로 징발되고 용화보전도 오래되어 무너져 버린다. 그 후 미륵삼존상을 대신할 불상을 1964년 조각가 김복진이 시멘트로 만들었으나 1987년 해체하고 지금의 청동미륵대불을 용화보전 자리에 모시게 된다. 2002년 청동미륵대불이 개금불사를 하니 몸체는 황금빛이 되었고 이름도 금동미륵대불로 바뀐다.

법주사의 또 다른 볼거리는 국보 55호인 팔상전이다. 오층 목탑 형식의 팔상전은 신라 진흥왕 때 의신이 세웠지만 정유재란 때 소실되고 1605년에 재건한 것이다. 목탑 형식의 건물은 우리나라에는 흔하지 않은 것이어서, 전남 화순 쌍봉사 대웅전인 삼층 목탑과 함께 국보로 지정되어 있다. 쌍봉사의 삼층 목탑 대웅전은 직사각형 모양의 대단히 위태로운 형태인 반면, 법주사의 5층 목탑 팔상전은 매우 안정적이고 기품이 흐른다. 쌍봉사가 민초적 성격이 강하다면 법주사는 왕실 성격이 강하기 때문일까?

법주사 경내에는 모두 30여 동의 건물이 있다. 우리나라 3대 불상전인 대웅보전, 국보 64호인 석연지를 비롯한 국보 3점, 보물 제216호인 마애여래의상 등의 보물 6점을 볼 수 있다. 이 외에도 당간지주나 바위를 파서 만든 석조 등도 한번쯤 둘러볼만 한다. 일주문을 지나면서부터 이어지는 매우 울창한 숲길은 우리나라의 대표 밀림지대라 해도 손색이 없다.

Information

법주사 종무소 ☎ (043) 543-3615
- 보은 · 청주터미널 · 대전 동부터미널에서 속리산행 운행 / 서울 남부 · 동서울터미널에서 속리산행 고속직행버스 운행
- 승용차 이용시 중부고속도로 서청주 I.C → 청주 → 보은 → 25번 국도 → 37번 국도 → 법주사

레이크힐스호텔속리산 ☎ (043) 542-5281 / 속리산 유스호스텔 ☎ (043) 542-5211 외 법주사 입구에 숙박시설 완벽

보은 · 괴산 · 속리산 여행 지도

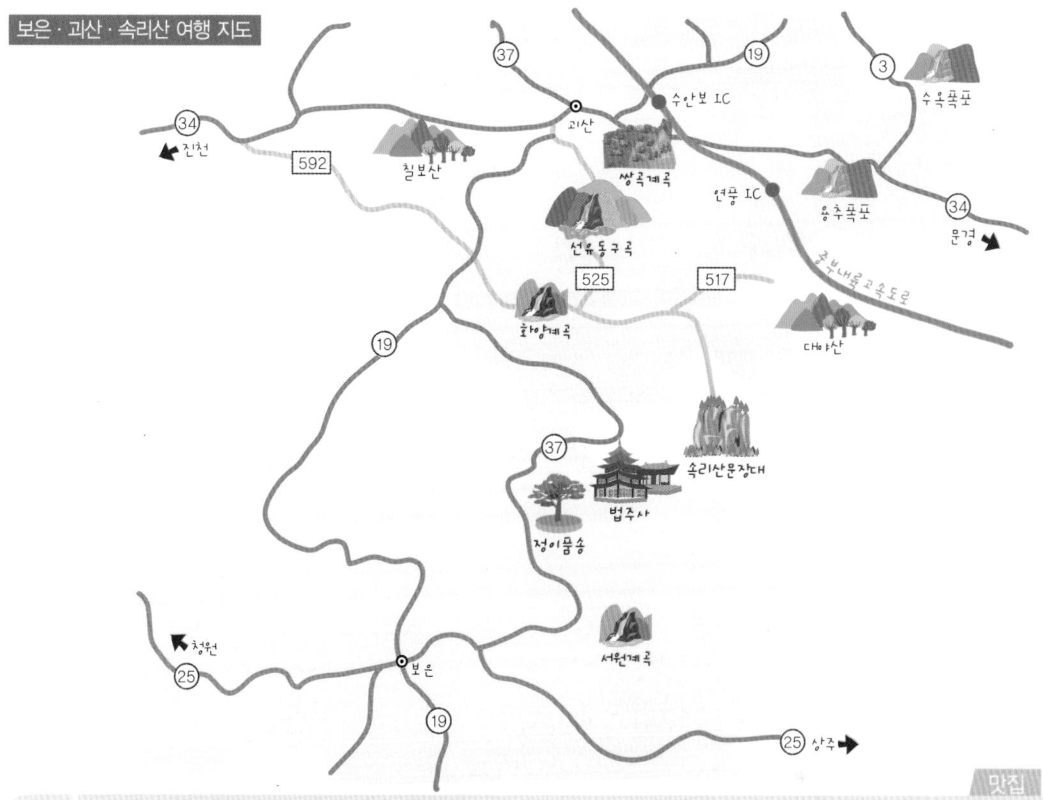

맛집

법주사 경희식당 – 한정식 상차림 ★★★★

경희식당에 대해 이야기를 하려니 필자의 고등학생 시절이 떠오른다. 여행에 관심이 많았던 필자는 당시 여행책 한 권을 구입해 겨울방학 내내 그 책을 다 읽은 적이 있었다. 여행책에서 기억에 남는 곳이 전북 무주의 무주구천동과 충북 보은의 법주사 경희식당이었다. 법주사를 여러 번 찾아갔지만 이상하게도 경희식당을 까마득히 잊고 있다가 지난 가을 무렵, 법주사에 대한 취재 스케줄이 잡혀 흘러간 자료를 정리하다 보니 경희식당이 기억에 떠올랐다.

"어…? 내가 왜 아직도 경희식당을 안 가봤을까…?"

이렇게 해서 흐뭇한 마음으로 내려간 법주사 여행길은 젯밥에 신경쓰는 중생처럼 경희식당의 위치를 찾느라 정신이 없을 지경이었다. 그렇게 해서 마침내 받아본 경희식당의 한정식 한 상은 손맛이 국보급이라 해도 손색이 없다.

먹어본 음식 중에서 '국보'라는 칭호를 붙일 수 있는 음식이 있다면 개인적으로 전주 시내의 성미당 비빔밥을 떠 올리는데 경희식당 상차림도 결코 뒤지지 않는 것 같다. 경희식당은 반찬에 소금 간을 거의 하지 않는 것으로 유명한데 알고 보니 외국인 입맛에도 맞도록 애써 소금 간을 적게 한다는 것이다. 그러고 보니 유일하게 짭짤한 음식이 쇠고기 불고기 정도였다. 경희식당의 반찬인 '박 껍질을 얇게 썰어 엿물에 졸인 반찬'은 그 깊은 맛이 일품이다. 반찬수는 대략 40여 가지로 대충 조몰락거린 산채반찬이 아니기에 하나씩 맛을 음미하게 된다. 시간을 멈춰 세울 수만 있다면 이런 맛있는 음식을 먹을 때 세워야 하지 않을까? 음식을 담아내는 폼새는 왕의 소박한 밥상을 연상케 하지만 그 맛이 제각기 달인의 경지이므로 우리나라 대표 한정식이라 불러도 손색이 없다. 1인분 가격이 18,000원으로 수지타산이 맞지 않기 때문에 2인분 이상을 주문해야 먹을 수 있는 것이 아쉽다면 아쉬운 점이다. 경희식당은 법주사 식당가에서 왼편 식당가의 뒷골목 주택가에 위치하고 있으므로 한번쯤 그 맛을 음미해 보자.

[문의] 법주사 앞 경희식당 ☎ (043) 543-3736

▶ 동양 최대의 법주사 금동미륵대불

속리산 국립공원의 인기 등산 코스 ★★★☆

속리산 법주사지구 문장대

속리산은 해발 1,057m의 산으로 등산 코스가 비교적 쉽고 평이하다. 속리산 최고 인기 코스인 문장대 등산 코스는 법주사 앞에서 직진하면 바로 시작 할 수 있는데 이 코스 역시 난코스가 그다지 없다.

속리산 문장대는 3번 오르면 극락에 갈 수 있다 하여 많은 관광객들이 찾는데 바위도 아름다울 뿐 아니라 전망도 상당히 좋다. 등산 난이도는 가파른 코스가 간혹 있지만 전반적으로 쉬운 편이다.

▶ 속리산 국립공원 주능선 풍경

문장대 및 천왕봉 코스는 둘 다 법주사에서 출발할 수 있지만 반대편인 화북지구에서 넘어오는 사람들도 제법 많다. 등산에 자신있는 사람이라면 속리산 활목고개에서 문장대 방면으로 올라가는 서북릉 코스를 타는 것도 생각해 볼만한데 이 코스는 상당히 재미있다.

속리산 등산 코스

1. 문장대 코스

법주사 → 세심정 → 복천암 → 중사자암 → 문장대(6.7km, 약 3시간)

2. 천왕봉 코스

법주사 → 태실 → 상화암 → 학소대 → 비로봉 → 천황봉(5.4km, 3시간 40분)

3. 능선 종주 코스

활목고개 → 매봉 → 묘봉 → 속사치 → 문장대 → 신선대 → 입석대 → 비로봉 → 천황봉 → 상고암 → 세심정 → 법주사(11시간 소요, 활목고개에서 문장대를 경유한 후 법주사로 바로 하산하는 서북릉 코스는 약 6시간 소요된다.)

Information

☎ 속리산 관리사무소 본소 ☎ (043) 542-5267

교통 및 숙박시설은 보은 속리산 법주사 내용 참고

★★ 송시열이 은거하여 후학양성을 했던

속리산 화양구곡(괴산)

충북 괴산군에 위치한 화양계곡은 남성미가 물씬 풍기는 넓은 계곡이다. 산행 코스가 있는 법주사 지구와 달리 화양계곡은 너럭바위와 9개의 비경이 있어 피서철 물놀이에 좋을 뿐 아니라 3.7km 가량의 계곡 길이는 봄이나 가을철 트래킹 코스로도 안성맞춤이다.

화양계곡 입구인 속리산 화양동에서 민박촌을 지나 매표소 방면으로 이동하면 먼저 보이는 것이 넓은 계곡가에 있는 제1곡 경천벽이다. 경천벽과 매표소를 지나 400m 가량 걸어가면 제2곡 운영담이 펼쳐진다. 운영담을 지나면 하마소다.

▶ 송시열이 의종의 어필을 새겼다는 제5곡 첨성대

하마소 이야기에 빠질 수 없는 인물이 바로 노론의 거목인 송시열이다. 당시 정계를 은퇴한 송시열은 화양동 제4곡인 금사당 옆에 암서재를 지어놓고 후학을 양성한다. 이곳에 은거하던 송시열은 숙종이 장희빈의 아들을 왕세자로 삼으려 하는 것을 반대하는 상소를 올려 제주도로 유배당하고, 후에 정읍에서 사약을 받는다. 그 무렵 화양동에 있는 그의 제자들이 임진왜란 당시 조선을 도운 명나라 왕을 모실 사당을 짓는다. 그것이 만동묘라는 사당인데, 송시열의 사약 사건을 못내 미안해했던 후대 왕들의 비호 하에 만동묘는 조선 최고 서원으로 급성장 승승장구를 한다. 왕실의 비호하에 서원이 성장하자 서원 유생들은 서원 유지라는 명목하에 양민들을 괴롭히며 세금을 증발한다. 나중에는 만동묘 입구를 지나가는 사람들은 지위고하를 막론하고 무조건 말에서 내려 걸어가도록 했는데 그 장소가 바로 하마소다. 흥성대원군도 이곳을 방문한 적이 있는데 그는 만동묘 앞을 지날 무렵 말에서 내리지 않았다가 서원 유생들에게 봉변을 당하고 만다. 후에 흥선대원군은 서원의 폐단을 막기 위해 서원철폐령을 내리고 이에 조선 4대 서원 중 하나였던 만동묘도 철폐된다.

하마소를 지나면 제3곡 읍궁암과 제4곡 금사담이 연이어 나타난다. 금사담이란 이름은 계곡가의 모래가 금처럼 빛난다 해서 붙은 이름인데 이 일대가 가족 단위의 물놀이 장소로는 안성맞춤이다. 제5곡 첨성대까지는 드문드문 사람들이 살고 있는 민가가 남아있다. 대부분 민박집을 겸한 식당을 하고 있으므로 잠깐 쉬어 갈 수 있다. 화양계곡 트래킹은 보통 제6곡 능운대나 제7곡 와룡암까지 올라간 뒤 돌아 나오는 경우가 많다. 제8곡 학소대와 제9곡 파천까지 모두 돌아보려면 왕복 7.4km를 걸어야 하고 시간도 2시간 30분가량 소요된다.

Information

☎ 속리산 국립공원 화양분소 ☎ (043) 832-4347

🚌
- 청주 시외버스터미널에서 화양동행 직행버스 1일 26회 운행
- 승용차 이용시 중부내륙고속도로 수안보 I.C → 괴산 → 보은 방면 19번 국도 → 부흥 3거리 37번 국도 → 청천 → 화양동지구

⛺ 화양계곡 제4곡 앞 화양식당 ☎ (043) 832-4392 / 입구 민박촌 정준웅 민박 ☎ (043) 832-4567, 홍재만 민박 ☎ (043) 832-4734 외 15여 곳

★★ 여성미가 돋보이는 계곡

속리산 선유구곡(괴산)

속리산 화양계곡 상류에 해당하는 곳이 선유동계곡이다. 계곡물이 투명할 뿐 아니라 크고 작은 바위들이 대리석을 깍아 조각한 듯 아름다워 여성미의 계곡이라 부른다.

이 계곡에는 선유구곡이라 불리는 9개의 비경이 있다. 퇴계 이황이 송면리 송정마을에 있는 함평이씨 집을 방문했다가 이곳의 소나무와 계곡, 바위에 반해 아홉 달을 노닐며 9곡의 이름을 지었다 한다. 유독 신선에 관한 전설이 많아 선유동이라 불리는데 계곡은 전반적으로 웅장한 맛은 작지만 아기자기한 자연의 배치가 매우 조화롭고 인상적이다. 계곡 깊이는 어린 자녀들의 물놀이에 적당하다.

선유동은 계곡을 따라 시멘트 포장의 작은 도로가 놓여 있다. 이 작은 도로가 동일한 지방도(517번)에 연결되므로 계곡 상류인 후문에서 진입할 수 있고 계곡 하류인 정문에서도 진입할 수 있다. 계곡은 하류와 중류 부근이 아름다우므로 정문 방향에서 진입하는 것이 더 좋다. 정문 입구에는 민박집을 비롯해 마을이 형성되어 있고, 계곡 중류에는 매점 겸 식당인 은선휴게소가 있다.

Information

☎ 속리산 국립공원 화양분소 ☎ (043) 832-4347

- 청주 시외버스터미널에서 청천 경유 송면리 선유동행 버스 1일 15회 운행
- 승용차 이용시 중부내륙고속도로 수안보 I.C → 괴산 → 보은 방면 19번 국도 → 부흥 3거리 37번 국도 → 청천 → 화양동 입구 → 선유동 하류 입구 / 문경에서 진입시 문경시 → 문경새재 방면 국도 → 마성 → 가은 → 선유동 상류 입구

선유동민박 ☎ (043) 833-8074, 기타 민박문의 ☎ 송면농협(043) 833-8015

충북의 소금강이라 불리는

속리산 쌍곡구곡(괴산)

▶ 쌍곡계곡 제7곡 쌍곡폭포

선유동 입구에서 관평 방면으로 이동한 뒤 517번 지방도를 따라 좌회전한 후 고갯마루를 넘으면 쌍곡구곡의 상류가 시작된다. 괴산에서는 문경 방면 34번 국도로 내려오면 쌍곡구곡으로 연결된 517번 지방도를 만난다.

10km 길이의 계곡인 쌍곡구곡은 소금강, 떡바위, 쌍곡폭포, 선녀탕 같은 9개의 비경이 있는 계곡이다. 계곡을 중심으로 좌우에 군자산, 칠보산, 보배산 등산로가 연결되는데 한 폭의 동양화 같은 칠보산과 충북의 소금강이라 불리는 군자산이 등산객들에게 인기가 있다.

쌍곡구곡의 상류는 그다지 넓지 않지만 하류로 내려가면 청소년들이 물놀이를 할 수 있는 지역이 몇 군데 있다. 드라이브를 하다 들릴 수 있는 명소로는 금강산을 닮았다는 제2곡 소금강 일대가 좋은데 군자산 등산도 이곳에서 시작한다. 쌍곡구곡은 여름철 괴산 지역민들의 피서지라 할 수 있는데, 계곡을 따라 놓여있는 517번 지방도의 도로변에 펜션들이 자리잡고 있어 숙박에는 별 지장이 없다.

Information

- 속리산국립공원 쌍곡분소 ☎ (043) 832-5550
- • 괴산에서 쌍곡계곡행 버스 1일 18회 운행
  • 승용차 이용시 중부내륙고속도로 연풍 I.C → 괴산 방면 34번 국도 → 쌍곡계곡 → 계속 직진하면 선유동과 화양계곡 우회하여 접근 가능
- 쌍곡예당펜션 ☎ (043) 832-1770, 벨리하우스펜션 ☎ (043) 842-0955 외 도로변 민박집 형성

그 밖의 보은 · 괴산 여행지

서원계곡 · 만수계곡 · 삼가저수지

서원계곡은 보은군을 대표하는 하천이자 여름철 물놀이 장소로 유명하다. 속리산 천황봉에서 발원한 물이 만수계곡을 지나 삼가저수지, 외속리까지 이어지는데 이 중 하류 6km 구간을 서원계곡이라 한다. 서원계곡은 속리산 국립공원에 속하지 않은 덕택에 넉넉한 시골 풍경을 만끽하며 여름 피서를 보낼 수 있는 장소이다.

서원계곡의 상류에 있는 삼가저수지는 붕어나 잉어낚시를 할 수 있는 장소다. 삼가저수지를 지나면 상류인 만수계곡에 도착할 수 있는데 넉넉한 서원계곡과 달리 만수계곡은 기암절벽을 끼고 있는 계곡이다.

Information

- 보은읍에서 서원리 경유 만수리행 군내버스 1일 3회 운행
- 보은읍 → 외속리 방면 25번 국도→외속농협 삼거리 좌회전 → 서원리 → 서원계곡 → 삼가저수지 → 만수계곡

수옥폭포 · 조령산자연휴양림

괴산 수옥폭포는 문경새재 제3관문 괴산 방면 진입로인 조령산 자연휴양림 부근에 있다. 고려 말 공민왕이 홍건적을 피해 피신한 곳으로 알려진 수옥폭포는 20m 절벽에서 떨어지는 폭포가 여름철에 특히 장관이다. 폭포 아래에 있는 수옥정은 1711년 숙종 37년에 연풍 현감 조유수가 자기의 삼촌을 기리기 위해 지은 정자다. 계곡의 길이는 그다지 길지 않지만 폭포가 상당히 아름답기 때문에 드라이브 도중 들리거나 아예 카메라 들고 찾아갈 수 있다. 수옥폭포는 TV드라마 다모의 촬영장소이기도 하다. 주변 명소로는 조령산을 비롯해 조령산자연휴양림, 수옥정 물놀이 터가 있다.

Information

- 괴산에서 수옥정행 시내버스 1일 9회 운행 / 수안보에서 수옥정행 시내버스 1일 8회 운행
- 승용차 이용시 중부내륙고속도로 연풍 I.C → 연풍 → 수안보 방면 3번 국도 → 수옥정 이정표 보고 진입

충주 · 제천 · 단양

충주 탄금대 / 충주 수안보 온천 · 중앙탑 / 충주호 호반 드라이브 / 제천 월악산 국립공원 / 충주 중원 미륵리사지 석불입상 /
제천 청풍문화재단지 / 제천 배론성지 / 제천 의림지 / 단양 온달산성 · 온달동굴 / 단양팔경 도담삼봉 / 단양 소백산 비로봉 · 다리안 /
단양팔경에서 실속 여름휴가 / 단양 소백산 구인사 / 단양 소백산 구인사 구봉팔문 등산 / 단양 소백산 관광목장

우륵의 가야금

충주 탄금대

가야국 궁정 악사 우륵은 가실왕의 총애를 받으며 중국에서 건너온 악기를 참조해 12현의 가야금을 창조한 인물이다. 그가 작곡한 12곡의 음악은 국악의 시초이자 가야금을 널리 알리는 계기가 된다. 당시 우륵이 살던 시대는 가야국이 몹시 분열되는 시기였다고 한다. 왕실이 신라파와 백제파로 갈리자 우륵은 신라를 택해 제자와 함께 신라로 망명을 한다. 신라 진흥왕이 그를 반갑게 맞이하니 신라왕실에서도 우륵의 가야금이 연주되기 시작한다. 후에 진흥왕이 우륵의 거처를 정하니 그곳이 고구려로부터 빼앗은 지금의 충주 땅이다. 큰 벼슬과 함께 충주 땅에 안착한 우륵은 탄금대의 수려한 풍경에 반해 이곳에서 가야금을 연주하기 시작한다. 우륵이 진흥왕이 보낸 대사, 만덕에게 음악을 가르치며 가야금을 연주하자 음악소리에 반한 백성들이 탄금대로 모여들었고 마을이 형성되었다고 한다. 탄금대란 말 그대로 가야금을 연주한 곳이라는 뜻이다.

탄금대는 해발 108m의 청주 대문산에 위치하고 있다. 대문산 정상에는 탄금대 토성이 둔덕 비슷한 형체로 100m 가량 남아있다. 임진왜란 격전지인 탄금대는 신립장군이 이끄는 8천명의 병사가 왜군에게 참패를 하자 신립장군이 남한강에 투신 순절한 장소로도 유명하다.

▶ 탄금대 조각공원의 작품

매표소에서 표를 구입한 뒤 탄금정 공원을 들어서면 울창한 노송 숲을 따라 산책로가 연결된다. 산책로를 시계방향으로 걸으면 대문산 중턱을 한 바퀴 도는 셈인데 그 끝에 2층 누각 정자인 탄금정이 있다. 탄금정 옆으로 보이는 계단을 내려가면 강가 절벽에 열두대가 있다. 열두대에서 내려다 본 남한강은 한 폭의 동양화처럼 아름답다. 남한강 절벽인 열두대는 귀신같이 활을 빠르게 쏘던 신립장군이 활을 식히기 위해 이 절벽을 12번 오르내렸다 해서 붙은 이름이다.

열두대와 탄금정을 돌아본 뒤 산책로를 따라 내려가면 남한강 강변에 도착한다. 우륵이 제자들과 휴식을 취하거나 배를 띄운 장소인 금휴포가 바로 이 강변이다. 강변에는 아무런 표식이 없지만 장어구이와 매운탕을 파는 음식점이 있어 식사가 가능하다.

Information

☎ 탐금대 공원 매표소 ☎ (043) 848-2246

- 충주 시내에서 가금 방면 버스 이용, 탄금대 앞에서 하차, 30분 간격 운행, 택시 이용시 택시비 2~3천원
- 승용차 이용시 중부내륙고속도로 충주 I.C → 충주 시내 → 충주역 방면 → 탄금대 이정표 보고 진입

충주 시내 숙박시설 이용

충주 수안보 온천 · 중앙탑

▶ 수안보 온천 지구

충주 수안보 온천

수안보 온천은 1일 채수량 4,800톤의 온천지구로 충주시에서 직접 모든 온천수를 중앙 집중관리 방식으로 관리한다. 인체에 유익한 각종 무기질을 함유한 양질의 온천수라는 동력자원연구소의 평가를 받고 있다.

수안보 온천과 가까운 명소로는 충주 사조마을, 중원 미륵리사지, 제천 월악산 등이 있다. 온천욕과 동시에 즐길 수 있는 음식으로는 수안보 꿩요리가 유명하다.

충주 중앙탑

▶ 우리나라 국토 정 중앙에 있는 탑평리 칠층 석탑

충주시에서 탄금대를 지나 탄금대교를 건넌 후 남한강을 따라 달리면 충주 중앙탑이 있다. 정식 이름은 탑평리 칠층석탑으로 국보 제7호로 지정되어 있다. 남한강변에 인위적으로 축대를 만든 뒤 그 위에 세운 탑인 중앙탑은 국내 신라 석탑으로는 유일한 칠층 형식을 지녔다. 정확한 건립 연대는 밝혀지지 않았지만 통일신라 무렵으로 파악되고 있다. 높이 12.5m로 복원 당시 6층에서 은제사리함 등이 발견되었다.

탑을 중심으로 넓은 잔디와 함께 공원화가 되어 있다. 드라이브 도중 잠시 휴식을 취할 수 있는 장소인 동시에 강변을 따라 산책을 즐길 수도 있다.

Information

- 충주 시내에서 가금 방면 시내버스 이용, 400번, 401, 410 등 버스 탑승, 가금 중앙탑에서 하차
- 승용차 이용시 중부내륙고속도로 충주 I.C → 충주 시내 → 충주역 방면 → 탄금교 → 가금 중앙탑

충주 · 제천 여행 지도

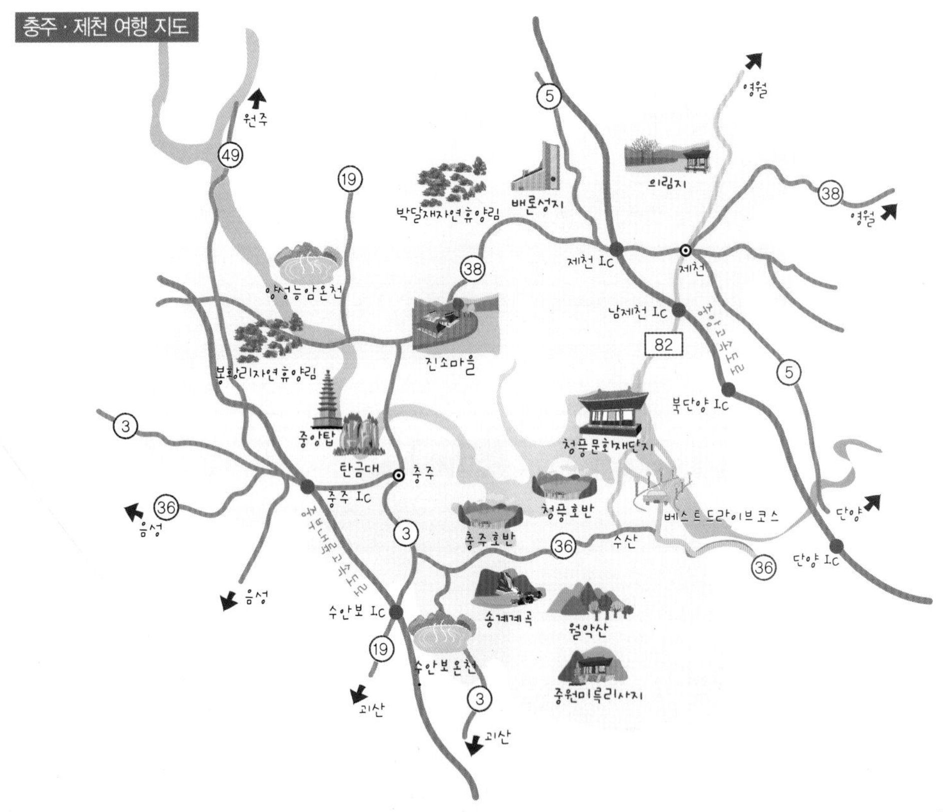

맛집

수안보에서 즐기는 꿩 한 마리 – 대장군식당 꿩요리정식 ★★★

이곳 음식점 사장님이 월악산 금방에 꿩농장을 차린 것이 1980년 말이라고 한다. 1994년 꿩 요리를 충북 향토요리대회에 출품해 대상을 받으면서 유명해졌고 지금은 '향토음식기능보유자'의 집이 되었다. 말하자면 수안보 근방의 꿩요리 전문점 중에서 원조에 해당하는 집이 대장군식당이다.

꿩은 원래 병균이 없는 조류라고 한다. 혹자들은 모래주머니가 있는 조류 종류는 기생충이 없다는 이야기도 한다. 그래서 날것으로 먹어도 문제없다는 이야기이다. 필자가 주문한 풀코스 정식은 꿩 한 마리를 부위별로 요리한 것이다. 한 상 먹으면 꿩 한 마리를 '잡아먹는 셈'이 된다. 꿩육회, 꿩생채, 꿩구이, 꿩불고기, 꿩만두, 꿩수제비 등 대략 6가지 요리가 순서대로 나온다. 육회를 싫어하는 사람은 샤브샤브로 먹는다. 샤브샤브로 먹을 때는 1초 정도 담갔다 꺼내서 바로 먹는 게 맛이 좋다. 필자의 입맛에는 꿩생채가 특히 좋았는데 입안에서 사르르 녹는 것이 어느 육회보다 별미다. 부위별로 제공되지만 이것에도 순서가 있다. 가장 연한 부위인 겉가슴살이 육회가 되어 제일 먼저 내오고 나중으로 갈수록 점점 질긴 요리가 가공되어 나온다. 다른 음식점에서는 꿩튀김이 나오는데 튀김요리는 냉동 꿩고기의 조리법이기 때문에 이 집에서는 제공하지 않는다. 풀코스 정식의 가격은 4만 5천원이다. 정식 한 상에 꿩 한마리가 통째로 가공되는 까닭에 가급적이면 사람 수대로 팔아야 수지타산이 맞는다고 한다.

대장군식당은 수안보 온천에서 월악산 방면 1km 지점에 있다. 중원미륵리사지 방면에서는 수안보온천 방면으로 약 6~7km 가량 나와야 한다.

[문의] 대장군식당 ☎ (043) 846-1757

★★★ 충주·제천·단양을 연결하는

충주호 호반 드라이브

충주호는 충주시 방향의 호수를 충주호반이라 부르고 제천시 청풍면 방향의 호수를 청풍호반이라 부른다. 충청남도의 금강이 부여에서는 백마강으로 불리다가 장항에서는 다시 금강으로 불리는 것과 같은 이치다.

충주호와 청풍호를 끼고 달리는 드라이브는 어느 방향을 선택해도 멋지다. 충주에서 월악산 방면으로 달리다가 36번 국도를 타고 단양으로 방향을 바꾸면 충주호와 청풍호를 경유해 드라이브를 즐길 수 있다. 제천에서 출발해 청풍문화재 방향인 82번 지방도를 달리는 것도 나름대로 재미있다.

가장 재미있는 코스는 제천 청풍교에서 옥순봉을 경유해 단양으로 달리는 드라이브 코스이다. 이 도로는 청주에서 내려오는 36번 국도와 만난 뒤 단양으로 연결되는데 호수 양쪽에 있는 도로가 모두 아름다운 드라이브 코스가 된다.

충주·제천·단양 드라이브 코스

1. 전체 드라이브 코스

충주 → 단양 방면 36번 국도 → 수산 → 청풍 → 청풍교 → 도화리 → 옥순대교 → 단양 방면 36번 국도 → 단양

2. 베스트 드라이브 코스

청풍 → 청풍교 → 도화리 → 옥순대교 → 단양 방면 36번 국도 → 단양

단풍도 설경도 아름다운 산

제천 월악산 국립공원

월악산 국립공원은 소백산 국립공원과 속리산 국립공원 사이에 있는 국립공원으로 충주호반이 내려다보이는 곳에 위치하고 있다. 동쪽으로 단양팔경이 있고 남쪽으로 문경새재가 있는 조령산이 연결되므로 월악산 전체가 소백산맥 능선에 해당하는 셈이다.

일반인들에게 많이 알려진 월악산 국립공원은 수안보와 가까운 8km 길이의 송계계곡이 있는 송계리 지역을 말한다. 송계리에 있는 해발 1,094m의 영봉이 월악산의 정상이다. 보름달이 뜨면 영봉에 걸린다하여 '월악' 이란 이름이 붙었는데, 산세가 매우 험해 백제시대 견훤이 이곳에 궁궐을 지으려 했다가 무산되어 와락산이라 했다가 월악산이되었다는 이야기도 전해온다.

▶ 월악산 덕주골 덕주사 가는 길

월악산의 산세는 전체가 암봉 투성인데 특히 정상인 영봉은 높이 150m, 둘레 4km의 수직 암봉이 그 위용을 자랑한다. 이 수직 봉우리를 중심으로 겨울 설경이 매우 아름답기 때문에 겨울철에도 인기가 많다. 월악산 정상에 서면 북쪽으로 충주호 전경이 한눈에 내려다보이고 저 멀리 치악산이 내다보인다. 동쪽으로 하설산과 문수봉, 소백산 비로봉이 조망되고 남쪽으로 만수봉과 문경새재의 조령산, 신선봉이 펼쳐지므로 조망권이 상당히 우수하다.

월악산 등산의 기본 코스인 송계리 코스는 치악산에 버금갈 정도로 가파르기로 소문났다. 다소 쉬운 코스로는 송계리 매표소에서 2km 가량 남쪽에 있는 덕주골 등산로가 있다. 이 등산로는 덕주산성과 덕주사, 마애불상, 헬기장을 경유해 올라간다. 이 등산 코스는 마의태자의 누이 덕주공주가 창건한 것으로 알려진 덕주사를 구경할 수 있어 더욱 좋다. 등산로를 오르면 헬기장이 나타나는데 이곳에서 올려다 보이는 영봉의 모습이 특히 장관이다.

충주호 방면에서 올라가는 수산리 코스는 보덕암, 하봉, 중봉, 영봉을 향해 능선을 따라 올라가는데 충주호가 한눈에 내려다보여 산사람들이 즐겨 찾는 코스이다. 능선에서 뒤를 돌아보면 충주호가 그림처럼 펼쳐지는 것이 일품이고 사진도 상당히 잘 나온다. 월악산 안쪽에 해당하는 월악리는 송계리에서 영봉을 넘어가면 있다. 월악리에서도 월악산을 오를 수 있는데 때때로 가파르고 험준하지만 등산로가 비교적 잘 닦여 있다. 월악리는 월악산 비경지대인 용하구곡과 하설산, 문수봉 등산로가 연결되지만 교통편이 좋지 않아 주로 산을 많이 타는 사람들이 즐겨 찾는다.

월악산 등산 코스

1. 송계리코스

송계리 → 계곡 갈림길 → 월악 삼거리 → 정상 → 월악 삼거리 → 960봉 → 덕주사 → 덕주골 → 지방도 → 송계리(5시간 30분)

2. 월악리코스

월악리 → 신륵사 → 샘터 → 정상 → 월악 삼거리 → 계곡 갈림길 → 송계리(4시간)

3. 수산리코스

수산리 → 보덕암 → 하봉 → 중봉 → 정상 (3시간, 하산은 송계리, 덕주골, 월악리)

Information

월악산 국립공원 ☎ (043) 653-3250

- 서울 강남터미널 또는 동서울터미널에서 월악산행 버스 각각 30분, 15분 간격 운행 / 충주 시내에서 월악산 송계리행 버스 1시간 간격 운행 / 충주 시내에서 월악산 덕산행 시내버스 탑승 후 월악리에서 하차
- 승용차 이용시 중부내륙고속도로 충주 I.C 또는 수안보 I.C → 충주호 방면 → 월악산 송계리

▶ 월악산 중원 미륵리사지 석불입상

★ 앙코르와트 사원 분위기를 맛볼 수 있는

충주 중원 미륵리사지 석불입상

▶ 중원 미륵리사지를 둘러보는 관강객들

월악산 송계매표소에서 자동차 도로를 따라 남쪽으로 이동하면 약 8~9km 지점에 중원 미륵리사지 석불입상이 위치하고 있다. 원래 이곳에는 고려 초기부터 석굴사원이 있었으나 지금은 폐사되어 사라지고 보물 제96호인 높이 10.6m의 거대 미륵불과 높이 6m의 미륵리 오층석탑 등이 남아있다.

전설에 의하면 신라 마지막 왕인 경순왕의 아들 마의태자가 신라 멸망 후 누이인 덕주공주와 함께 덕주사를 창건할 때 지금의 이 터에 석굴사원을 만들었다고 하는데 그것을 증명하듯 석불입상이 북쪽에 있는 덕주사 방향을 향하고 있다. 석굴사원의 건축 시기에 대해서는 알려진 바 없지만 3차례의 발굴조사 결과 신라 석굴암과 유사한 석굴사원이 존재했음이 추측되고 있다.

석불입상 주변으로는 돌을 쌓아 만든 석굴사원의 내벽 일부가 아직도 남아있는데 차곡차곡 쌓아놓은 내벽과 중앙 석불입상의 자연스러운 어우러짐이 장엄하고 신비한 분위기를 연출한다. 녹음이 우거진 여름날 이곳을 방문하면 앙코르와트 유적지와 비슷하다는 생각에 빠지기도 한다. 미륵리사지 입구에서 작은 도로를 따라 거슬러 올라가면 마의태자와 덕주공주가 망국의 한을 품고 넘어왔다는 하늘재가 있으니, 월악산 언저리에는 마의태자와 덕주공주의 한이 담긴 유적지가 산재한 셈이다.

문화재도 답사하고 수상비행기도 타보는

제천 청풍문화재단지

청풍명월의 고장 제천의 대표적인 관광지가 바로 청풍문화재단지이다. 1978년 6월 3일 충주다목적댐 공사가 시작되면서 이 지역 일부가 수몰되었고 이때 수몰지역에 산재해 있던 각종 문화재를 1985년 1만 6천 평의 부지에 전시 개장한 것이 청풍문화재단지이다. 현재는 8만 5천 평의 부지에서 보물 2점, 지방유형문화재 9점, 생활유물 2천 점을 전시하여 남한강 상류의 화려했던 다양한 문화재를 한 곳에서 볼 수 있다. 또한 문화재단지 안에 SBS 제천 세트장이 있어 볼거리를 더해주고 있다.

보물 제528호 한벽루(寒碧樓)는 고려 충숙왕 4년에 세운 관아 부속 건물로 계단 역할을 하는 '익랑' 이 다른 건축물에서는 볼 수 없는 독특한 양식이다. 현판 글씨는 우암 송시열의 친필이라고 한다.

❶ SBS 제천 세트장
❷ 청풍문화재단지 내 망월산성
❸ 수경분수

보물 제546호 청풍석조여래입상은 높이 3.4m의 거대 석불이다. 신라 말이나 고려 초 작품으로 보이는데 불상 앞에 놓여있는 소원돌을 만지면 득남을 할 수 있다하여 관광객들에게 인기가 있다. 그 외에 향교와 민가, 고인돌 석물군 등 옛 건축물을 볼 수 있고 문화재단지 정상에는 망월산성이 있어 산책이 가능하다. 망월산성에 오르면 그 밑으로 청풍호반이 한눈에 조망된다.

문화재단지 우측 강변도로를 따라 내려가면 장회나루행 유람선을 탈 수 있는 청풍나루가 나온다. 청풍나루–장회나루 간 유람선 여행은 충주호 유람선 여행의 백미라 할 수 있다. 이곳 식당가의 먹거리로는 메기매운탕이 유명하다. 청풍나루 맞은편 호반에 있는 수경분수는 높이 150m 이상으로 물을 뿜어내는 것이 장관이다.

청풍문화재단지에서 수경분수 방향으로 호반 건너편을 보면 연계 관광코스가 즐비하다. 드라마 왕건 촬영장인 KBS 제천 세트장, 청풍리조트, 번지점프장, 인공암벽장 등이 있어 다양한 레저를 즐길 수 있다. 또한 국내최초로 도입된 수상비행장이 있어 일반 여행자들이 수상비행기를 즐길 수 있다. 이륙 후 KBS 촬영장과 비봉산, 청풍문화재단지, 번지점프장을 선회한 후 착륙하는데 1인당 35,000원 가량의 비용이 든다. 적지 않은 비용이지만 다른 여행지에서는 맛볼 수 없기에 색다른 경험이 된다.

Information

☎ 청풍관광 개발사업소 ☎ (043) 640-5711 / 번지점프장 ☎ (043) 648-4151 / 수상비행기 ☎ (043) 643-2676

- 제천에서 청풍행 시내버스 수시 운행

- 승용차 이용시 중앙고속도로 남제천 I.C → 청풍 방면 82번 지방도 → KBS 제천 촬영장 → 청풍문화재단지 / 중부내륙고속도로 → 감곡 I.C → 제천 → 82번 지방도 → KBS 제천 촬영장 → 청풍문화재단지

흰 명주비단에 기록한 천주교 탄압에 대한 백서

제천 배론성지

1801년 신유박해가 일어나자 천주교 신자들은 곳곳의 산골지역으로 피신하여 신앙생활을 계속한다. 치악산 동남쪽 구학산과 백운산 골짜기에도 천주교 신자들이 숨어살면서 배론성지의 역사가 시작된다. 이곳 골짜기는 마치 배 밑바닥처럼 생겼다하여 주론(舟論) 또는 배론(排論)이라 불렀다. 당시 천주교의 박해 상황을 기술하고 외국의 도움을 청하는 내용이 황사영에 의해 이곳 토굴에서 작성되었는데 이 '백서'는 현재 로마교황청 문서보관소에 보관중이라 한다.

1856에는 프랑스 선교사에 의해 우리나라 최초의 근대식 교육기관인 성요셉 신학교가 배론성지에 세워졌다. 6.25 전쟁 때 신학당 등이 소실되었지만 1972년부터 배론성지 성역화 작업이 추진되어 천주교 신자들의 순례 코스로 알려지기 시작했다. 성지 내에는 김대건 신부에 이어 우리나라 두 번째 신부인 최양업의 묘, 황사영 순교자 현양탑, 성직자 묘소 등이 있다.

Information

☎ 배론성지 관리소 ☎ (043) 651-4527

🚌 승용차 이용시 중앙고속도로 제천 I.C → 충주 방면 5번 국도 → 봉양읍 구학리 → 배론성지

백운면 애련리 진소마을

영화 박하사탕의 첫장면과 마지막 장면의 촬영장소는 제천시 백운면 애련리 진소마을이다. 영화속 주인공 영호가 20년 전 첫사랑과 함께 소풍갔던 철교, 충북의 동강인 제천천, 오지에서나 만날 수 있는 풍경이 펼쳐지는 곳이 바로 진소마을이다. 철교에서의 장면인 설경구가 외치는 장면을 생각하면서 둘러보면 제법 그럴싸하다. 최근 진소마을 일대는 민속마을을 만든다고 떠들썩한다. 제천 박달재 고개에서 3km 가량 떨어져 있는 백운(평동리) 방면으로 이동한 후 진소마을을 찾아가면 된다.

Information

🚌
- 철도이용시 조치원역에서 충북선 통일호 탑승후 공전역에서 하차 후 도보 30분(1일 3회 운행)
- 승용차 이용시 충주 또는 제천 → 박달재 방면 38번 국도 → 백운면 → 애련리 → 진소부락

삼한시대 3대 저수지의 하나

제천 의림지

제천 시내 가까이 있는 의림지는 삼한시대에 축조된 김제 벽골제, 밀양 수산제와 함께 우리나라 3대 저수지 중의 하나이다. 원래 이름은 '임지' 였 으나 고려 성종 11년 제천 이름이 '의원현' 이라 불릴 때 저수지의 이름에 '의' 자가 붙었다. 의림지의 축조 연대는 자세하지 않지만 신라 진흥왕 당시 가야금의 창시자 우륵이 만들었다는 설이 있다. 둘레 약 2㎞, 면적 15만 1,470㎡이며 수심은 8~13m 안팎이다.

지금은 제천 시민들이 즐겨 찾는 유원지로 호수 주변에 영호정, 경호루, 폭포 등의 볼거리가 있고 까치산과 용두산을 오르는 등산 코스가 개발되어 있다. 호수 주위로는 어린이놀이동산인 의림랜드, 활터, 수영장, 국궁장, 골프연습장, 유선장 등이 있다.

필자가 이곳을 찾았을 때는 마침 낚시꾼이 있어 대화를 나눌 수 있었는데 특히 겨울철에 잡히는 공어가 유명하다고 한다. 원래 빙어라고 부르지만 임금에게 진상을 하였다 하여 이곳에서는 공어라고 부른단다. 의림지 내 식당가에서 공어 요리를 팔고 있으므로 맛볼 수 있다. 의림지는 우륵이 마지막 여생을 보낸 곳이라 하여 그와 관련된 유적이 많이 남아있는데 우륵대와 우륵정이 바로 그것이다.

Information

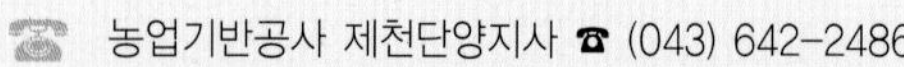

농업기반공사 제천단양지사 ☎ (043) 642-2486

- 제천 시내에서 의림지행 버스 수시 운행
- 승용차 이용시 중앙고속도로 제천 I.C → 제천시내 → 의림지 / 중부내륙고속도로 감곡 I.C → 산척 → 백운 → 제천 → 의림지 / 청주에서 출발시 청주 → 충주 → 다릿재 → 박달재 → 제천 → 의림지

제천 시내 여관 및 모텔 이용

온달장군의 전설이 깃든 곳

단양 온달산성 · 온달동굴

단양 온달산성은 구인사 북동쪽 5km 지점에 위치하고 있다. 평강공주와 결혼한 온달장군이 신라의 침입을 막기 위해 세운 반월성 형태의 고구려식 산성이 온달산성이다. 한반도 남쪽에서는 좀처럼 볼 수 없는 고구려 기술로 축조한 이 산성은 산성 아래로 내려다보이는 남한강 풍경이 일품이다. 주로 봄, 여름에 답사하면 아름답지만 매년 10월 거행되는 '온달문화재'에 맞춰 방문하면 볼거리가 더 풍성해진다. 산성 뒤편으로 등산로가 개발되어 있으므로 1시간가량의 산행 코스로도 안성맞춤이다.

온달산성 입구에 있는 천연기념물 제261호인 온달동굴은 약 4억 5천만 년 전에 생성된 천연동굴로 전체 길이가 약 585m인 석회암 동굴이다. 단양에서는 온달동굴과 온달산성을 합쳐 온달관광지라 부르는데, 구인사 관광과 함께 연계할 수 있는 좋은 여행 코스이다.

Information

☎ 온달관광지 관리사무소 ☎ (043) 423-8820

승용차를 이용해 수도권에서 출발시 경부고속도로 → 영동고속도로 → 중앙고속도로 북단양 I.C → 단양 → 영춘 방면 33번 지방도 → 향산에서 계속 직진 → 522번 지방도 → 온달관광지 또는 구인사

소년 정도전의 기지가 전해 오는

단양팔경 도담삼봉

충북 내륙의 관광도시 단양은 도담삼봉[1] 때문에 정선군에 세금을 냈다는 전설이 있다. 정선군 봉양리 정선역 강가에는 삼봉산이라는 산이 있었다. 어느 해 큰 홍수가 발생하면서 삼봉산이 어딘가로 떠내려가자 마을 사람들이 근심에 빠진다. 이에 마을 장정 몇 명이 먹거리와 식수를 가지고 삼봉산을 찾아 길을 떠난다. 강기슭을 따라 길을 재촉한 지 어언 15일이 지났다. 그간에 동강 어라연과 영월 고씨동굴, 단양 온달산성까지 내려왔지만 삼봉산이 보이지 않는다. 가도가도 끝이 없던 여정이 마침내 단양 도

1) 필자 註 – 그 당시에는 봉화군에 속했으나 현재는 행정구역상 영주시로 편입된 지역이 정도전의 고향이다. 정도전의 고향은 아버지의 고향인 봉화군을 따랐지만 실제 출생지는 어머니의 고향인 단양 도담삼봉 인근으로 알려져 있으나 정확한 이야기는 아니다.

담리에서 마침표를 찍는다. 믿을 수 없었지만 단양 도담리 강 중앙에서 떠내려간 3개의 봉우리가 발견된 것이다. 이에 정선 사람들이 단양 사람들에게 세금을 내라 하니, 매년 가을이면 단양 사람들이 꼬박꼬박 세금을 바쳤다는 전설이 있다. 단양 사람들이 세금을 내지 않게 된 것은 영주가 고향인 소년 정도전 때문이었다. 어머니 고향이 도담삼봉 근처였던 정도전은 유년시절을 도담삼봉을 보며 자랐다. 그가 6~7세가 될 무렵 정선 사람들이 세금을 받으러 오자 정도전이 당돌하게 막아 세운다.

▶ 도담삼봉 음악분수대

"저 봉우리들은 우리가 떠내려 오라 한 것도 아니고 오히려 물길을 막아 우리 마을에 피해가 발생했소. 있어봤자 아무 소용도 없는데 우리가 왜 세금을 내야 하오. 우린 세금을 내지 않을 테니 당신들이 알아서 가져가시오."

원래 정도전은 반골기질이 있는 것으로 유명한데 유년 시절의 말솜씨도 그러했나 보다. 소년의 말에 기가 막혔지만 듣고 보니 틀린 말이 아니다. 이에 정선 사람들이 아무 말도 못하고 돌아가니 이 때부터 단양 사람들은 세금을 내지 않게 되었다고 한다.

이성계의 오른팔이 되어 조선을 개국한 정도전은 한양을 천도할 당시에 경복궁 건설에 참여, 박학다식한 면모를 보여준다. 이런 정도전이 유년시절은 물론 은거 기간에도 찾은 곳이 도담삼봉이었다고 한다. 정도전은 자신의 호를 삼봉(三峰)이라 지었는데 그 이유도 따지고 보면 도담삼봉 때문이다. 도담삼봉은 충주댐이 생긴 이후로 봉우리가 다소 낮아져 보인다. 충주댐에 물이 꽉 차면 6m가량만 보이게 되어 웅장함보다는 아기자기한 맛이 더 많다. 도담삼봉에서 제일 높은 봉우리인 장군봉에는 삼도정이란 정자가 남아있는데, 이 정자는 조선 영조 42년에 최초로 지어진 정자다. 지금의 정자는 홍수로 인해 유실된 것을 1976년에 복원한 것이다.

Information

☎ 도담삼봉 선착장 ☎ (043) 422-5593 / 음악분수대 문의 ☎ (043) 421-3181

- 단양시내에서 도담삼봉 경유 시내버스 수시 운행
- 승용차 이용시 단양에서 제천 방면으로 7분 거리

단양대명콘도, 단양 시내 ☎ (02) 2222-7000,(043) 420-8311 / 단양관광호텔, 단양 시내 ☎ (043) 423-7070 / 국민연금청풍리조트, 제천 청풍호반 ☎ (02) 422-8100 / 소백산 유스호스텔, 단양 다리안관광지 ☎ (043) 421-5555 / 단양축협 소백산 관광목장, 단양 방곡리 ☎ (043) 422-9270 외 시내에 숙박시설 다수

★★★★ 자연 그대로의 초원지대

단양 소백산 비로봉 · 다리안

소백산 등산 코스

1. 천동리코스(단양 다리안)
천동리 → 매표소 → 대궐터 → 비로봉(6.8km)
2. 죽령코스(영주 풍기읍)
매표소 → 제2연화봉 → 소백산 천문대(7.2Km)
3. 희방사코스(영주)
희방매표소 → 희방사 → 천문대 → 제1연화봉 → 비로봉(4시간, 왕복 7시간)
4. 소백산 종주 코스
영주 희방사 → 천문대 → 제1연화봉 → 비로봉 → 국망봉→ 신선봉 → 구인사 (25km)

소백산 국립공원은 충북 단양과 경북 영주, 봉화군에 걸쳐있는 국립공원이다. 단양 다리안관광지는 소백산 정상인 비로봉(1439m)으로 오르는 최단코스가 있는 곳으로 고수동굴, 노동동굴, 천동동굴 등의 동굴 관광지가 바로 인접해 있다. 소백산은 부드럽고 장중함을 가진 산으로 소백산 정상인 비로봉 일대의 초원지대가 큰 인기를 얻고 있다. 특히 봄철의 비로봉 철쭉제는 대관령 부럽지 않은 넓은 초원지대가 붉은색의 철쭉과 어울려 눈부신 장관을 연출한다. 소백산의 이름이 하얀 눈을 머리에 덮은 것 같다하여 붙은 이름이듯 소백산의 겨울 설경도 빼놓을 수 없는 멋진 경치다. 천연기념물 제244호인 소백산 주목군락지는 겨울에 특히 아름답다.

비로봉으로 오르는 등산로는 여러 지역에 산재해 있다. 단양 다리안 관광지의 천동리에서 시작하는 등산로가 가장 인기 있고 영주 희방사나 풍기 죽령고개 코스도 인기가 많다. 단양 다리안 관광지에서 시작하는 소백산 등산로는 이 지역의 동굴 관광지와 다리안 계곡이 상승효과를 불러일으켜 전국에서 수많은 등산객들을 불러모은다. 성수기에는 다리안 관광지가 수많은 인파로 붐비는데 이로 인해 비로봉 부근에서는 줄을 서서 올라가는 일이 허다하게 발생한다.

5번 국도의 죽령 고개에서 올라가는 코스는 죽령 매표소에 차를 세운 뒤 소백산천문대까지 연결된 7.2km 구간의 임도를 도보로 올라가는 코스로 등산에 취미가 없는 초보자들이 흔히 선택하는 코스이다. 소백산 등산로에서 가장 편한 코스이지만 갈증을 해소할 계곡이나 샘물이 없기 때문에 산행은 그다지 재미가 없다. 죽령 코스는 소백산 일출을 힘들이지 않고 볼 수 있기 때문에 최근 인기를 끌고 있다. 특히 죽령 코스가 백두대간 종주 코스에 편입되면서 그 인기가 날로 치솟고 있다.

등산을 좋아하는 사람이라면 소백산 종주에 도전하는 것도 좋은 방법이다. 일반적으로 희방사에서 출발하는데 풍기읍 죽령 고개에서 산행을 시작해도 무방하다. 능선을 종주한 후 단양 구인사로 하산할 때까지 필요한 시간은 대략 10~13시간 안팎이 소요된다. 소백산 종주는 지리산 종주 못지않은 아름다움이 연속되므로 산을 좋아하는 사람이라면 반드시 시도해봐야 할 멋진 코스이다.

Information

- 단양 다리안 천동리행 · 죽령 고개행 버스는 단양에서 운행 / 영주 희방사행 버스는 풍기에서 운행
- 열차 이용시 중앙선 단양역, 풍기역, 영주역에서 하차 / 서울 동서울터미널에서 단양 또는 영주행 직행버스 운행 / 대구 북부시외버스정류소에서 단양 또는 영주행 직행버스 수시 운행 / 청주, 충주, 제천, 안동, 울진 등에서 단양행 버스 수시 운행 / 수원, 안산, 인천, 안동, 구미, 원주, 태백 등에서 영주행 직행버스 수시 운행
- 승용차 이용시 중앙고속도로 → 단양 I.C → 단양 다리안, 풍기 죽령고개, 영주 희방사로 이동 가능

3박 4일 일정의 저렴한 여름휴가지

단양팔경에서 실속 여름휴가

❶ 단양팔경 사인암
❷ 고수동굴 입구

단양팔경이란 도담삼봉을 비롯해 도담삼봉 옆에 있는 석문, 구담봉, 옥순봉, 사인암, 하선암, 중선암, 상선암을 말한다. 이것이 확대되어 단양 제2팔경이 등장하는데 단양 북벽, 온달산성, 다리안산, 칠성암, 일광굴, 금수산, 죽령폭포, 구봉팔문이 그것이다. 단양 제1팔경과 제2팔경은 단양읍을 중심으로 방사형 형태로 산재해 있기 때문에 보통 3박 4일 일정으로 돌아봐야 한다.

단양팔경에서 드라이브 코스로 추천할 수 있는 장소는 옥순봉과 구담봉 일대인데, 이 명소들은 유람선으로 돌아봐도 매우 아름답다. 충주댐 선착장, 월악산 선착장, 청풍나루 선착장, 장회나루 선착장, 담양 선착장 등 5~6개의 유람선 코스가 개발되어 있어 효도관광이나 데이트 코스로 안성맞춤이다.

단양팔경의 사인암, 하선암, 특선암 일대는 자녀들의 물놀이 장소로 적당한 지역이다. 3박 4일 일정으로 단양에서 여름휴가를 보낸다면 반나절이나 하루 정도 소백산 산행에 투자해도 좋다. 고수동굴이나 노동동굴, 온달동굴, 일광굴 등의 동굴관광지가 줄줄이 이어지므로 무더운 여름에는 동굴피서를 즐길 수 있다. 사찰 답사로는 소백산 북쪽에 위치한 구인사와 동쪽에 위치한 영주 희방사, 남쪽에 위치한 영주 부석사가 있다. 단양은 여름 피서지로 아주 제격인 셈인데, 콘도를 빌려 3박 4일 일정으로 여름휴가를 보낸다고 가정하면, 국내 최고의 실속 여행지라 말할 수 있다. 관광명소와 마음 따뜻한 시골 풍경이 절묘하게 어우러져 기억에 남는 여름휴가가 된다.

Information

단양대명콘도(단양 시내) ☎ (02) 2222-7000,(043) 420-8311 / 단양관광호텔(단양 시내) ☎ (043) 423-7070 / 국민연금청풍리조트(제천 청풍호) ☎ (02) 422-8100 / 소백산 유스호스텔(다리안 관광지) ☎ (043) 421-5555

하루 1천 명이 수행하는 사찰

단양 소백산 구인사

고려시대, 호국불교론과 민중불교론으로 크게 융성했던 천태종은 조선 초 불교탄압정책이 시작되자 다른 불교 종단과 함께 큰 시련을 맞는다. 그런 천태종이 긴 잠에서 깨어나 재기에 성공한 것은 500여 년이 흐른 1945년의 일이다.

이런 천태종의 총본산이 소백산 구인사이다. 그 후 60여 년 동안 천태종은 놀라운 성장을 거듭하여 우리나라 3대 불교종단으로 발전한다. 200만의 신도를 거느리고 있는 천태종 구인사는 어떤 모습일까?

❶ 구인사 일주문
❷ 구인사 경내의 작은 야생화 화원

구인사 주차장에서 셔틀버스를 타면 5분 정도 들어가다 일주문을 몇백 미터 앞에 두고 구인사터미널에서 모두 내리라 한다. 보통 셔틀버스라 하면 절집 경내까지 사람들을 태워다주는데, 중간에 내리라 하니 야속한 마음이 든다. 셔틀버스가 구인사 경내까지 들어가지 않는 이유를 알아보니 구인사는 좁은 계곡 속에 위치하고 있어 셔틀버스가 진입할 공간이 없었다.

야속한 마음을 접어두고 일주문을 향해 올라가는데, 일주문을 들어선 순간 별안간 진풍경이 펼쳐진다. 좌우로 높은 산자락이 가로막은 계곡 안에 4~5층 규모의 현대식 건물들이 빽빽하게 들어서 있는 것이 아닌가? 흡사 종합대학 캠퍼스와 유사한 구인사 풍경은 어찌 보면 구중궁궐을 연상시키고 있다.

빽빽하게 들어선 현대식 법당을 따라 계곡을 오르면 동시에 5천 명을 수용할 수 있다는 국내 최대 규모의 구인사 법당이 나타난다. 그 앞에 보이는 요사채는 웬만한 4~5층짜리 개인 빌딩을 능가하는 규모로 이런 건물들이 좁은 계곡을 따라 50여 채가 빼곡히 들어서 있으니 참으로 진풍경이다.

경내 제일 위쪽에 위치한 3층 규모의 대조사전도 건물 규모가 대단하다. 대조사전은 천태종을 재건한 상월원각의 존상을 봉안한 건물로 일반 법당과는 사뭇 분위기가 다르다. 스님의 진실 사리가 모셔진 적멸궁은 대조사전 오른편으로 나있는 산길을 오르다보면 만날 수 있는데 적멸궁까지 오르는 길이 등산 코스에 비견될 정도로 가파른 길이 연속된다. 영주봉 정상쯤에 적멸궁이 위치하고 있으므로 올라갈 때 40~50분, 내려올 때 20분 이상이 소요된다.

천태종은 우리나라 불교 종단 중에서 수행 생활이 가장 엄격한 종단이라고 알려져 있다. 불경을 읽었으면 수행생활도 철저히 해야 한다는 것이다. 구인사측 설명에 따르면 천태종의 스님들은 말사에서 생활을 하는 것이 아니라 대부분 총본산인 구인사에서 수도생활을 한다고 한다. 게다가 천태종 구인사는 일반 신도들의 자유왕래를 항시 허락하고 있다. 이렇다 보니 구인사에는 항상 상주하는 스님들과 비구니스님들, 그리고 매일 방문하는 신도까지 합쳐 하루 평균 1천여 명이 머문다고 한다. 그래서일까? 서울 동서울터미널이나 부산의 버스터미널에서는 구인사행 직행버스가 별도로 운행되고 있을 지경이다. 현대식 건물들도 이색적이지만 항상 신도들이 붐비는 구인사는 흔히 접하는 호젓한 사찰과는 전혀 다른 느낌을 던져주고 있다.

적멸궁 가기 전 잠시 들릴 수 있는 곳이 작은 온실 형태의 화원이다. 화원은 구인사 행사 때 사용할 꽃이나 야생화를 재배하는 작은 규모의 화원인데도 불구하고 소백산 자락에서 자라는 야생화는 물론 전국 산록에서 채취해온 야생화들을 소담스럽게 재배하고 있었다.

맛집

금강식당 – 도토리 쟁반냉면 ★★☆

구인사 입구 식당가에 있는 금강식당은 이 지역 별미인 도토리 쟁반냉면이 유명한 집이다. 향토음식 기능보유자의 집답게 쟁반에 담아낸 냉면의 모양새도 예쁘장하다. 항아리 뚜껑만한 큰 쟁반에 갖은 산채와 야채를 깔고 그 위에 매콤하게 버무린 도토리 냉면을 올리고 잣으로 모양새를 낸 것인데 그 맛이 고소하다 못해 일품이다. 여름에 먹는 비빔냉면 종류로는 최고의 요리가 아닐까? 2인분 이상만 주문받는 것이 아쉽다면 아쉽다.

[문의] 구인사 입구 금강식당 ☎ (043) 423-2594, 7350

Information

천태종 총본산 구인사 ☎ (043) 423-7100

- 서울 동서울버스터미널에서 구인사행 버스 운행 / 부산 동부시외버스터미널에서 구인사행 1일 3회 / 제천에서 구인사행 14회 운행 / 단양에서 구인사행 시내버스 14회, 직행버스 7회 운행
- 승용차를 이용해 수도권에서 출발시 경부고속도로 → 영동고속도로 → 중앙고속도로 북단양 I.C → 단양 → 영춘 방면 33번 지방도 → 향산 → 595번 지방도 → 구인사

구인사 입구 주차장에 70여 곳의 식당가 및 숙박촌 형성

득도의 경지에 오를 수 있는 산행

단양 소백산 구인사 구봉팔문 등산

등산에 관심있는 사람이라면 눈여겨 볼만한 산행 코스가 단양 제2팔경에 해당하는 '구봉팔문'이다. 전부 9개의 봉우리가 있으므로 구봉이라 불렀고, 봉우리 사이에 각각의 계곡이 존재하므로 팔문이라 부른다. 소백산 신선봉 서북쪽으로는 열댓 개의 작은 능선이 고도를 낮추며 알록달록한 산봉우리를 만들었는데 이 중 구봉팔문의 산세가 특별하다. 9개의 능선이 벽에 부딪친 것처럼 동일한 선상에서 비슷한 높이의 산봉우리를 만들었기 때문이다. 신선봉이 T자의 밑부분에 해당한다면 9개의 봉우리는 T자의 윗부분에 가지런히 나열되는 형세이므로 누가 봐도 특이하다 할만하다.

소백산 주 등산로에서 떨어져 있어 많이 알려지지 않은 산들은 풍수학적으로 절체절명의 명당이라고 알려져 있다. 구봉팔문의 3문봉과 4문봉 사이 계곡 입구에 구인사가 자리잡고 구인사를 세운 상월원각의 진실사리가 모셔진 적멸궁이 구봉팔문 제4문봉에 위치한 것도 따지고 보면 풍수지리에 기인하였다. 전설에 의하면 구봉팔문의 봉우리 사이 계곡을 불교의 법문으로 생각한 어느 스님이 이 법문을 오르려다 평생 동안 못 올랐다 한다. 후에 구봉팔문을 순서대로 오른 사람이 나타났으니 그가 천태종을 재건하고 구인사를 창건한 상월원각이라 한다.

구봉팔문의 아홉 봉우리들은 모두 해발 700~950m급에 해당하는 준봉들이지만 알려진 등산로가 없는 시골산이다. 해발 900m급 산에 등산로가 없다면 이 산은 전문가들도 못 오르는 산으로 봐야 한다. 따라서 1문봉부터 9문봉까지 종주를 하면 부처의 경지에 이른다는 전설이 이 지역에 있는 것인지도 모른다.

산을 아무리 좋아해도 하루 만에 구봉팔문을 모두 올라가는 것은 불가사의한 일이기 때문에 봉우리 한개 쯤만 도전하면 어떨까? 구인사 입구 백자리(잣골)에서 1문봉 정도는 초보자들도 손쉽게 오를 수 있다. 등산을 하지 않고 구봉팔문의 생김새를 멀리서 조망하는 방법도 있다. 단양 온달산성에 오른 후 온달산성 남문 성곽에서 구인사 방면을 조망하면 소백산 주능선인 신선봉 밑으로 20여 개의 산봉우리가 첩첩산중을 이룬 것이 보일 것이다. 그중 9개의 봉우리가 일렬횡대로 비스무리하게 배치되었다면 그것이 구봉팔문이지만 실제로는 9개의 봉우리가 시야에 모두 들어오지는 않는다. 구봉팔문 앞으로 엇비슷한 봉우리들이 시야를 가리고 있기 때문이다.

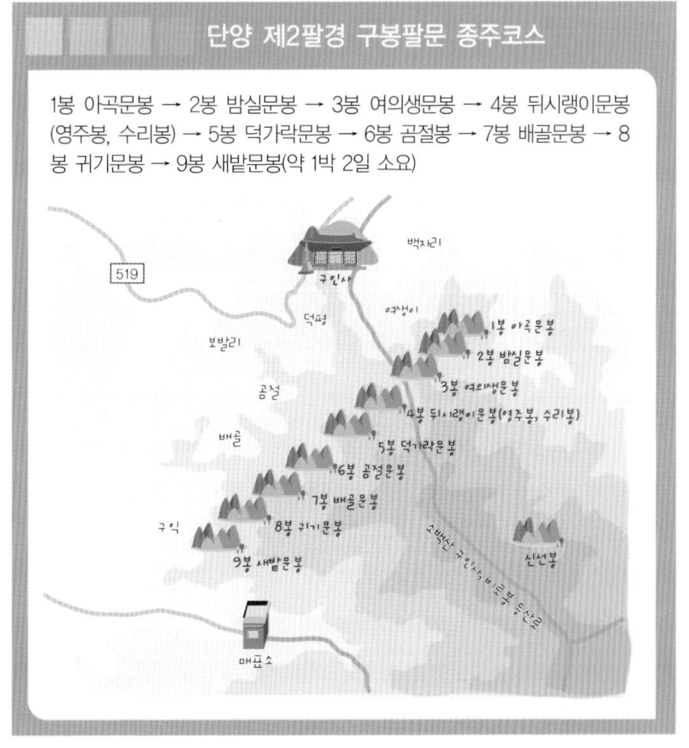

목장 풍경이 펼쳐지는 편안한 휴식처

단양 소백산 관광목장

소백산 관광목장은 단양 사인암에서 927번 지방도를 따라 남쪽 약 10km 지점에 위치하고 있다. 월악산과 소백산 사이의 조수령(850m) 초지에 위치한 소백산 관광목장은 목장 주위로 촛대봉(995m)과 옥녀봉(1,080m)이 자리잡고 있다.

목장 안에는 기본 축사 외에 사슴방목장, 청둥오리 방목장, 염소축사가 있고 편의시설로 수영장, 연못, 기업 연수에 활용할 수 있는 운동장 시설이 구비되어 있다. 또한 목장 내에 한우고기를 전문으로 하는 음식점이 있으므로 양질의 한우 요리를 맛볼 수 있다.

방곡도예촌, 도예원

1994년부터 조성되어온 방곡도예촌은 단양군이 자랑하는 전통도예마을로 마을 중심부에 관광객들이 도예제작을 체험할 수 있는 도예원이 있다. 이곳 도예원은 관광객을 위해 3시간 동안 도자기 제작을 체험할 수 있는 1일 체험반과 기숙사에서 하루 숙박을 하며 도자기 체험을 할 수 있는 1박 2일 체험반 등을 운영하고 있다. 1박 2일 교육과 함께 이어지는 체험 행사는 도예전시장 견학과 장작 가마터 견학이 포함되어 있고 도예관련 이론교육, 도자기 제작 체험, 캠프파이어 등의 교육프로그램이 실시된다. 여기서 관광객이 만든 도자기는 관광객이 원할 경우 자택으로 직접 배송해 준다. 한편 방곡도예원은 도자기 체험뿐 아니라 일반인을 위해 도자기를 전시 판매하는 판매점도 운영하고 있다. 매년마다 방곡 장작가마 예술제가 거행되므로 이 기간에 맞춰 방문하면 볼거리가 많아진다.

Information

☎ 소백산 관광목장 ☎ (043) 422-9270 / 방곡 도예원 체험문의 ☎ (043) 421-5020

🚌 중앙고속도로 단양 I.C → 단양 방면 2분 → 장림 사거리에서 사인암 이정표보고 927 지방도로 좌회전 → 미노 삼거리에서 예천 방면 우회전 → 소백산 관광목장 / 사인암입구에서 방곡리 방면으로 직진하면 방곡도예촌으로 이동 가능

대전 · 공주

대청댐 · 현암사 · 대청호 낚시 / 대전 유성온천 · 엑스포 과학단지 · 대전동물원 / 계룡산 국립공원 /
공주 계룡산 갑사 / 대전 계룡산 동학사 / 공주 태화산 마곡사 / 공주 공산산성

★ ★ ☆ 드라이브도 즐기고 나들이도 할 수 있는

대청댐·현암사·대청호 낚시

대청호는 대전 대덕구, 충북 청원군, 보은군, 옥천군에 인접한 중부내륙 최대의 인공호수다. 이런 대청호는 필자가 맨 처음 낚시를 배운 장소이기도 하다.

20여 년 전이었을까? 아마추어 강태공으로 변장하고 대청호의 어부동이란 마을을 찾아간 적이 있었다. 마침 목 좋은 장소가 보이기에 낚싯대를 던졌지만 강태공이란 취미가 만만치만은 않았다. 달리의 그림처럼 지루해지는 시간, 이글거리는 태양, 산들바람…. 기나긴 시간 끝에 필자가 잡은 것은 피라미 한 마리였다.

▶ 전망대에서 내려다 본 대청댐 일원

대청호 여행은 여러 권역으로 나누어 출발해야 한다. 대청호에서 댐이 위치한 장소인 대청댐은 수자원공사 건물을 중심으로 넓고 푸른 잔디공원이 잘 조성되어 가족 단위의 나들이에 적당하다.

대청호 드라이브는 대청댐 → 다목적 휴게소 → 현암사 → 문의문 코스가 많이 알려져 있다. 대청댐 하단 교각을 건넌 후 우회전하면 대청호 일원이 내려다보이는 다목적 휴게소로 이동할 수 있다. 다목적 휴게소에 다다르기 전 들릴 수 있는 명소가 현암사다. 차창 밖으로 대청댐이 지나갈 무렵 반대편 산기슭을 올려다보면 도로변에서 산 속으로 나있는 철계단이 있다. 이 철계단을 20분가량 오르면 절벽 위에 현암사라는 신라고찰이 있다. 현암사에서 내려다 본 대청호는 그야 말로 장관이므로 한번쯤 들려보자.

현암사는 전두환 대통령 당시에는 대청호 건너편에 있는 청남대가 훤히 보인다 하여 관광객의 접근을 막았다고 마을 사람들이 전한다. 한편 현암사에는 예로부터 원효대사 이야기가 전해오고 있다. 원효대사가 현암사에 잠시 머무를 당시 스님은 1천년 뒤 현암사 앞으로 3개의 호수가 생긴다고 예언을 한다. 그리고는 현암사의 대웅전 편액을 삼호루(三湖樓)라고 써 주었는데 이것은 대청댐이 생길 것을 미리 예언한 것이라고 한다. 현암사에서 내려온 뒤 다목적 휴게소를 향해 달리면 충북 청원군 문의면 쪽으로 이동할 수 있다. 문의면은 청남대행 셔틀버스를 갈아타는 주차장이 있는 곳이다.

대청댐에서 시계 반대 방향인 충북 옥천으로 달리는 드라이브 코스 역시 나름대로 재미가 있다. 대청호 상류를 거슬러 올라가는 이 드라이브 코스는 어부동이나 방아실 같은 대청호의 낚시 명소가 연이어지므로 낚시 겸 피크닉 장소로 적당하다.

Information

☎ 대전시청 관광과 ☎ (042) 600-2431 / 현암사 종무소 ☎ (042) 932-2749

- 대청호 북부에 있는 대청댐 방면은 대전역 앞에서 신탄진행 버스 탑승, 신탄진역 앞에서 730번 또는 730-1번 버스 이용 / 대청호 남부인 상류 지역의 신하동, 어부동, 방아실, 회남 방면은 대전역에서 630번, 632번 버스 이용 / 충북 옥천군 일대의 대청호 상류는 옥천에서 대중교통 이용
- 승용차 이용시 대청댐 방면은 경부고속도로 신탄진 I.C 이용, 어부동 및 방아실 등 대청호 상류 지역은 대전 I.C를 이용하는 것이 가깝다.

대전 유성온천 · 엑스포 과학단지 · 대전동물원

❶ 대전 최고 번화가 은행동
❷ 대전 은행동의 유명 베이커리인 성심당

대전 최고의 번화가는 대전역 광장에서 도보 5분 거리에 있는 은행동이다. 재래시장인 대전 중앙시장을 끼고 있어 먹거리도 많고 볼거리도 많다. 은행동 야경 구경과 함께 대전 시내 여행을 떠나보자.

대전 시내 여행의 첫 번째는 아무래도 유성온천장에서 즐기는 온천욕일 것이다. 유성에는 리베라 호텔을 중심으로 알카리성 온천욕을 즐길 수 있는 온천탕이 즐비하고 대전 시내와 가깝기 때문에 이용료도 저렴하다. 유성온천장에서 들릴 수 있는 명소로는 유성에서 자동차로 10분 거리에 있는 대전 엑스포 과학공원(☎ 042-866-5114)이 있다. 어린이용 놀이동산을 비롯해 대전 엑스포 시설물이 그대로 전시되고 있다. 자녀들과 함께라면 유성 온천장에서 10분 거리에 있는 국립중앙과학관(☎ 042-601-7821)과 화폐박물관(☎ 042-870-1000)이 눈여겨볼만 하다.

대전 시내로 돌아오면 대전의 남산이라 부를 수 있는 보문산 공원이 청춘남녀들의 데이트 코스로 안성맞춤이다. 보문산 입구에서 한밭 도서관 방향으로 이동하면 대전동물원(☎ 042-580-4820)이 위치하고 있다. 대전 동물원은 대전 시내와 가까운 보문산 서쪽 산록에 있는 동물원으로 중부지방 최대 규모를 자랑한다.

대전동물원은 육식동물원, 초식동물원, 유인원사, 맹금사와 아프리카 사파리장을 비롯해 아이리스 광장, 삼림욕장을 구비하고 있다. 동물원 놀이동산은 자이언트드롭을 비롯해 범버카, 바나나 점프 등의 놀이기구가 완벽하다. 최근에는 나비전시관을 개관, 대전 시민들은 물론 충청 중부지방에서 가장 인기 있는 가족나들이 코스가 되었다.

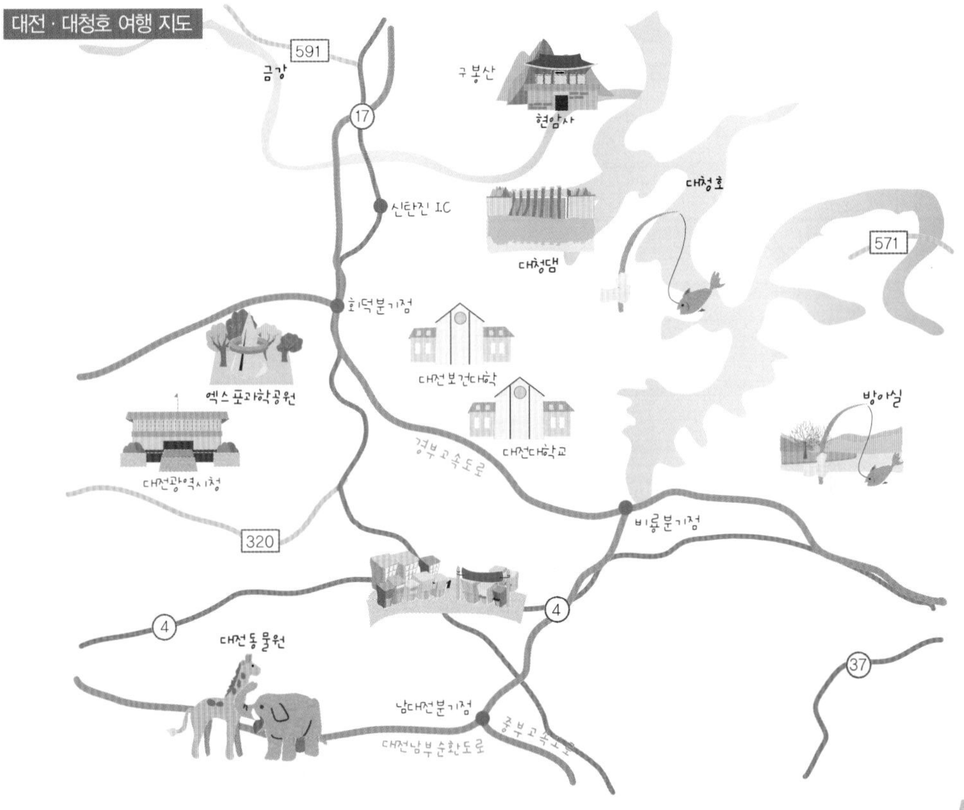

맛집

대전 진로집 – 두부 두루치기, 오징어 두루치기 ★★☆

대전에서 접할 수 있는 전통음식이 두부 두루치기라는 음식이다. 두부를 깍두기 크기로 썰어 야채와 매콤한 고춧가루를 넣고 조리한 이 음식은 매콤한 고춧가루에 감춰진 두부의 고소한 맛이 잘 어우러져 소주 안주로 제격이다. 양이 차지 않으면 공기밥을 추가해 두루치기의 걸쭉한 국물에 밥을 비벼먹어도 그 만이다. 사실 이 음식은 필자가 좋아하는 음식 중 하나이다.

두루치기 요리의 맛집으로는 대전 진로식당이 유명하다. 주로 대전지역의 문인들이 즐겨 찾는 진로집은 은행동에서 대전여중고를 찾아간 뒤 근처 노인들에게 물어봐야 골목길 안쪽에 위치한 이 음식점을 손쉽게 찾을 수 있다. 대폿집과 비슷한 분위기가 아직 남아있지만 소주 한 잔에 노래 한 방 장전하는 털털한 분위기가 이젠 사라지고 없다.

[문의] 대전여중고 부근 진로집 ☎ (042) 226-0914

Information

- 대전 은행동 번화가 : 대전역에서 내린 후 대전역 광장 정면 도로를 따라 도보 5분 거리
- 유성온천장 : 대전역앞에서 유성행 좌석버스 수시 운행 / 호남고속도로 북대전 I.C → 유성(대전 엑스포 과학공원)
- 대전엑스포 과학공원 : 대전역앞 또는 유성 시외버스터미널 앞에서 버스 운행
- 대전동물원 : 대전역 또는 동부고속버스터미널앞, 서대전역 앞에서 각각 버스 운행 / 경부고속도로 회덕 분기점 → 호남고속도로 서대전 분기점 → 대전 남부순환도로 → 안영 I.C → 대전동물원

유성온천장 지구의 숙박시설, 대덕 롯데호텔(특), ☎ (042) 865-7000 / 리베라유성 호텔(특), ☎ (042) 823-2111 / 유성 호텔(특), ☎ (042) 822-0811 / 아드리아 호텔(1급), ☎ (042) 824-0211, 엑스포 호텔(1급), ☎ (042) 824-0035 등

★★★ 우리나라 최고의 명당자리

계룡산 국립공원

계룡산은 예로부터 도참설과 풍수설에 의해 우리나라 십승지이자 최고 명당자리에 위치한 산으로 알려져 있다. 정확하게 말하면 계룡산 남동쪽 자락의 신도안 지역이 풍수지리적으로 달걀노른자에 해당하는 최고 명당 지역이다. 실제로 조선 개국 당시 이성계는 신도안 지역을 도읍지로 정하려 하였고 제5공화국 당시에도 제2수도를 신도안 지역에 입안시키려는 계획이 있었다. 제2수도 이야기가 나오면 이 지역이 어김없이 부각되는 것인데 그만큼 역술가들에게 인정받는 명당자리이기 때문이다. 지금의 신도안 지역에는 육해공군 본부가 있는 계룡대가 들어서 있다.

계룡산이란 이름은 조선 개국 당시 무학대사가 지었다 한다. 무학대사와 이성계는 도읍지를 정하기 위해 전국을 답사했는데 신도안에서 계룡산을 올려다 본 무학대사가 천황봉에서 삼불봉으로 이어지는 능선이 닭벼슬을 한 용을 닮았다 하여 계룡산(鷄龍山)이란 이름을 붙였고 신도안을 조선왕조의 도읍지로 삼고자 노력한다. 그러나 몇 가지 이견이 발생하여 신도안은 터만 닦다 말고 한양 땅에 도읍지를 뺏기고 만다.

이런 여러 가지 풍수설과 민간신앙으로 인해 계룡산은 조선 시대 내내 백성들에게 신성시되어 지금은 계룡산의 정기를 받으려는 무속인과 신흥종교단체의 왕래가 많은 산이 된다.

계룡산은 다른 산과 달리 이 산의 정상인 천황봉이 정규 등산로에 포함되지 않는다. 계룡산 관리공단의 공식적인 답변에 의하면 해발 845m의 천황봉 정상에는 군사시설이 있는 관계로 민간인 출입금지구역이라는 것이다. 따라서 계룡산 등산은 천황봉을 제외한 상태로 계획을 짜야 하는데 보통 해발 756m의 관음봉을 중심으로 하는 산행 코스가 많이 알려져 있다.

일반인에게는 동학사 → 남매탑 → 금잔디고개 → 갑사 등산 코스가 널리 알려져 있는데 이 코스는 계룡산 등산 코스 중에서 가장 쉬운 코스로 일종의 답사 코스 겸 등산 코스라 할 수 있다. 흔히 말하는 가족 등산 코스에

▶ 무당들에 의해 신내림에 좋은 장소라 알려진 갑사 용문폭포

계룡산 등산 코스

1. 탐방 코스

동학사 매표소 → 동학사(1.8km) / 갑사 매표소 → 갑사(0.9km)

2. 남매탑 코스

동학사 매표소 → 남매탑 → 금잔디고개 → 신흥사 – 용문폭포 → 갑사 매표소 (8㎞, 4시간)

3. 관음봉 코스

동학사 매표소 → 은선폭포 → 관음봉 → 삼불봉 → 남매탑 → 동학사 매표소(11km,5시간)

4. 신원사 코스

동학사 매표소 → 은선폭포 → 관음봉 고개 → 문필봉 → 연천봉 고개 → 신원사 주차장(7.8㎞, 3시간 30분)

5. 갑사 연천봉 삼불봉 코스

갑사 매표소 → 원효대 입구 → 연천봉 고개 → 관음봉 → 삼불봉 → 남매탑 → 동학사 매표소(11km, 6시간)

6. 갑사 신원사 코스

갑사 매표소 → 원효대 입구 → 연천봉 고개 → 신원사 주차장(6.3km, 4시간)

해당하므로 비교적 쉽게 오를 수 있지만 서울의 관악산 코스보다는 어렵기 때문에 산을 오랜만에 타는 사람이라면 오를 때 땀 좀 뺄 각오를 해야 한다.

계룡산 산행에서 빠질 수 없는 남매탑 전설도 한 번 살펴보자. 지금의 남매탑이 있는 장소에 작은 암자를 짓고 홀로 수도정진을 하던 상원조사가 목에 비녀가 걸린 호랑이를 구해주자 호랑이는 보은의 뜻에서 상원조사에게 아름다운 여인을 물어다 준다. 경북 상주가 고향이라는 이 여인은 다음날 혼인식이 있을 예정이었는데 그만 호랑이에게 물려오고 만다. 때는 마침 겨울이었고 여인은 호랑이에 물린 자국으로 상처가 심했다. 상원이 정성스레 치료를 하니 여인의 상처는 완쾌되었으나 사방에 눈이 쌓여 고향으로 돌아갈 수 없었다. 눈이 녹을 무렵인 이듬해 봄까지 상원과 같이 보낸 여인은 상원에 대한 연모가 생긴다. 이에 여인은 상원에게 부부의 연을 맺자고 간청하지만 상원이 완곡히 거절한다. 스님의 완곡한 거절에도 상원을 연모한 여인은 의남매가 되기를 요청하고 은인에 대한 보답으로 불교에 귀의한다. 남매탑은 현재 2개의 탑이 남아있는데 상원의 제자 회의화상이 의남매의 불심으로 승화된 연모에 감복해 세운 탑이라 한다. 남매탑을 세울 당시 이곳에는 청량사가 있었는데 이런 이야기들은 계룡산 동학사의 창건기에 잘 기술되어 있다.

▶ 계룡산의 7월 동학사 진입로의 울창한 관목림 숲

갑사 대웅전을 향해 서있는 석문

산중산사 템플스테이의 묘미

공주 계룡산 갑사

계룡산 갑사 계곡은 가을 경치로 유명한 계곡이다. 주차장에서 갑사로 가는 진입로의 울창한 숲도 동학사 못지않게 수려하기 때문에 수많은 문필가들이 이 진입로를 문학적으로 묘사했다. 표를 끊고 900m 가량의 진입로를 걸으면 갑사 대웅전이 시작된다.

갑사 답사는 곳곳에 명소가 산재해 있기 때문에 가벼운 산행이라고 생각하고 시작하는 것이 좋다. 보통은 갑사 경내와 갑사 철당간 지주, 대적전, 용문폭포까지 보고 돌아 나오는데 이 코스는 어린 자녀를 동반한 상태로 답사가 가능한 코스이다. 만일 천진보답까지 답사하고 싶다면 갑사 → 천진보탑 → 남매탑 → 동학사로 넘어가는 코스로 아예 등산 스케줄을 짜는 것이 좋다.

자연 그대로의 바위덩어리인 갑사 천진보탑에는 전해오는 전설이 있다. 석가모니가 열반한 후 인도의 아육왕은 구시나가라국에 있는 사리탑에서 많은 양의 사리를 발견하여 이를 열 곳의 중생 세계에 배치를 한다. 동서남북 네 곳 중 북쪽에 해당하는 계룡산 바위 안에도 사리를 안치하는데 먼 훗날 아도화상이 이 사리를 발견하고 그 바위의 이름을 천진보탑(天眞寶塔)이라고 붙인 것이다.

천진보탑을 발견한 아도화상이 갑사를 창건하니 서기 420년(백제 구이신왕 원년)의 일이다. 갑사(甲寺)란 으뜸 또는 첫 번째 가는 사찰이란 뜻을 가지고 있는데 모두 이런 연유로 붙은 이름임을 알 수 있다. 그 후 의상대사가 중건하면서 갑사는 화엄 10대 사찰이 되지만 임진왜란 당시 사찰이 불타버리고 만다. 현재의 갑사 대웅전은 서기 1604년에 중건한 것이다.

대웅전을 둘러본 뒤에는 원래 대웅전이 있던 자리인 갑사 대적전을 찾아가보자. 등산로를 따라 3분가량 올라가면 울창한 계곡 옆에 갑사 다원이 있고 다원 옆 계곡을 건너면 갑사 대적전과 부도, 당간지주가 있다.

❶ 갑사 대적전
❷ 보물 제256호 갑사 철당간 및 지주

대적전은 갑사 경내에서 홀로 떨어진 아담한 공터에 있다. 원래 대웅전이 이곳에 있었다 하니 그 자리가 예사롭지 않은데, 마침 대적전에서 들려오는 스님의 독경소리가 고즈넉하고 아름답다. 대적전 마당으로 보이는 것이 보물 제257호 갑사 부도이고 부도 옆으로는 한 그루의 배롱나무가 빼어난 자태를 뽐낸다. 부도 아래의 울창한 대숲을 내려가면 갑사 당간지주를 볼 수 있다.

갑사 종무소는 한국불교전통문화를 체험할 수 있도록 갑사 템플스테이를 운영하고 있다. 갑사 템플스테이는 다른 사찰과 달리 울창한 산과 계곡에서 펼쳐지므로 산중산사의 묘미를 느끼면서 불교문화를 체험할 수 있는 것이 특징이다.

Information

갑사 종무소 ☎ (041) 857-8981
갑사, 계룡산 교통 및 숙박은 동학사편 참고

학인스님들의 수행 모습이 펼쳐지는 풍경

대전 계룡산 동학사

서기 724년 무렵, 상원조사의 제자 회의화상이 세운 청량사가 동학사의 모태라고 하는데 이 청량사가 폐사된 연유에 대해서는 알려진 내용이 없다. 고려 태조 3년인 서기 920년 왕명을 받은 도선국사가 청량사를 중창하고 원당을 건립한다. 원당은 죽은 자의 명복을 빌기 위해 세우는 사찰인데, 고려 때부터는 국가의 번영을 기원하거나 기타 여러 목적으로 지었다고 한다. 그 당시, 도선국사가 세운 원당은 고려의 번성을 기원할 목적으로 세워진 것이기에 고려 태조의 원당이라는 별칭이 생긴다. 이것이 화근이 되었는지 고려가 멸망한 조선 초기에는 이곳에 있던 태조의 원당이 조선 왕조에 의해 소각되고 만다. 원당이 소각되기 전까지 최소한 한두 차례 이상 절집이 확장되었고 절집 이름이 동학사로 바뀐 것은 서기 936년 무렵이라 한다. 여기에는 여러 가지 설이 있는데 절의 동쪽에 학 모양의 바위가 있기 때문에 동학사란 이름을 가졌다는 설도 있다.

❶ 동학사 동림당 풍경

❷ 동학사 초입 풍경

서기 1457년 조선 세조 3년 김시습과 뜻을 같이 하는 사람들이 모여 동학사에서 사육신 및 생육신의 초혼제를 지낸다. 이듬해 세조가 동학사에 와서 이런 풍경들을 접하고 크게 감동을 한다. 세조는 이미 이 무렵부터 단종에 대해 가책을 느끼고 있었나 보다. 세조는 동학사를 확장하도록 산림과 토지 등을 하사하고 동학사를 정식 사액한다. 그러나 1728년 사소한 부주의로 동학사는 불타 없어지고 지금의 동학사는 서기 1814년 금봉 월인스님이 옛 원당터에 새로 지은 실상암이 모태다. 실상암은 거듭 중창되고 절집 이름도 동학사로 바뀐다.

녹음이 우거진 여름날의 동학사 가는 길은 그윽하고 울창한 숲이 매력적이다. 매표소에서 20여 분을 걸으면 길상암과 미타암 등 동학사의 부속암자들을 만날 수 있다. 부속암자에서 조금 더 걸으면 동학사인데, 동학사는 비구니 강원이자 비구니 참선도량이기 때문에 답사할 수 있는 곳이 대웅전 정도라 할 수 있다. 작은 계단 위에 있는 동학사 대웅전은 마당 풍경과 함께 절제된 아름다움을 풍긴다. 대웅전을 한 바퀴 돌면 담장 너머의 비구니 강원을 볼 수 있고 이곳에서 수행중인 학인스님들을 먼발치에서 접할 수 있다. 동학사에서는 유독 학인스님들을 많이 볼 수 있는데 특히 경내 맞은편 계곡에서 밭을 갈고 있는 학인스님들을 흔히 접할 수 있다. 몹시 더운 여름날 열심히 일하는 학인스님들을 보노라면 왠지 중노릇이라는 것도 눈물겹도록 정겹게 느껴진다.

Information

☎ 계룡산 국립공원 관리사무소 ☎ (042) 825-3002~3 / 갑사 분소 ☎ (041) 857-5178 / 신원사 매표소 ☎ (041) 852-5040 / 동학사 종무소 ☎ (042) 825-2570

🚌 서울 남부터미널에서 갑사행 1일 4회 운행 / 동학사행 버스 대전역 · 유성에서 10분 간격 운행 / 갑사행 버스 공주에서 직행버스 운행, 공주 · 유성 충남대 앞에서 시내버스 / 갑사↔동학사 순환버스 / 신원사행 버스 공주에서 시내버스

⛺ 동학사 방면 동학산장 ☎ (042) 825-4301, 산수장 ☎ (042) 825-0022, 아그네스 ☎ (042) 825-8211 등
갑사 방면 유스호스텔 ☎ (041) 856-4666, 녹수장 ☎ (041) 857-9998, 황금산장 ☎ (041) 856-4660 등
신원사 방면 신원장여관 ☎ (041) 852-4405, 스위스모텔 ☎ (041) 734-3150, 솔밭가든민박 ☎ (041) 852-4386 등

★★☆ 중부내륙을 대표하는 운치 있는 사찰

공주 태화산 마곡사

공주 마곡사는 대한불교조계종 제6교구 본사로써 충남의 사찰을 관할할 뿐 아니라 이 지역에서 가장 운치 있는 사찰이다. '봄은 마곡사요, 가을은 갑사라.' 라는 말이 있듯 마곡사의 봄 경치는 진입로의 수려한 계곡과 함께 이 지역에서 가장 아름답다. 이런 마곡사는 공주에서 찾아가는 것이 빠르지만 천안이나 대전에서도 1시간 정도면 갈 수 있어 청춘남녀들의 데이트 코스로도 인기있다.

마곡사는 자장율사가 창건했다는 설과 보조국사 체징이 창건했다는 설이 있다. 서기 643년~847년 사이에 창건된 것으로 보이며 이후 도선국사와 보조국사 지눌에 의해 몇 차례 중건되었다. 임진왜란 때 몇몇 건물이 손상되었으며 보물 801호 대웅보전, 보물 802호 대광보전, 보물 800호 영산전은 임진왜란 이후에 재건되었다. 이중에 보물 801호 대웅보전은 마곡사를 대표하는 아름다운 건물이며 이에 못지않게 원나라 당시 들어온 라마교 양식의 탑인 보물 799호 마곡사 오층석탑도 매우 아름다운 탑이다.

마곡사 진입로의 계곡은 마곡사를 지나 태화산 중턱으로 연결되어 있다. 800m 구간의 진입로를 따라 펼쳐진 마곡사 계곡은 여름철 나들이를 겸해 탁족을 즐길 수 있는 계곡이다. 진입로를 거슬러 올라가면 해탈문과 천왕문을 지나 극락교가 나타난다. 극락교 밑의 잉어들은 알맞게 살이 올라 계곡 분위기와 잘 어울린다. 극락교 건너 가판대에서 잉어밥을 팔고 있으므로 어린 자녀와 직접 잉어밥을 줄 수 있다.

보물 800호 영산전은 극락교를 건너기 전 좌측에 보이는 건물로 가을 풍경이 제법 아름답다. 극락교를 건너면 바로 마곡사 대웅전 마당이 시작되는데 먼저 보이는 것이 마곡사 오층석탑이다. 높다란 석탑은 한눈에 봐도 라마교 양식임을 알 수 있기에 뭔가 색다른 느낌이 전해진다. 극락교와 오층석탑 사이에 심어져 있는 한 그루의 향나무는 흔히 백범김구 향나무라 하는데, 일본경찰을 피해 마곡사로 숨어든 시기에 백범김구가 직접 심은 나무라고 전한다.

❶ 라마교 양식의 마곡사 오층석탑
❷ 마곡사 계곡과 멀리 보이는 마곡사 극락교

마당 중앙에 있는 건물이 대광보전이고 옆으로 난 계단을 오르면 마곡사를 대표하는 대웅보전이 나타난다. 대웅보전은 2층 형태의 건축물로 좁은 계단 위에 세워져 있어 웅장함이 남다르다. 대웅보전 안을 들여다보니 겉모습과 달리 1층과 2층이 하나로 뚫린 형태이다.

마곡사 입구 주차장은 식당가가 넓게 포진되어 있고 마곡사 계곡을 따라 유원지 비슷한 민박집들이 즐비하게 형성되어 있다. 이곳에 있는 유원지 식당은 영화 '번지점프를 하다'의 비빔밥 장면을 촬영한 곳이기도 하다. 민박은 주차장 부근이나 마곡초등학교 방향 계곡가에서 선택할 수 있다.

공주 여행 지도

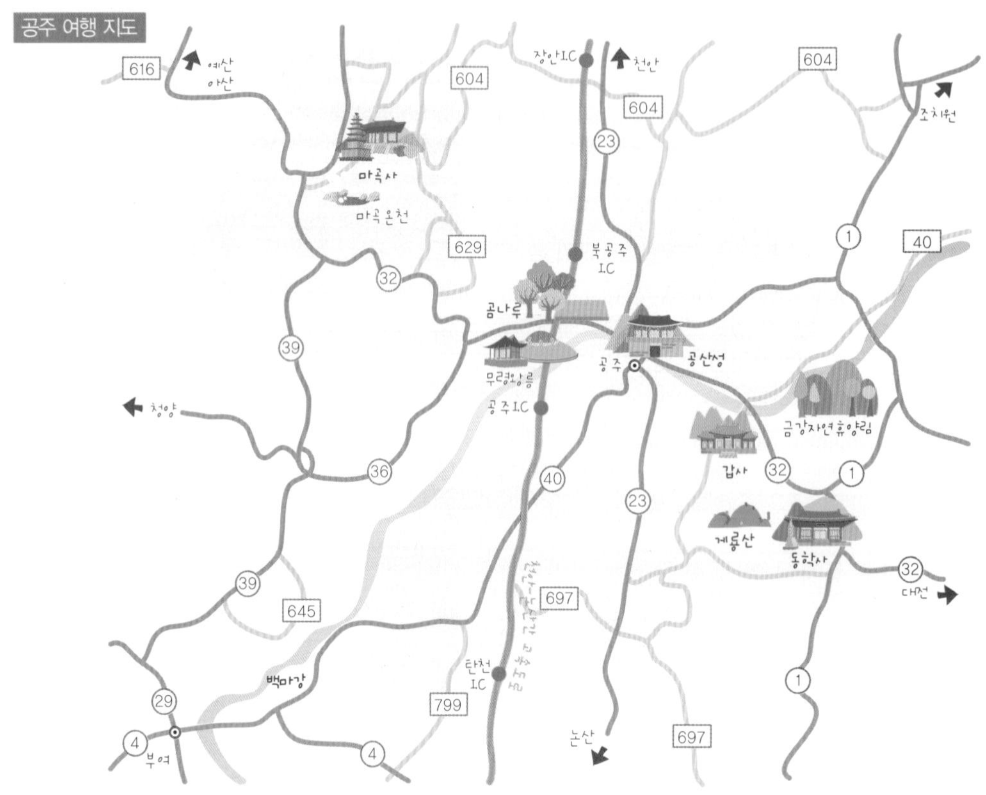

Information

- 마곡사 종무소 ☎ (041) 841-6220~3
- 공주 버스터미널에서 마곡사행 버스 40분 간격 운행, 공주 시내에서 택시 이용시 약 27km / 승용차 이용시 수도권 → 경부고속도로 → 천안 분기점 → 천안논산간 고속도로 → 정안 I.C → 604번 지방도 → 마곡사 / 천안에서 국도 이용시 천안 → 조치원 방면 1번 국도 → 행정에서 정안 방면 23번 국도 → 정안에서 마곡사 이정표 보고 진입 / 대전에서 국도 이용시 대전 → 공주 방면 32번 국도 → 공주 지난 후 사곡면 호계리에서 629번 지방도 → 마곡사
- 마곡사 주차장을 중심으로 약 100여 곳의 식당, 민박집 형성

백제 웅진시대의 도읍지

공주 공산산성

공주시내에 있는 공산성은 가을에도 아름답지만 특히 여름에 일품이다. 산성을 따라 걸어 오르면 천 년 전의 옛 백제인들의 체취가 석축 하나하나에 묻어 있는 듯 시원한 바람과 함께 코끝을 자극한다.

산성길은 잘 다듬어진 석축길과 다듬어지지 않은 황톳길이 있는데 초기의 공산성도 이와 비슷한 모습이었다고 한다. 서기 475년 백제 문주왕 원년에 한성에서 웅진(공주)으로 천도할 때 축성한 공산성은 이후 64년간 백제의 도읍지 역할을 한 요충지였다.

❶ 공산성 만하루 앞 연지

❷ 공산성 남문에 해당하는 진남루

공산성의 볼거리는 정문주차장에 있는 서문과 남문에 해당하는 진남루, 강변에 위치한 북문 공북루, 역시 강변에 위치한 만하루와 연지 등이 있다.

산성길을 시계 방향이든 반대 방향이든 한 바퀴 돌아가면 금강변에 있는 만하루나 북문 공북루에서 서로 만나게 된다. 만하루에 올라서 바라본 금강은 어떨까? 초가을이라 드높은 하늘 아래 강 건너에서 한가로이 낚시를 즐기는 사람들이 청명하게 눈에 들어온다.

만하루에서 보이는 영은사는 공산성 내에 있는 사찰로 조선 세조 때 창건된 사찰이다. 만하루와 영은사 사이에 있는 연지는 금강에서 물을 확보할 목적으로 만든 것이라 하는데 연지의 모양이 사각형인 것이 이채롭다. 연지와 영은사를 지나면 성 안의 평지에 있는 마을로 이동할 수 있다. 성 안의 평지 지대에는 지금도 몇 채의 민가들이 남아있는데 밭을 일구며 살아가는지 넓지 않은 산밭들이 여러 개 눈에 들어온다.

공산성 주차장에서 금강변으로 이동하면 옛날 다리인 금강교가 이어진다. 이 다리는 1933년 11월에 완성된 길이 513m의 옛 교각이다. 건설당시의 옛 정취가 물씬 풍기기 때문에 색다른 경험이 된다. 필자는 금강교를 여름에 한 번, 가을에 한 번 걸어 보았는데 여름철에 걷는 것이 더욱 운치있게 느껴졌다. 공산성 주차장 인근에는 유명 쌈밥집이 서너 군데 있으므로 여유있는 식사도 가능하다.

Information

- ☎ 공산성 매표소 ☎ (041) 856-0333
- 🚌 공주 시내에 위치, 시내버스 이용시 산성공원에서 하차
- ⛺ 공주관광호텔 ☎ (041) 855-4023 / 다래장 ☎ (041) 856-0046 / 크리스탈모텔 ☎ (041) 856-9101 외

천안 · 아산 · 예산

천안 독립기념관 / 천안 광덕산 · 광덕사 호두나무 / 천안 유관순열사 유적지 / 아산 현충사 /
아산 아산온천 스파비스 / 아산 외암리민속마을 / 예산 덕숭산 수덕사 / 그 밖의 아산 · 예산 유명 온천

★★☆ 자녀들을 위한 산 교육장

천안 독립기념관

▶ 광장에 우뚝 선 겨레의 탑

천안 독립기념관은 1982년 8월부터 민족의 정기를 되살리고자 하는 국민들의 염원을 모아 십시일반 성금으로 건립한 기념관이다. 1983년 천안시 목천면에 토목공사를 시작하여 1987년 8월 15일 120만 평 규모로 완공하였다. 이곳에는 우리민족의 국난극복사와 독립운동에 관한 방대한 자료와 그 발자취가 전시되어 있다.

제1전시관인 민족전통관을 필두로 제2전시관 근대민족운동관, 제3전시관 일제침략관, 제4전시관 3·1운동관, 제5전시관 독립전쟁관, 제6전시관 사회문화운동관, 제7전시관 대한민국임시정부관 등으로 구성되어 있다.

천안 독립기념관 정면에 우뚝 서 있는 높이 51m의 탑이 겨레의 탑이다. 그 뒤로 길이 126m, 너비 68m, 높이 45m의 기와집인 겨레의 집이 관람객을 반긴다. 겨레의 집은 수덕사 대웅전을 본떠 설계하였으며 그 크기가 중국 천안문보다 크기 때문에 기와집으로는 전 세계에서 가장 큰 규모로 알려져 있다.

독립기념관의 제1전시관인 민족전통관은 선사시대부터 조선시대까지의 우리민족 문화유산과 국난극복에 관련된 여러 자료를 전시하고 있다. 입구에 들어서면 눈앞에 바로 보이는 거대한 돌비석이 광개토대왕릉비를 그대로 재현한 것이다. 안으로 둘러보면 거북선 모형비가 관람객을 압도하고, 고대영토 입체지도는 물론 지금은 그 규모를 알 수 없는 신라사찰 황룡사지와 백제사찰 미륵사지 복원모형 등이 전시되고 있다.

1910년 국권상실 시기까지 벌어진 열강들의 약육강식 속에서 우리 민족을 지켜낸 민족운동 자료와 근대화 자료들을 전시하고 있는 제 2전시관을 비롯해 일제 치하에서 격동적으로 벌어진 우리 민

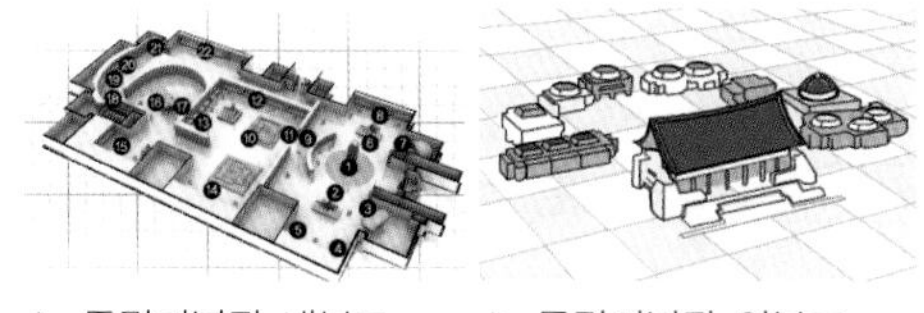

▶ 독립기념관 내부도　　▶ 독립기념관 외부도

족의 독립운동사를 일목요연하게 볼 수 있는 것이 독립기념관의 특징이다. 편의시설을 잘 갖추고 있어 2곳의 식당과 매점이 있고, 권위나 엄숙함보다는 국민과 친숙한 곳이 되고자 결혼식 장소로도 제공된다고 한다. 독립기념관은 초등학생 자녀 뿐 아니라 일반 성인들의 반나절 여행 코스로도 손색이 없다.

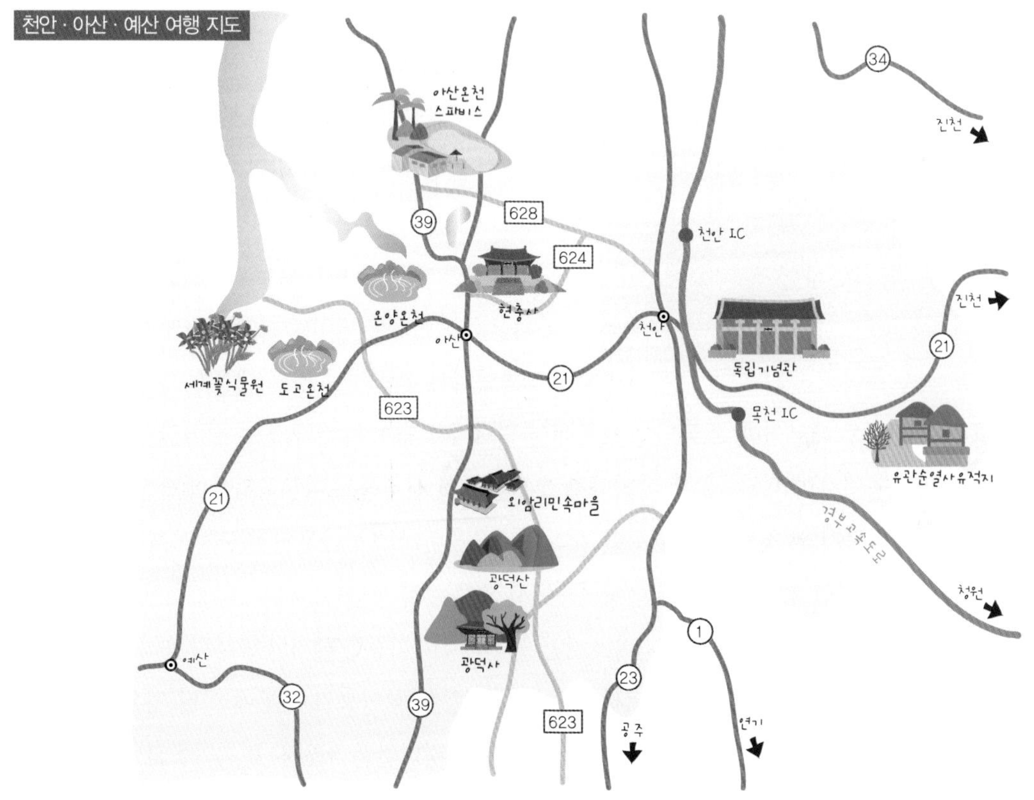

Information

☎ 일반 문의 ☎ (041) 560-0250~5, 결혼식 예약 문의 ☎ (041) 560-0251

- 천안역 및 천안터미널에서 독립기념관행 버스 수시 운행, 약 25분 소요
- 승용차 이용시 경부고속도로 목천 I.C에서 약 2km 지점에 위치 / 천안 시내에서 이동시 천안삼거리 방면에서 진천 방면 21번 국도 이용

매주 월요일 정기휴관, 단 상설전시관외 야외전시장 등은 개방 / 하절기 3~10월 오후 5시까지 입장 가능, 동절기 11~2월은 오후 4시까지 입장 가능

천안의 명물 호두과자

천안 광덕산 · 광덕사 호두나무

▶ 안개너머로 보이는 광덕산

천안시 광덕면 광덕리에 있는 해발 699m의 광덕산은 천안 시민들의 좋은 휴식처이다. 산보다는 사찰이 더 유명한 곳이기 때문에 광덕사라는 사찰을 답사하는 것도 좋은 방법이 된다.

광덕산계곡에 위치한 광덕사는 진덕여왕 6년 자장율사가 창건한 사찰로 한때 충청도에서 가장 큰 사찰이었지만 임진왜란 때 모두 전소되고 지금은 대웅전과 천불전이 재건되어 관광객들을 맞이하고 있다.

광덕사가 유명해진 것은 대웅전 입구에 있는 수령 400년 된 호두나무 때문이다. 호두나무 묘목이 우리나라에 들어온 후 최초로 심어진 곳이 바로 광덕사이기 때문에 광덕사의 호두나무는 우리나라 호두나무의 시조라고 나무학자들에게 알려져 있다. 호두과자가 천안 명물이 된 것도 따지고 보면 광덕사가 우리나라 호두나무의 원산지이기 때문이다.

광덕산 등산은 천안 광덕면에 위치한 광덕사에서 오르는 길과 반대편인 아산시 송악면 강당골에서 오르는 길이 있다. 둘 다 다소 가파르지만 초등학생 자녀들을 데리고 충분히 올라갈 수 있다.

타지에서 방문하는 사람들은 대개 광덕사 호두나무 때문에 찾아오기 때문에 이런 경우에는 천안에서 광덕사 방면으로 진입하는 것이 좋다. 이와 달리 아산 강당골은 외암리 민속마을과 송악저수지를 끼고 달릴 수 있기 때문에 가벼운 드라이브 코스로도 안성맞춤이다.

Information

☎ 광덕사 종무소 ☎ (041) 567-0050

- 광덕사행은 천안역 또는 천안버스터미널 앞에서 광덕사행 버스 각각 30분 간격 운행(61번 버스, 600번 좌석버스) / 강당골행은 온양온천역 앞에서 강당골행 버스 수시 운행
- 승용차 이용시 천안 시내 → 천안 삼거리 → 조치원 방면 1번 국도 → 풍세 → 629번 지방도 → 광덕산 광덕사 / 강당골로 이동시 온양에서 공주 · 유구 방면 39번 국도 → 송악 → 외암리 민속마을 → 강당골

갈재산장 ☎ (041) 567-4231, 광덕산 관광농원 ☎ (041) 567-0614 외 광덕계곡에 민박집 다수

삼월 하늘 가만히 우러러 보면 떠오르는

천안 유관순열사 유적지

▶ 유관순열사상

독립기념관과 연계해서 갈 수 있는 명소가 독립기념관에서 가까운 유관순열사 유적지가 있다. 흔히 유관순기념관으로 알려진 이곳은 유관순열사의 생가와 기념관으로 구성되어 있다. 독립기념관에서 진천 방면으로 21번 국도를 타고 달리면 유관순열사 고향인 병천이 나오고 유적지 이정표가 보인다.

1902년 병천면 용두리에서 태어난 유관순열사는 이화학당 재학중 삼일독립만세운동이 일어나자 고향에 귀향을 한다. 1919년 4월 1일(음력 3월 1일) 고향 아우내장터에서 만세운동을 일으켜 공주감옥에 투옥된 유관순은 그해 여름인 8월, 서대문 형무소로 이감된 뒤 일제의 악독한 고문에 못이겨 1920년 10월 12일 결국 옥중순국한다.

유관순유적지는 유관순기념관, 유관순사당, 유관순생가로 구성되어 있고 생가 건너편에는 유석 조병옥박사 생가가 있다. 매년 3월 31일에는 봉화제가 열리고 10월 12일에는 유관순열사 추모제가 거행되므로 이 기간에 맞춰 여행하는 것도 좋은 방법이다.

Information

☎ 천안시 사적관리소 ☎ (041) 550-2564

- 천안역 또는 터미널에서 직행, 좌석, 시내버스 각각 30분~40분 간격 운행(25분 소요)
- 승용차 이용시 독립기념관에서 진천 방면 21번 국도 약 6Km 지점 병천면에 위치

★★ 이순신 장군의 옛 집과 사당이 있는

아산 현충사

현충사는 아산시 염치읍 방화산에 위치하고 있다. 장군의 유년시절 자취가 남아있는 옛집과 활터 등이 있고 서기 1706년 숙종 32년에 세운 이충무공 사당이 있다. 사당은 이순신 장군의 영정을 모시고 있고 150평 규모의 유물관은 국보 제76호 난중일기, 보물 제326호 장검과 거북선 모형 등을 전시하고 있다. 1932년 한차례 중건이 있었고 현충사 일대가 본격적으로 성역화 된 것은 1966년 무렵의 일이다. 현충사란 이름은 1707년 숙종이 직접 사액한 것이다.

현충사 경내는 넓은 녹지와 연못이 아름답게 단장되어 가족 나들이는 물론 데이트 코스로도 안성맞춤이다. 입구 주차장은 인라인 스케이트를 탈 수 있을 정도로 깨끗하게 잘 정돈되어 있다. 온양온천과 아산 스파비스가 바로 인접해 있기 때문에 온천욕과 연계관광을 하는 것도 좋다.

Information

☎ 현충사 ☎ (041) 539-4605 / 매주 화요일 정기휴관

- 천안에서 현충사 경유 온양행 시내버스 10분 간격 운행, 온양온천역 또는 온양터미널에서 현충사행 버스 수시 운행
- 승용차 이용시 경부고속도로 천안 I.C → 온양 방면 21번 국도 → 온양온천 → 39번 국도 → 충무교 → 624번 지방도 → 현충사 / 서해안고속도로 서평택 I.C → 안중 → 아산 방면 39번 국도 → 624번 지방도 → 현충사

눈 내리면 더 운치있는 동양최대 테마온천

아산 아산온천 스파비스

수도권에 인접한 온천장 중에서 가볼만한 곳이 아산온천지구에 있는 아산 스파비스 온천이다. 아산 지역의 온천은 지하 암반 700미터에서 생성된 온천수로 게르마늄을 비롯하여 인체에 유익한 20여 가지의 다양한 광물질을 함유한 알카리성 중탄산나트륨 온천이다. 아산온천지구에 있는 아산 스파비스는 온천수를 이용해 수치료가 가능하다는 바데풀, 사계절 내내 즐길 수 있는 실외온천풀, 수압과 아로마 마사지를 받을 수 있는 가족탕이 구비된 웰빙 테마파크형 온천이다.

스파비스에서 눈에 띄는 것은 한의학 처방에 의한 온천욕을 즐길 수 있도록 사상체질 검사실과 건강을 체크할 수 있는 건강나눔 클리닉 서비스 등이 있다. 또한 참숯탕, 백연탕, 국화탕 등 다양하게 시도되는 아이템 탕들이 호기심을 자아낸다. 여름철에는 지중해풍의 야외수영장이 젊은층에게 인기있고 겨울철에는 눈썰매장이 자녀들과 함께 즐기기에 그만이다.

이용 요금은 정상입장권이 어른 약 15,000원으로 여름 피크철(7월 17일~8월 22일)에는 5,000원 정도 가격이 상승한다고 한다. 대욕장만 이용할 경우에는 7,000원 안팎의 저렴한 비용으로 온천욕을 즐길 수 있다.

❶ 겨울에 더 멋진 스파비스 전경
❷ 실내의 이벤트 탕
❸ 새롭게 개장된 눈썰매장

Information

- 아산 스파비스 ☎ (041) 539-2000
- 승용차 이용시 경부고속도로 천안 I.C → 천안종합운동장 → 628번 지방도 → 음봉 → 아산온천 관광단지 / 서해안고속도로 송악 I.C → 삽교천 → 아산온천 관광단지 / 서해안고속도로 서평택 I.C → 아산만 → 아산온천 관광단지
- 아산온천호텔 ☎ (041) 541-5526, 레드하우스모텔 ☎ (041) 541-6333, 리베라모텔 ☎ (041) 543-0567 등
- 패키지 당일 여행, 서울 덕수궁 앞(09:00) 반포뉴타운 앞(09:30)에 출발, 예약문의 보군여행사 ☎ (02) 2277-5425

아산에서 만나는 조선시대의 자취

아산 외암리민속마을

아산 시내에서 광덕산 혹은 설화산 방면으로 진입하면 아산 외암리마을을 만날 수 있다. 외암이라는 마을이름은 외암리 서쪽에 있는 역말(역말은 말을 갈아타기 위해 말을 준비해 두는 곳이다)과 관련이 있을 것으로 추측된다. 조선 초에 이미 시흥역이 있었고, 외암마을은 이 시흥역의 말을 거두어 먹이던 곳이라 오양골이라고 불렀다 하는데, 이 오야에서 외암이라는 마을명이 유래한 것으로 추측하고 있다.

이곳의 주택들은 전체적으로 조선시대 건축물이라 할 수 있는데 대부분의 주택에서 현재도 사람이 살고 있다. 비교적 잘 보존된 주택은 기와집 20여 채와 30여 채의 초가집들로 돌이끼가 낀 돌담을 따라 고즈넉한 분위기를 연출한다. 예전부터 삼다마을이라 하여 돌, 시종, 예안 이씨가 많았다고 하는데 곳곳에 보이는 돌담들이 근처에 돌이 많았음을 입증하는 것 같다. 아산에서 온천욕을 즐긴 후 잠시 둘러보는 코스로 알려졌지만 지금은 초가집 형태의 민박 시설이 구비되면서 각종 농촌생활을 체험할 수 있는 팜스테이와 더불어 인기가 상승중이다.

Information

아산 온양온천역에서 강당골행 시내버스 1일 8회 운행, 외암리 입구에서 하차/ 승용차 이용시 경부고속도로 → 천안 I.C → 아산 방면 국도 21번 → 아산 시내 신도리코앞 사거리 → 읍내동 사거리 → 공주 · 유구 방면 국도 39번 → 송악 → 외암 민속마을

외암리 초가집 민박 문의 ☎ (041) 541-0848
외암 팜스테이 문의 마을관리소 ☎ (041) 544-8290

사찰 답사와 가벼운 산행에 알맞은

예산 덕숭산 수덕사

충남 예산의 대표 사찰인 덕숭산 수덕사는 백제 사찰 중 유일하게 현존하는 사찰이며 인접한 덕산온천과 함께 둘러볼 수 있는 가족여행지로 인기가 있다.

백제 위덕왕(서기 554~597) 때 창건된 것으로 보이는 수덕사는 고려 공민왕 때 나옹화상이 중건하고, 서기 1865년 고종 2년에 만공선사가 중창하였다. 우리나라 선종의 전파에 이바지한 수덕사는 조계종 5대 총림이자 선지종찰로 인정받아 이를 증명하듯 참선수행도량인 덕숭총림이 설립되어 산

❶ 국보 제49호로 지정된 수덕사 대웅전
❷ 만공스님이 조성한 수덕사 관음석불입상

하에 정혜사 능인선원, 개심사 보현선원, 향천사 천불선원이 있고 비구니선원으로는 견성암선원과 보덕사 선원이 있다. 주차장에 차를 세우고 수덕사로 발길을 돌리면 먼저 보이는 것이 깨끗하게 정돈된 상가지역이다. ㄴ자 형태의 상가지역을 지나면 덕숭산 자락의 낮은 구릉에 위치한 수덕사로 올라가는 진입로가 시작된다. 수덕사는 나들이 장소로도 인기가 있기 때문에 주말에는 인근 천안 등에서 찾아온 가족 단위의 행락객들을 많이 볼 수 있다.

일주문과 금강금, 사천왕문을 지나면 대웅전을 보호할 목적으로 세워진 황하정루라는 거대한 2층 누각이 나온다. 이 누각의 지하에는 박물관인 근역성보관이 있는데, 이 박물관에는 백제시제부터 시작된 충청도 지역 불교의 변화 과정을 살펴볼 수 있는 불교문화재 600여 점이 소장 전시되고 있다. 황하정루를 지나면 불국사에서 접한 것과 같은 석축 위에 대웅전이 위치하고 있다. 국보 제49호로 지정되어 있는 수덕사 대웅전은 서기 1308년 고려 충렬왕 때 건축된 것으로 정면 3칸 측면 4칸의 맞배지붕과 주심포 계풍의 건물이다. 원래 수덕사에는 보물급 벽화가 많았지만 대부분 6.25 전쟁 때 소실되어 지금은 그 흔적을 찾아볼 수 없다.

수덕사에는 정혜사, 전월사, 금선대, 향운각, 소림초당, 견성암, 환희대, 만월당, 선수암, 운수암, 극락암 등의 부속암자가 있는데 1080 계단을 올라 정혜사까지 갔다 오는 것이 수덕사 답사의 기본 코스이다. 1080 계단을 따라 산길을 오르면 향운각을 만날 수 있는데 1939년 만공스님이 지은 이 암자는 그 초입에 거대한 관음석불입상(觀音石佛立像)이 있다. 그리 오래된 불상이 아니지만 일제시대 당시 고승으로 유명한 만공스님이 직접 조성한 불상이라 한다. 여기서 다시 산길을 오르면 제자들이 만공스님을 추모하기 위하여 세운 만공탑을 지나 만공스님이 입적한 정혜사에 도착한다. 정혜사는 수덕사 창건당시인 599년 지명법사가 창건한 사찰로 알려져 있지만 정확한 것은 아니다. 현재의 정혜사는 수덕사의 부석암자이자 능인선원으로 스님들의 정진도량으로 사용되고 있다.

수덕사 경내에서 정혜사까지 연결된 1080 계단은 대략 30분이 소요되는 제법 가파른 산길이다. 정혜사에서 해발 495m의 덕숭산 정상까지도 다시 30분가량이 소요되는 산길이지만 등산로가 잘 닦여있어 자녀들과 함께 오를 수 있다. 수덕사에서 오르는 덕숭산은 왕복 2시간가량이 소요되는 짧은 코스이기 때문에 가벼운 등산 코스로도 안성맞춤이다.

덕숭산 등산 코스

수덕사 → 정혜사 → 덕숭산정상 → 정혜사 → 수덕사 (왕복 6km, 2시간)

▶ 이응로선생 사적지로 지정된 수덕여관

수덕사 입구 매표소 왼쪽으로 낡은 초가집 한 채가 보인다. 간판을 보니 수덕여관이라고 적혀있다. 헌데 자세히 들여다보니 여관이라기보다는 옛날에나 있었던 주막 같은 분위기이다. 이 여관은 해방 후부터 현재까지 문짝 하나 고치지 않고 옛 모습 그대로를 고수해 왔다고 하는데, 이 수덕여관은 예산출신으로 세계 화단에서 각광받았던 현대 한국화의 거장 고암 이응노 화백이 머물렀던 곳으로 유명하다.

예산 주변 여행 지도

맛집

수덕사 식당가 우리식당 – 더덕구이 정식 ★★☆

수덕사 앞 식당가에서 맛 볼 수 있는 유명 먹거리로는 더덕구이가 알려져 있다. 필자가 맛 본 우리식당의 더덕구이 정식은 서울식의 깔끔한 스타일인 동시에 젊은이들의 구미에 맞게 요즘식 한정식 차림이다. 더덕구이와 함께 내온 기본 찬은 절반가량이 겉절이 종류다. 버터에 구운 송이구이, 겉절이, 더덕구이, 된장찌개가 입맛을 돋우니 식사가 아무래도 꿀맛이다.

[문의] 우리식당 ☎ (041) 337-6031

Information

수덕사 종무소 ☎ (041) 337-6565 / 덕산도립공원 관리사무소 ☎ (041) 338-6112

- 서울 남부 또는 대전 서부, 동부터미널에서 예산행 직행 버스 이용, 예산터미널에서 수덕사행 버스 1일 10회 운행
- 경부고속도로 천안 I · C → 아산 방면 국도 21번 → 예산 → 서산 방면 국도 45번 → 622번 지방도 → 수덕사 / 서해안 고속도로 당진 I · C → 32번 국도 → 합덕 → 622번 609번 지방도 → 덕산 → 45번 국도 · 622번 지방도 → 수덕사

덕산온천관광호텔 ☎ (041) 338-5000, 가야관광호텔 ☎ (041) 337-0101

그 밖의 아산 · 예산 유명 온천

아산 도고온천

아산에서 서쪽 15km 지점에 위치한 도고온천은 신라시대부터 약수로 이름난 곳이라 한다. 현재의 온천은 약 200여 년 전에서 개발된 것으로 일제 때 일본인들에 의해 확장되었다. 25도의 수온을 유지하는 냉광천의 수질은 유황천 종류로 동양 4대 유황온천으로 알려져 있다. 흔히 신경통이나 피부병, 위장병, 관절염, 류마티즘, 부인병, 당뇨병, 생식기 질환, 소화기질환, 피부미용에 특효가 있다고 알려져 있다.

도고온천지구에는 호텔급 숙박시설 2곳과 2개의 콘도시설, 여관 및 모텔이 형성되어 있고, 온천장은 대중탕과 사우나탕, 유수풀장 등이 마련되어 있다. 근처 연계 관광지로는 옹기마을, 도고저수지, 아산 세계꽃식물원 등이 있다.

예산 덕산온천, 예당저수지

덕산온천은 약 600여 년 전부터 온천의 존재가 알려진 곳으로 이 온천이 본격적으로 개발된 것은 1917년 일본인에 의해서다. 수질은 게르마늄 성분이 포함된 약알카리성 중탄산나트륨으로 49도 안팎의 온도를 유지하고 있다. 덕산온천의 성분은 근육통, 관절염, 신경통, 피로회복, 만성염증, 중풍, 담석증 등에 탁월한 효능이 있다고 한다.

덕산온천지구의 숙박시설로는 호텔 3곳, 여관 및 모텔 50여 곳이 있고 온천장은 7개소가 있다. 근처 연계관광지로는 덕숭산 수덕사를 비롯해 이 지역 학생들의 봄 소풍 명소이자 전국에서 가장 큰 낚시터로 알려진 예당저수지가 있다.

Information

☎ 아산 세계꽃식물원 ☎ (041) 544-0746

- [도고온천] 아산터미널에서 도고온천행 시내버스 수시 운행 / 세계꽃식물원은 도고온천역에서 택시 이용시 약 1.5km 지점에 위치, 기본요금 거리 / 승용차 이용시 경부고속도로 천안 I · C → 아산 방면 국도 21번 → 아산 → 도고온천 / 세계꽃식물원으로 이동할 경우 21번 국도에서 도고온천으로 진입하지 않고 예산 방면으로 약 3km 가량 직진 후 덕원프라자에서 세계꽃식물원 이정표 보고 진입
- [덕산온천] 승용차 이용시 경부고속도로 천안 I · C → 아산 · 예산 방면 국도 21번 → 예산 → 덕산온천

청양 · 부여 · 논산

청양 칠갑산 장곡사 / 청양 칠갑산 도립공원 / 부여 낙화암 · 고란사 · 부소산성 / 부여 정림사지 오층석탑 / 부여 궁남지 /
그 밖의 부여 여행지 / 부여 만수산 무량사 / 논산 관촉사은진미륵 / 그 밖의 논산 여행지

청양 칠갑산 장곡사

❶ 장곡사 상대웅전으로 올라가는 계단
❷ 칠갑산 등산로에서 바라본 장곡사 전경

칠갑산 장곡사하면 떠오르는 것이 흔치 않게 대웅전이 두 곳이나 있는 사찰이란 점이다. 경내에 2점의 국보와 4점의 보물이 있지만 장곡사에는 그 흔한 석탑이 눈에 보이지 않는 것도 색다르다. 장곡사의 대웅전은 상대웅전과 하대웅전으로 나누어져 있는데 이 수수께끼를 아는지 모르는지 사찰 풍경은 소박하기 그지없다.

서기 850년 신라 문성왕 12년에 보조국사 지눌이 창건한 장곡사는 모든 내력이 비밀에 묻혀있다. 후대 사람이 밝혀낸 것이라고는 상대웅전이 고려시대에 건축된 후 조선 중기에 보수되었다는 것과 하대웅전이 그 비슷한 시기에 건립되었다는 추정뿐이다. 이 두 대웅전은 각기 보물 제162호와 제181호로 지정되어 있다.

ㅁ자 형태의 장곡사 경내는 전체적으로 작은 민가를 연상케 해 소박하기 그지없다. 경사가 급한 사면에 위치한 덕에 하대웅전을 구경한 후 상대웅전으로 이동하려면 돌계단을 한 번 올라야 한다. 상대웅전에는 국보 제58호인 철조약사여래좌상부석조대좌와 보물 제174호 철조비로자나불좌상부석조대좌가 안치되어 있다. 상대웅전에서 마주보이는 방향에는 칠갑산으로 오르는 등산로가 있고 등산로 앞에는 다원과 삼성각으로 오르는 계단이 있다.

장곡사에서 흘러내리는 계곡물과 칠갑산 언저리에서 흘러내린 계곡물은 장곡사 입구 마을인 장곡리에서 일명 까치내 지천구곡으로 합류한 후 금강으로 흐른다. 까치내의 깊은 골짜기를 보노라면 칠갑산이 해발 561m에 불과한 산이지만 산과 골이 매우 깊다는 것을 알 수 있다. 이 때문인지 바위많은 계룡산을 좋아하는 사람도 많지만 숲이 우거진 칠갑산을 좋아하는 사람들도 제법 많다. 피서철에는 이곳 지류를 따라 여름피서를 즐기는 사람들을 볼 수 있는데 주로 까치네 일대가 붐빈다.

청양 여행 지도

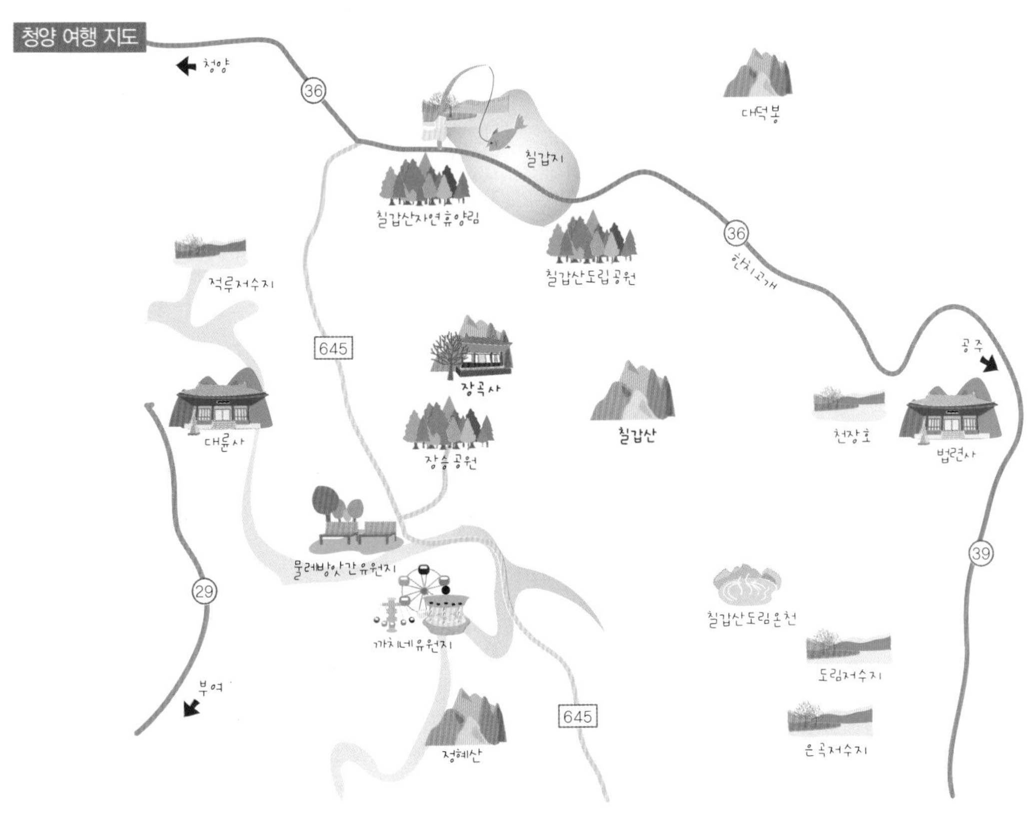

Information

- 장곡사 종무소 ☎ (041) 942-6769
- • 서울 남부, 서울 동서울, 대전, 부여 등에서 청양행 직행버스 수시 운행 / 청양에서 지천행 시내버스 1일 8회 운행, 장곡리 입구에서 하차 후 도보 이동
  • 승용차 이용시 천안논산간 고속도로 탄천 I.C → 40번 국도 → 625번 지방도 → 645번 지방도 → 칠갑산 장곡사 입구 / 서해안 고속도로 대천 I.C → 보령 → 청양 → 공주 방면 → 장곡사
- 장곡리 장곡산장 ☎ (041) 943-0661 / 장곡사 입구인 장곡리에 민박집 다수
- 칠갑산 순환버스 청양 시내버스터미널에서 운행(08:10, 12:40, 15:20), 문의 ☎ (041) 942-2788

★★ 계룡산이 부럽지 않은 충남 명산

청양 칠갑산 도립공원

▶ 아늑하게 보이는 칠갑산 능선 풍경

▶ 칠갑산 자연휴양림

해발 561m의 칠갑산은 숲이 울창하고 산세가 거칠어 예전에는 칠악산이라 불렸다. 그러다가 7개의 계곡이 있다하여 칠갑산으로 고쳐 불렀다는 설이 있고 풍수지리적으로 일곱 장수가 태어날 7개의 명당이 있다하여 칠갑산이라 부른다는 이야기도 전해 오고 있다.

계룡산에 비할 바는 아니지만 풍수지리적으로 꽤 명당자리에 해당하는 칠갑산은 겨울철 설경이 아름답기 때문에 충남의 알프스라는 별명이 있다. 칠갑산 정상에 서면 말 그대로 7개의 지류로 나누어진 능선의 파노라마가 수려하게 펼쳐진다. 이 산의 능선은 오밀조밀하다 못해 복잡할 지경인데 이로 인해 해발 561m에 불과한 산에 참으로 깊숙한 골짜기가 형성되어 있다.

칠갑산 등산 코스

1. 장곡사 코스

장곡사 → 정상 (왕복 6km, 2시간 40분, 장곡리에서 사찰까지 도보시 1시간 30분 추가)

2. 한치고개 코스

한치고개 → 432봉 → 정상 → 장곡사 → 주차장(종주 6km, 2시간 30분)

3. 자연휴양림 코스

휴양림 → 395봉 → 장곡사 → 정상 (왕복 13km, 6시간 30분)

Information

☎ 칠갑산 관리사무소 ☎ (041) 940-2530 / 칠갑산 자연휴양림 ☎ (041) 943-4510

🚌 청양에서 공주, 대전방면 직행버스 탑승후 칠갑산 한치고개에서 하차 / 청양에서 지천행 시내버스 1일 8회 운행, 장곡리 입구에서 하차 후 도보 이동 / 그 외 교통편은 장곡사 교통편 참고

백제왕국의 마지막 보루 

부여 낙화암 · 고란사 · 부소산성

족히 20여 년 전만 해도 대전에서 논산을 지나 부여 가는 길은 넓고 평화로운 들녘이 융단처럼 펼쳐진 곳이었다. 거미줄 같은 도로가 놓이면서 이런 정서가 많이 사라졌지만 지금도 부여 가는 길은 상당히 아름답다.

부여는 그리 크지도 않고 작지도 않은 아담한 도시이다. 가을 낙엽이 푸른 하늘에 아름답게 흩어지는 날이면 부여 여행을 무작정 떠나봄이 어떨까? 백마강 푸른 물결과 부소산성이 여러분을 기다리고 있다.

▶ 제3회 아름다운 숲으로 선정된 부소산성 숲

부여 여행 중 첫손가락에 드는 여행지는 아무래도 해발 106m의 부소산 자락에 있는 부소산성이다. 부소산성의 볼거리로는 의자왕 때 삼천궁녀가 뛰어내린 낙화암과 고란약수로 유명한 고란사가 있다.

부소산성의 정문은 구문매표소가 있는 옛 정문과 넓은 주차장을 갖추고 있는 새 정문으로 나누어져 있다. 그런데 옛 정문이나 새 정문이나 마찬가지다. 구문매표소로 입장한 후 삼충사 방면으로 걸어가면 바로 새 정문이 나오기 때문이다. 부소산성 답사는 매표소에서 시계 반대 방향으로 한 바퀴 돌아보면서 낙화암으로 이동하는 것이 가장 좋은 답사 방법이다.

부소산성 새 정문 주차장에 차를 세우고 식당가를 둘러보니 소풍나온 초등학생들이 부산하게 도시락을 까먹고 있다. 요즘 아이들의 도시락 풍경은 386세대들은 구경도 못한 푸짐한 먹거리로 가득하다. 도시락에 눈치를 주며 오르다 보니 못난 어른이란 생각이 들어 헛웃음 한 번 짓고 바쁘게 발걸음을 재촉한다. 부소산성 새 정문은 사비문이라 불리는데 사비문에서 입장한 부소산성은 깨끗하고 아담하게 잘 정화되어 있다. 무엇보다 나무들이 키가 크고 숲이 아름답고 울창하다. 부소산성 숲은 2002년 제3회 아름다운 숲 대회 때 선정된 숲이기도 하지만 직접 걸어보면 삼림욕하기에도 너무 아늑하고 정겹다.

부소산성은 부여 시내 북쪽을 휘감아 도는 백마강 남쪽 기슭에 있다. 사비시대 도성으로 사비성 또는 소부리성이라 불리다 지금은 부소산성이라 부른다. 서기 538년 지금의 공주인 웅진에서 사비(부여)로 수도를 옮길 무렵 쌓은 이 성은 그 이전부터 이미 방어식 성곽이 축성되어 있었다고 한다. 사비문에서 답사를 시작, 시계 반대 방향으로 이동하면 순서대로 삼충사, 영일루, 군창지,

사자루, 낙화암, 고란사로 이동할 수 있다. 고란사에 도착하면 유람선을 타고 빠져나올 수 있는데 이렇게 하면 부소산성을 한 바퀴 도는 셈이 된다.

사비문에서 고란사까지는 대략 2.3km 거리로 삼림욕 코스로 손색이 없다. 해발 106m의 작은 산이므로 산책로는 그리 힘들지 않다. 만일 걷는 것이 싫다면 구드래 나루터에서 유람선을 타고 고란사 선착장으로 바로 이동하는 것이 좋다.

삼충사 매점을 그냥 지나쳤지만 영일루에 도착하니 슬슬 배가 고프다. 영일루 앞 매점에서 파전을 시키니 동동주 한잔이 간절하던 차에 이 지역 명물주인 고란생주까지 필자를 유혹한다. 하지만 잠시 후면 운전을 해야 하기 때문에 애써 꾹 참고 커피로 군침을 넘긴다. 배가 부르니 맘이 여유로워진다. 삼림욕을 겸해 유유히 걸어가니 부소산 정상인 사자루에 도착한다. 중간에 궁녀사를 들릴 수 있는데, 궁녀사는 삼천궁녀의 사당을 말한다. 사자루가 있는 장소가 바로 부소산의 정상이지만 숲이 울창해 전망이 그다지 좋지는 않다.

❶ 고란약수에서 만난 아이들과 선생님

❷ 고란사 풍경

사자루를 돌아나온 뒤 낙화암 방면으로 이동을 하니 바로 내리막길이 시작된다. 계단을 따라 내려오면 먼저 보이는 것이 백화정이라는 작은 누각이다. 백화정은 낙화암에서 뛰어내린 삼천궁녀를 추모하기 위해 1929년에 지은 육각정자다. 정자를 내려와 낙화암 위에 서 보니 눈앞이 아찔할 정도로 까마득한 벼랑이다. 이곳에서 삼천궁녀가 뛰어내린 것이 과장된 이야기라 해도 낙화암의 원래 이름이 '타사암'이었다는 것을 기억해보자. 타인에 떠밀리면 어쩔 수 없이 추락사한다는 것인데 다행히도 튼튼한 난간이 잘 설치되어 있다.

낙화암에서 내려다본 백마강은 실로 눈앞이 까마득할 정도로 아찔할 풍경이다. 자연스럽게 삼천궁녀의 모습이 떠오른다. 소풍 나온 아이들과 달리 어른들은 대개 낙화암에서 5분가량 서있기 마련이다. 절절한 마음이 들어서일까? 여행자의 마음과 달리 백마강은 말없이 유유하게 흐르고 있다.

낙화암을 돌아나와 고란사로 내려가 본다. 계단을 3분가량 내려가면 바로 고란사 경내가 시작된다. 고란사는 낙화암 밑 백마강 강변에 위치한 백제사찰로 원래 사찰 자리에는 백제왕이 휴식을 취하는 작은 정자가 있었다고 한다.

고란사 명물은 대웅전 뒤에 있는 고란정(皐蘭井)이란 약수이다. 바위 틈에서 고란초(皐蘭草)라는 식물이 자랐지만 대부분 멸종되었고 그 대신 이곳 약수는 고란약수라 하여 전국적인 유명세를 타고 있다. 전설에 의하면 원효대사가 백마강 하류에서 강물을 떠먹고 물맛이 하도 좋아 상류에 진기한 약초가 있음을 알고 약수를 찾아 강을 거슬러 올라오니 고란약수가 있었다고 한다. 백제왕들은 고란약수를 즐겨마셨는데 특히 의자왕이 즐겨마셨다고 한다. 의자왕은 고란약수에 고란초를 띄어 가져오도록 하여 진짜 약수인지 확인을 했다.

고란약수에는 원효대사 이야기 외에도 또 다른 전설이 전해진다. 어느 마을에 금실좋은 노인 부부가 있었는데 이들 부부에게는 자식이 없어 할머니가 매일 한탄하면서 한번 회춘하여 자식을 갖기를 소원했다. 그러던 어느 날 할머니는 금성산 도사에게서 고란약수의 놀라운 효험을 듣고 다음날 새벽 할아버지를 보내 고란약수를 마시게 한다. 하루 종일 돌아오지 않자 다음날 할머니가 직접 그 약수터를 찾아가니 할아버지는 간데없고 웬 갓난아이가 남편 옷을 입고 누워있더라는 것이다. 그제야 할머니는 아차 하는 생각이 들었다. 약수 한 잔에 3년이 젊어진다고 했는데 남편에게는 미처 그 이야기를 하지 않았던 것이다. 한 잔에 3년씩 젊어진다기에 필자 역시 다른 관광객들과 마찬가지로 여러 잔을 마셔본다.

고란사를 나와 선착장에서 유람선을 탄다. 유람선을 타지 않으면 왔던 길을 되돌아가야 한다. 유람선 이용료는 성인 2천 원, 어린이 1천 원 안팎이다. 유람선에 오르자 안내방송이 들리고 잠시 뒤 '꿈꾸는 백마강' 이라는 가요가 들린다.

▶ 낙화암 절벽을 지나는 고란사행 유람선

백마강 달밤에 물새가 울어
잃어버린 옛날이 애달프구나
저어라 사공아 일엽편주 두둥실
낙화암 그늘 아래 울어나 보자

고란사 종소리 사무치는데
구곡간장 올올이 찢어지는 듯
누구라 알리요 백마강 탄식을
깨어진 달빛만 옛날 같으리

구슬픈 노래를 배경으로 낙화암을 돌아보니 가슴이 답답해온다. 화려했던 백제 왕국의 종말을 같이 한 낙화암. 백제의 멸망을 직접 보는 것처럼 가슴이 더욱 아프게 저며 온다.

유람선은 고란사 선착장에서 크게 선회하여 방향을 바꿔 구드래 선착장을 향해 달린다. 구드래 선착장에서 정문 주차장까지는 도보 약 10분 거리다. 근처에는 구드래 조각공원 등의 볼거리가 있고 도중에 구드래 돌쌈밥집이란 맛집도 들릴 수 있다.

맛집

구드래 돌쌈밥 – 쌈밥정식 ★★★

구드래 돌쌈밥집에서 가장 인기 있는 메뉴는 쌈밥정식이란 음식이다. 반찬은 대체로 평범하지만 푸짐한 쌈거리가 인상적이다. 이 집의 음식 맛은 돌솥밥과 편육에서 판가름 나는데 이 두 가지 맛이 훌륭하다. 먼저, 돌솥밥에 오른 계란 노른자를 잘 비빈 뒤 밥을 한술 뜬다. 부드러운 미각이 입 안에서 요동칠 무렵 편육을 쌈에 싸서 먹어보자. 고소한 편육 맛이 입 안에 남아있던 돌쌈밥 맛과 결합하면서 기막힌 맛이 탄생한다.

[문의] 구드래 돌쌈밥 ☎ (041) 836-9259

개성식당 – 한정식

개성식당은 부여에서 40년 된 유명한 음식점이다. 한정식은 1인분이 약 8천 원으로 15~20여 가지 반찬이 골고루 올라온다. 장조림, 우렁된장, 꽃게장, 편육이 기본으로 올라오는데 돼지고기와 함께 개성음식에서 빠질 수 없는 새우젓도 등장한다.

맛은 전반적으로 담백하고 깔끔하다. 서울식의 깔끔한 반찬을 좋아하는 사람이라면 이 집이 제격일 것 같다. 한정식 외에 불고기, 홍어찌개, 꽃게장 메뉴가 있다.

[문의] 개성식당 ☎ (041) 835-2103

Information

☎ 부소산성 관리사무소 ☎ (041) 830-2512

부여터미널에서 부소산성까지는 도보 15~20분 거리, 택시 이용시 기본 요금 거리 / 승용차 이용 수도권에서 출발할 경우 경부고속도로 → 천안분기점 → 논산천안간 고속도로 → 서논산 I.C → 4번 국도 → 부여 → 부소산성 / 호남권에서 출발할 경우 서해안 고속도로 대천 I.C 또는 서천 I.C로 나온 후 부여로 이동 / 영남권에서 출발할 경우 경부고속도로 → 대전 비룡분기점 → 호남고속도로 → 논산분기점 → 논산천안간 고속도로 → 서논산 I.C → 4번 국도 → 부여 → 부소산성

부여 시내 크리스탈 모텔 ☎ (041) 835-1717 / 코리아장 ☎ (041) 835-2101 / 프린스장 ☎ (041) 834-4932 외 숙박시설 다수

★★ 백제인의 기품이 느껴지는

부여 정림사지 오층석탑

❶ 국보 제9호 정림사지 오층석탑
❷ 보물 제108호 정림사지 석불좌상

국보 제9호인 정림사지 오층석탑은 부여시내 옛 정림사 터에 있다. 발굴 기록에 의하면 옛 정림사는 고려 초기 사찰로 보이지만 그 이전에 이름을 알 수 없는 백제 사찰이 이곳에 있었던 것으로 추측하고 있다. 옛 정림사는 강당과 금당, 중문이 일직선으로 놓여 있고 회랑이 있었던 것으로 보인다.

창건 연대가 불확실한 옛 정림사와 달리 절터 중앙에 있는 정림사지 오층석탑은 백제탑으로 인정된다. 이 오층석탑에는 백제 멸망 당시 당나라 소정방의 업적을 기리는 글귀가 1층 몸쳇돌에 새겨져 있기 때문이다. 탑의 높이는 8.33m이고 밑면 지대석의 한 변 길이는 3.75m, 재질은 화강암이고 사용된 돌은 모두 149장이다. 전반적으로 웅장하기도 하지만 온화하고 부드러운 기품이 잘 느껴진다.

강당지 자리에는 현재 복원된 강당이 있고 그 안에 보물 제108호 정림사지 석불좌상이 있다. 이 석불좌상은 고려 초 정림사가 재건될 때 주존불로 모신 불상이라 한다. 심하게 마모되어 간신히 형체만 남아있어 지금의 모습은 마치 돌로 만든 눈사람처럼 보인다. 불상 높이는 5.62m이다. 전면에서 본 것과 달리 한 바퀴 돌아보면 웅장한 풍채가 절로 느껴진다.

Information

☎ 정림사지 전시관 ☎ (041) 830-2532
🚌 부여터미널에서 정림사지 도보 10분 거리, 택시 이용시 기본요금 거리

우리나라 왕궁 연못의 시발점이자 일본 조경기술의 원산지

부여 궁남지

부여 궁남지는 백제 무왕이 서기 634년에 만든 백제궁 남쪽에 있는 별궁 연못이다. 삼국사기 무왕조(武王條) 편을 보면 3월에 궁성(宮城) 남쪽에 연못을 파고 물을 20여 리나 수로로 끌어 들였으며, 물가 주변에는 버드나무를 심고, 못 가운데에는 섬을 만들어 방장선산(方丈仙山)을 본떴다고 기록되어 있다. 방장선산은 고대 중국사람들이 꿈꾸는 동해 한가운데에 신선이 사는 세 개의 산 봉래 · 방장 · 영주산을 말하는데 이곳 연못에도 3개의 섬을 꾸며 불로장생을 희망한 것으로 보인다.

공주 공산성에도 연못이 있지만 이는 작은 규모이고 경주 안압지는 서기 674년에 만들어진 것이므로 바다처럼 넓은 왕궁 연못으로는 부여 궁남지가 그 시발점이 된다. 일본서기(日本書紀)는 일본

▶ 궁남지 주변에 조성된 생태연못

조경의 원류로 부여 궁남지 조경 기술을 지목하고 있어 궁남지의 연못 조경 기술이 일본에 건너가 일본 왕궁의 연못 조경 기술로 발전한 것으로 본다. 원래 궁남지는 3만 평 이상의 크기를 가지고 있었다고 추정되지만 지금은 약 1만 3천 평가량이 남아있다. 부여 사람들에게는 마래방죽이라 불리는 자연늪지가 1965년 복원되어 궁남지로 불리게 되었고, 1971년에 교각과 표롱정이 세워진다. 남아있는 자연늪지는 궁남지를 중앙에 두고 약 20여 개의 생태연못으로 탈바꿈한다. 이곳 생태연못은 궁남지의 또 다른 볼거리가 되어 여름철이면 각종 연꽃들이 눈부신 장관을 연출한다. 실제로는 약 10만 평이었다는 이야기가 있지만 그 외 지역은 논이나 밭, 도로 등으로 변경되어 궁남지의 정확한 규모는 현재 가늠되지 않는다.

궁남지의 가장 인상적인 볼거리는 궁남지 둘레에 늘어선 버드나무들이다. 버드나무는 연못가의 조경수로 많이 알려졌지만 연못을 둥글게 말아가며 버드나무가 촘촘히 심어져 있는 곳은 궁남지가 최초일 것 같다. 봄이나 가을에 산들바람을 맞으며 버드나무 길을 걸으면 그 우아한 기분 말로 표현할 수 없는데, 궁남지가 그런 목적에 어울리는 여행지가 될 것이다. 여름에는 생태연못 사이로 나있는 흙길 따라 바로 눈앞에서 펼쳐지는 연꽃 단지를 구경하는 것도 색다른 재미가 된다. 특히 매년 7월 말~8월 초에 궁남제 연꽃축제가 열리므로 이 무렵 방문하면 우리나라의 모든 연꽃들을 종류별로 접할 수 있다.

궁남지는 아직 제대로 정화되지 않았으므로 깔끔하게 정돈된 도시공원이 아니다. 연꽃이 만발할 무렵이면 풍경이 달라지겠지만 그 외 계절에는 소박한 마음으로 답사하는 것이 좋다. 필자만의 소박한 생각이겠지만 입구를 잘 포장하고 낮은 담장 따위를 세워 구획 정리를 잘하면 매우 아름다운 장소가 될 것만 같다.

Information

- 사적지 관리사무소 ☎ (041) 830-2512
- 부여 터미널에서 남쪽으로 도보 15~20분 거리, 택시 이용시 기본요금 거리

그 밖의 부여 여행지

국립부여박물관

국립부여박물관은 1만 3000여 점의 유물을 소장하고 있는 이 지역의 대표적인 박물관이다. 충남에서 발견된 선사유물을 비롯해 부여 능산리 출토유물, 백제 왕궁터 출토유물, 사비성 시대의 각종 불교유물이 전시되어 있다. 특히 백제 불교 문화재와 백제 미술품이 잘 전시되어 있어 볼거리가 풍성하다. 1929년 재단법인 부여고적보존회가 현 박물관의 기원으로 정림사지 오층석탑에서 동남쪽으로 도보 약 10분 거리에 있다.

부여 백제왕릉원(능산리 고분군)

부여 시내에서 논산 방면 4번 국도를 타고 10분가량 달리면 능산리 고분군이 있다. 주로 사비시대(538~660년) 백제왕릉이 있는 이 고분군은 사비시대 모든 왕이 모셔진 고분군이지만 백제 무왕과 의자왕릉은 이곳에 없다. 잘 정돈된 무덤 7기 옆 권역에는 의자왕과 그의 맏아들 부여융의 가묘가 있다. 의자왕과 부여융은 백제 패망 후 당나라로 압송되어 북망산에 묻혔지만 이지역이 난개발되어 지금은 묘를 찾을 길이 없다.

부여 수북정

수북정은 부여 시내에서 보령 방면 4번 국도를 타고 달리면 백제교를 건너자마자 좌측에 있는 정자다. 조선시대 양주 목사였던 수북 김흥국이 후학을 가르치기 위해 세운 정자로 알려져 있다. 수북정 밑에 있는 자온대는 의자왕이 즐겨 휴식을 취한 바위로 의자왕의 은덕이 하늘을 감동시켜 항상 따뜻했다고 한다. 알고 보니 부하들이 의자왕이 방문할 쯤이면 장작불로 바위를 데웠다는 일화가 있다. 수북정 선착장에서 하류인 구드래 선착장이나 고란사 선착장까지는 유람선이 수시 운행되므로 여름철에는 뱃놀이하기에 적당하다.

Information

☎ 사적지 관리사무소 ☎ (041) 830-2512 / 국립 부여박물관 ☎ (041) 833-8562~3

사람의 손때를 타지 않은 명사찰

부여 만수산 무량사

무량사의 모든 건물은 인진왜란때 전소를 했다. 보물 제185호인 무량사 5층석탑만이 임진왜란 때 소실되지 않은 고려 초기 양식의 석탑으로 전체적으로 백제탑과 고려탑의 혼합 방식이지만 단정하고 단아하다. 우람하고 풍채 있는 무량사 극락전은 조선 중기에 재건된 것으로 보물 제356호이다. 해가 질 무렵에 도착했기 때문에 필자는 어둑컴컴할때까지 무량사 경내를 답사해야만 했다. 절집이 참으로 운치있고 호젓하다. 무량사에는 김시습 사당도 있는데 이곳에 모셔진 김시습 초상화는 재주가 너무 좋아 그릇이 넘쳤다는 김시습 자신이 그린 자화상이라는 설이 있다.

무량사 초입은 유명 사찰답게 약간의 상권이 형성되어 있지만 번잡하지 않다. 사찰 역시 사람의 손때를 타지 않은 아름다운 사찰이기에 휴식을 취할 겸 조용한 데이트에 안성맞춤이다. 구비구비 돌아온 산속인데도 무량사에서 올려다 본 밤하늘이 가슴을 시원하게 할 정도로 광할하게 탁 트인 것이 몹시 인상적이다.

▶ 무량사 오층석탑과 석등

부여 주변 여행 지도

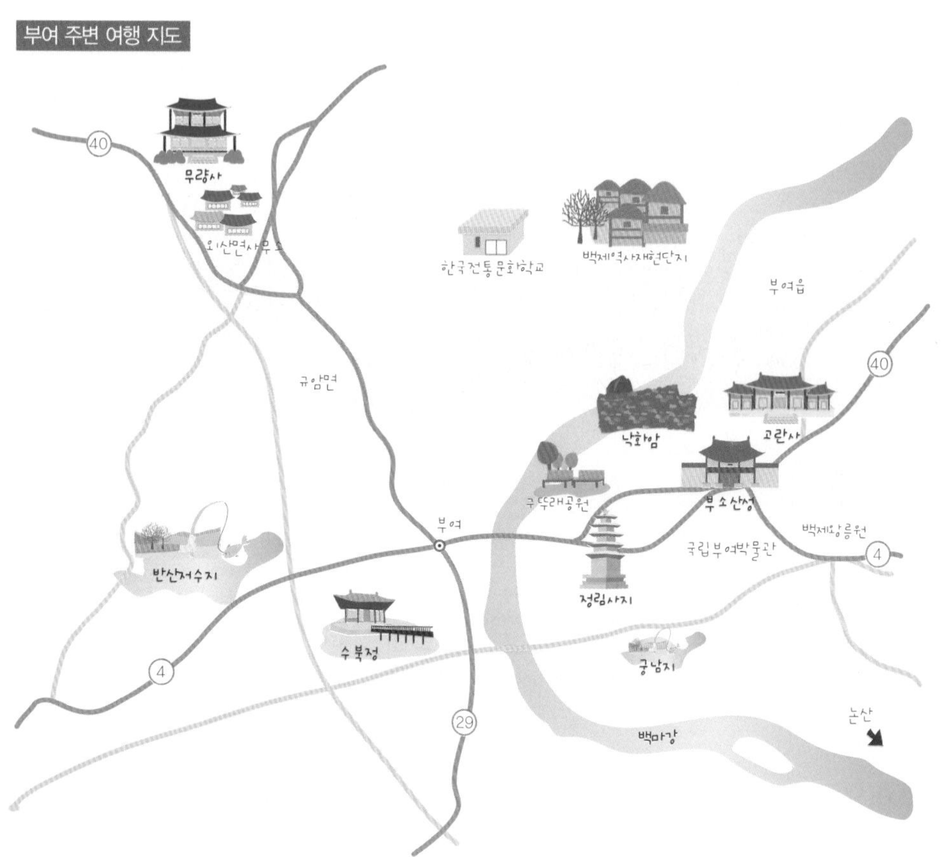

Information

- 무량사 종무소 ☎ (041) 836-5066, 5182
- • 서울 남부터미널에서 무량사 앞 외산까지 버스 2회, 보령에서 부여행 버스 탑승 후 외산에서 도보 이동
  • 승용차 이용시 서해안고속도로 대천 I.C → 보령 → 부여 방면 40번 국도 → 성주 → 40번 국도 → 무량사 / 부여에서 출발할 경우 → 서천 방면 4번 국도 → 보령 방면 40번 국도 → 무량사
- 만수산 자연휴양림 ☎ (041) 830-2568, 만수장 ☎ (041) 835-0757, 휠파크 모텔 ☎ (041) 836-9200 외

★★★ 우리나라에서 가장 큰 돌부처

논산 관촉사은진미륵

논산 관촉사는 논산시내에서 약 3km가량 떨어진 해발 100m의 반야산 자락에 있다. 진입로는 잘 정비되어 있고 매년 봄에는 이 진입로를 따라 벚꽃이 만발하므로 찾는 이의 가슴을 더욱 흔들어 놓는다.

흔히 공주 마곡사는 풍경 때문에 찾고, 논산 관촉사는 불상 때문에 찾아간다고 하듯 이곳에는 필자가 본 불상 중에서 가장 독특하고 기이한 아름다움을 가진 관촉사 은진미륵이 있다. 높이 18.12m, 둘레 9.9m, 귀 길이 1.8m, 관 높이 2.43m로 우리나라에서 가장 큰 돌부처인 은진미륵은 혜명대사가 서기 967년 고려 광종 19년에 제작을 시작하여 37년에 걸쳐 완성한 불상이다. 정식 이름은 석조미륵보살입상이지만 흔히 관촉사은진미륵으로 더 잘 알려져 있다. 보물 제218호로 지정된 은진미륵의 제작기에는 다음과 같은 전설이 있다.

▶ 미륵전에서 바라본 은진미륵

한 노파가 반야산에서 고사리를 꺾다가 아이 우는 소리를 들었다. 울음소리를 따라가보니 아이는 간데없고 땅 속에서 엄청나게 큰 바위가 솟아오르고 있었다. 당시 이 소문은 고려 왕실에까지 알려져 왕실은 혜명대사를 보내 그 바위로 불상을 조성케 한다. 그런데 혜명대사가 확인해보니 바위의 크기가 엄청나 어찌할 방도가 없었다. 며칠을 고심하던 혜명대사가 어느 날 강가에서 산책을 하는데 어린 소년들이 강가에서 흙장난을 하고 있었다. 큰돌 하나를 세우고 그 위에 중간 돌을 올리고 맨 위에 작은 돌을 올린 다음 돌과 돌 사이에는 흙을 채워 쓰러지지 않게 만드는 것이 아닌가. 혜명대사는 소년들이 보여준 솜씨를 따라 바위를 3토막으로 나누었고 이를 세워 불상을 조성하니 어언 37년이란 긴 세월이 흐른다.

마침내 돌부처가 완성되니 어찌나 빛을 발하는지 이 빛이 서해 너머 중국까지 비췄다고 한다. 이에 중국의 고승 지안이 빛을 찾아 논산 땅을 찾아오니 반야산 기슭에서 그 광체가 보이는 것이다. 지안 스님이 돌부처 앞에 예불을 올린 뒤 자신도 모르게 내 뱉은 말 '아아, 마치 촛불을 보는 것 같이 미륵이 빛나도다.' 지안 스님은 중국 가주에 있는 돌부처는 동쪽을 향하고 이곳의 돌부처는 서쪽을 향하고 있으니 서로 빛이 관통한다 하여 사찰 이름을 관촉사(灌燭寺)라 지었다고 한다.

은진미륵을 답사한 다음에는 그 앞에 있는 미륵전을 답사하는 것이 좋다. 미륵전은 특이하게도 불상을 모시고 있지 않은데, 따지고 보면 관촉사 은진미륵이 불상 역할을 하고 있기 때문이다. 실제 미륵전 안에 앉으면 유리창 너머로 은진미륵의 온화한 얼굴이 올려다 보여 미륵전 안에 별도의 불상이 존재하지 않는 이유를 한눈에 알 수 있다.

경내를 둘러보면 관촉사는 그리 규모가 그리 크지 않은 중간 크기의 규모를 가지고 있는 사찰임을 알 수 있다. 경내 볼거리로는 보물 제218호 은진미륵과 함께 보물 제232호 석등, 사리탑 등이 있고 주요 건물로는 대웅전, 미륵전, 관음전, 삼성각 등이 있다. 삼성각에서 바라본 은진미륵의 옆모습도 일품이므로 삼성각까지 반드시 올라가 보자.

절 입구에는 1914년에 만든 반야교라는 현대식 구름다리가 울창한 나무숲을 배경으로 세워져 있다. 그 안으로 해탈문 등이 있어 비오는 날 찾아간 관촉사는 말 그대로 낭만적이다 못해 우수에 차 있다.

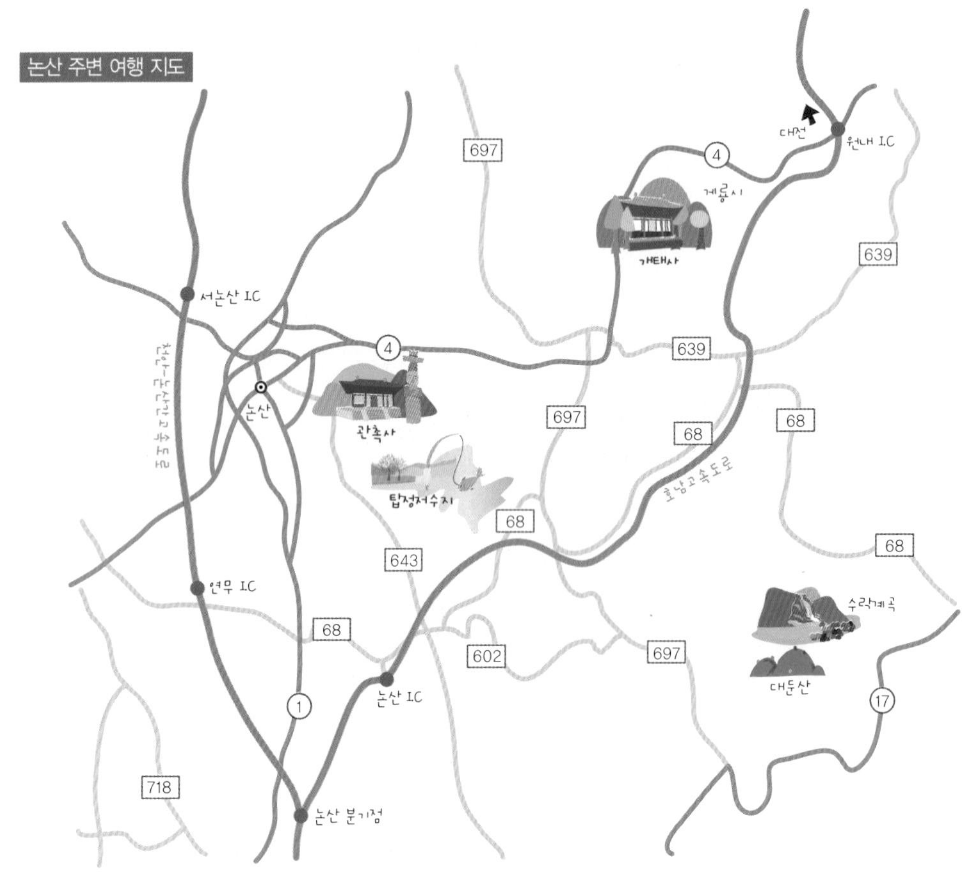

Information

관촉사 종무소 ☎ (041) 736-5700~2

- 논산 시내에서 건양대, 가야곡 방면 시내버스 이용 / 논산역에서 택시 이용시 5000원, 터미널에서 택시 이용시 3000원 안팎
- 승용차 이용시 천안논산간 고속도로 서논산 I.C → 논산 → 관촉사 / 경부고속도로 이용시 회덕 분기점 또는 비룡 분기점 → 호남 고속도로 → 논산 I.C → 연무 → 은진 → 관촉사

관촉사 입구에 식당가 및 민박촌 형성, 논산 시내 여관 이용

그 밖의 논산 여행지

논산 탑정호

논산 탑정호는 잉어, 쏘가리 등 담수어족이 풍부한 저수지로 논산팔경 중 제2경에 해당한다. 저수지 낚시와 드라이브 코스로 적당한 탑정호는 철새들의 충분한 서식조건을 갖추고 있어 겨울에는 철새탐조에도 안성맞춤이다. 수문 옆 도로를 따라 형성된 음식점에서는 매운탕 같은 먹거리를 즐길 수 있고 카페에서는 탑정호를 조망하며 커피를 마실 수 있다. 가벼운 드라이브 및 데이트 코스로 안성맞춤의 장소라 할 수 있다.

논산 개태사

개태사는 서기 936년 고려 왕건이 만세태평시대를 연다는 뜻에서 지은 사찰로 고려시대 때 최고의 전성기를 구가한 명사찰이다. 이곳에는 태조의 영정을 모시는 진전이 있어 나라의 변고가 있을 때마다 고려 왕족의 출입이 잦았다고 한다. 한때 팔만구암자를 거느린 거대사찰이었지만 고려 우왕 때 왜구의 방화로 급격히 쇠퇴, 폐사된다. 지금의 개태사는 1934년 김광영에 의해 재건된 사찰로 고려 불교문화재의 최고 걸작인 보물 제219호 미륵삼존불상은 개태사의 대표적인 문화재이다.

★★ 대둔산 수락계곡

대둔산 도립공원 논산 방면 입구가 수락계곡 매표소이다. 수락계곡은 기암괴석과 협곡이 비경처럼 펼쳐지는 곳으로 논산 인근에만 알려져 있다가 지금은 전국적으로 인기를 얻고 있는 계곡이다. 수락계곡을 따라 오르는 대둔산 마천대는 약 2시간이 소요되는데 수락계곡의 끝자락이라 할 수 있는 군지계곡의 병풍바위와 계곡 끝에 있는 220계단의 철다리가 최고 명소이다. 화랑폭포, 선녀폭포, 금강폭포, 수락폭포, 비선폭포 등 폭포가 연이어지는 것도 인상적이다.

Information

☎ 탑정호 관리소 ☎ (041) 741-2590 / 개태사 종무소 ☎ (041) 735-0197 / 수락리 매표소 ☎ (041) 732-3568

서해안(경기·충청) The West Coast

강화도 · 석모도

강화도 마니산 / 강화 광성보 · 덕진진 · 초지진 · 돈대 답사 / 그 밖의 강화도 여행지 /

강화 석모도 보문사 / 강화 석모도 민머루 해수욕장

우리나라에서 기가 가장 성한

강화도 마니산

마니산 상방리 매표소에서 참성단(해발 465m)까지는 대략 1시간가량의 등산 시간이 필요하다. 관악산 서울대 코스나 북한산 도선사 코스를 즐겨 올랐다 해도 높이 469m에 불과한 마니산을 오를 때는 땀 좀 뺄 각오를 해야 한다. 고도는 낮지만 오르는 내내 가파른 돌계단이 연이어지는 것이 남해 금산 두모교 코스와 비슷하다.

요즘은 1시간정도 땀을 뻘뻘 흘리면서 오를 수 있는 산이라면 웰빙에 적당한 조건이 되어 사람들이 많이 찾게 되어 있다. 이런 웰빙 산행에 가장 이상적인 산이 바로 마니산이다. 마니산의 등산로는

❶ 마니산 등산로
❷ 마니산 정상 참성단

수도권에 인접한 산들이 그렇듯 매우 깔끔하고 오르내리기 편하게 잘 가꾸어져 있다. 특히 등산로에서 볼 수 있는 나무들은 제각기 나무이름표가 붙어있어 자녀들과 함께하는 경우에는 자연공부도 자연스럽게 겸할 수 있어 금상첨화의 산행이 된다.

마니산 정상에 있는 참성단(塹星壇)은 사적 제136호로 지정된 돌로 만든 제단이다. 전국체전이나 개천절에는 여기 참성단에서 태양광을 이용해 성화채화식을 한다. 성화채화식은 강화도 군수가 제사장이 되어 7선녀로 분한 이들이 태양열을 이용해 채화하는데, 날씨가 흐린 날에는 부싯돌로 채화를 한다고 한다.

참성단은 기원전 2228년 단군왕검 재위 51년에 운사인 배달신(倍達臣)이 마니산 정상에 쌓은 제단으로 단군왕검이 하늘을 향해 제사를 지낸 곳이다. 백두산과 한라산의 중간쯤에 위치하고 있어 우리나라에서 기(氣)가 가장 쎄게 분출되는 곳이다. 화강석으로 쌓은 참성단은 밑동이 둥글고 위는 사각형 모양으로 6m 높이이다. 훈풍이 시원스럽게 느껴지는 여름날 참성단은 좋은 그늘이 된다. 그 그늘진 참성단 옆에서 단잠을 자는 등산객들을 보고 있자면 단잠도 자고, 기도 충전하니 정말 일석이조가 따로 없을 듯하다.

마니산 정상에서 하산하는 코스는 여러 가지 코스가 있다. 승용차를 가지고 오지 않은 상태라면 함허동천 코스나 정수사 코스로 하산하는 것이 좋다. 필자는 강화도 남단에 있는 동막 해수욕장으로 바로 이동할 목적으로 지름길이라 생각되는 이름 없는 코스로 하산하다 엄청 고생을 한 적이 있다. 이 코스는 돌무더기가 많은 너덜지대인 동시에 숲이 꽤 울창한 산기슭이었는데 내려와보니 교통편도 없었다.

마니산 등산 코스

1. 상방리 코스
상방리 관리사무소 → 기도원 → 참성단(왕복 4.8km)

2. 정수사 코스
상방리 → 참성단 → 정수사 → 사기리(7km)

Information

☎ 문화관광과 관광진흥 ☎ (032) 930-3621

- 서울 신촌, 시흥동, 개봉동 또는 인천, 부평에서 강화도행 직행버스 탑승, 강화도 터미널에서 마니산행 완행버스 이용(서울 지하철 2호선 신촌역 7번 출구에서 서강대교 방면 100m 지점 강화행 버스 운행)
- 서울 → 김포 → 강화대교 → 알미골 삼거리 → 84번 지방도 → 찬우물 삼거리 → 인산 삼거리 → 마니산

임페리얼 ☎ (032) 937-5125 / 메아리산장 ☎ (032) 937-0100 / 힐하우스 ☎ (032) 937-8920 외

강화 광성보·덕진진·초지진·돈대 답사

고려시대 외적의 침입 때마다 제2의 수도가 되었던 강화도는 우리나라 역사의 보고라 해도 과언이 아니다. 몽고군이 고려를 침략하여 개경이 함락되자 고려 24대왕 원종은 강화도에 머물렀고, 이후 약 39년간 강화도는 고려의 수도가 된다. 강화도에 내성과 외성이 축조된 것도 이 당시다.

강화도의 중요성을 인식한 조선 3대 태종은 강화에 도호부사를 두어 방어벽을 강화하였다. 임진왜란 당시에는 선조가 강화도의 방어벽을 강화하였고 병자호란 때는 인조가 40여 일간 강화도에 피신하였다. 강화도의 진지가 크게 보강된 것은 효종 때로 이 시기에는 성이 크게 축조되면서 제대로 된 규모를 갖추기 시작한다. 19대 숙종 때는 강화도에 진지와 보를 증설하는 작업이 진행되었고 이후에는 각각의 진에 돈을 설치하여 분담 수비망을 갖추게 된다.

강화도는 조선 후기 다시 역사의 전면에 나서는 데 이때 발생한 병인양요, 신미양요, 운양호 사건 때문이었다. 갑곶돈대는 병인양요 당시 프랑스 로즈가 이끈 극동함대가 투입한 600명의 병력이 상륙한 곳으로 조선군은 강화성 문수산성 전투와 정족산성 전투에서 프랑스 군을 물리쳐 한강으로의 진입을 막았다. 초지진은 프랑스의 로즈가 이끈 극동함대, 미국 로저스가 이끈 아세아 함대, 일본의 운양호와 포격적이 벌어진 격전지로써 지금도 인근 늙은 소나무에는 포격전의 흔적이 남아있다.

▶ 덕진진 성문인 공조루

신미양요 최대격전지인 광성보는 1871년 미국 로저스의 아세아 함대가 1,230명의 병력을 투입 초지진과 덕진진을 점령했을 때 최후의 보루로 백병전이 벌어진 장소로 유명하다. 당시 미국은 포대를 이끌고 맹폭을 가하면서 백병전을 시도하지만 300명의 우리 병사들이 모두 순국하면서 광성보를 지켜냈다. 광성보에 있는 쌍충비각과 59인의 무명용사 묘지는 이때 순국한 병사들의 묘지다.

강화도 전적지 답사

강화도의 전적지는 광성보, 덕진진, 초지진을 비롯해 해안가 언덕 위에 설치된 요새인 돈대를 포함 전부 5진 7보 53돈대가 있다. 섬 전체가 위기 때는 수도 기능을 하였고 열강의 침략이 있을 때는 한강 진입을 막는 최후의 보루였던 강화도의 전적지 탐방은 드라이브 코스와 일치하기 때문에 드라이브를 겸해 돌아보는 것이 좋다. 규모가 비교적 큰 광성보와 덕진진을 구경하는 데는 대략 30~50분가량의 시간이 소요되지만 나머지 돈대 코스는 잠시 쉬어가면서 답사할 수 있다.

강화도 전적지 답사 코스

갑곶돈대(강화역사관) → 15분 → 용진진 → 15분 → 광성진, 용두돈대, 손돌목돈대 → 10분 → 덕진진 → 15분 → 초지진 → 20분 → 택지돈대 → 15분 → 분오리돈대→ 20분 → 미루지돈대 → 20분 → 망양돈대 → 10분 → 삼암돈대 → 20분 → 계룡돈대 → 20분 → 망월돈대

강화도 전등사

강화군 길상면 온수리 정족산성에 있는 전등사는 운치 있고 소박한 사찰이다. 「전등사본말사지」에 의하면 서기 381년 고구려 소수림왕 11년에 아도화상이 창건했다고 기술되어 있지만 서기 381년 당시 강화도는 백제의 영토였으므로 창건기가 애매모호한 상태이다. 고려 원종 7년에 사승(寺僧)이 전등사를 중창하였는데, 이 중창기는 실제 역사와 일치한다고 보고 있다.

전등사 출입문인 삼랑성문은 원래 정족산성의 동문이지만 지금은 전등사 출입문으로 사용되고 있다. 삼랑성문을 들어서면 프랑스 극동함대의 병사들을 물리친 양헌수 장군 승전비가 있다. 오솔길을 오르면 절집 입구인 대조루가 있고 대조루에는 선원보각, 장사각, 취향당 등의 편액을 볼 수 있다. 경내 건물로는 대웅전, 약사전, 명부전, 삼성각, 향로각, 적묵당, 강설당, 범종각 등이 있고 이중 약사전은 보물 제179호로 지정되어 있다. 중국종과 유사한 보물 제393호 범종, 105매의 장경판인 법화경판도 전등사의 볼거리이다.

Information

☏ 전등사 종무소 ☎ (032) 937-0125

- 버스 이용시 강화터미널에서 온수리행 시외버스 30분 간격 운행
- 승용차 이용시 서울 → 김포 → 강화대교 → 선원면 방면 48번 국도 → 불은 → 온수 → 전등사

그 밖의 강화도 여행지

강화 동막 해수욕장

동막 해수욕장은 강화도 남단 해안도로에 위치한 백사장 해수욕장으로 편의시설이 잘 갖춰져 있다. 강화도 유일의 백사장 해수욕장으로 평상시에는 백사장의 폭이 좁지만 썰물 때는 1천 8백만 평의 갯벌이 노출되어 장관을 이룬다. 피서철에는 이곳의 편의시설이 소화할 수 없을 정도로 많은 인파가 몰려온다.

Information

강화터미널에서 함허동천 경유 동막해수욕장행 버스 1일 8회 운행

강화 부근리 지석묘

강화도는 고인돌 유적지가 많은 섬으로 유명하다. 가장 쉽게 접근할 수 있는 고인돌 유적지는 강화읍에서 48번 국도를 계속 직진하면 나타나는 부근리 지석묘다. 부근리에서 남쪽인 고려산 주변에는 5Km 반경 안으로 북방식 고인돌과 남방식 고인돌이 혼재해 있는데 대략 130여기의 고인돌을 만날 수 있다.

★★ 강화도 드라이브 코스

강화도는 48번 국도를 경계선으로 북쪽 지역과 남쪽 지역으로 나눌 수 있다. 북쪽 지역은 민통선 지역에 해당하므로 드라이브를 시도해도 중간에 돌아나와야 한다. 48번 국도를 계속 직진한 후 강화 부근리 지석묘에서 화도면이나 외포리로 내려온 뒤 외포리에서 장곶돈대(선수포구)로 이동하면 강화도의 일몰 명소인 장화리가 나온다. 때때로 멋진 카페가 있으므로 잠깐 쉬어 갈 수 있다.

★★ 우리나라 3대 관음성지

강화 석모도 보문사

강화 외포리 선착장에 도착하면 석모도행 배를 탈 수 있다. 근교에서 차를 가지고 온 경우에는 차량을 선박에 싣고 석모도에 오를 수 있다. 수도권에서 석모도를 찾는 사람들의 면면을 살펴보면 낚시꾼이나 연인들도 많지만 종종 할머니들을 볼 수 있다. 석모도에는 우리나라 3대 관음성지 중의 하나인 보문사가 있기 때문이다. 선박에 몸을 싣고 10여 분을 달리다 보면 이윽고 석모도 석포리 선착장에 도착한다. 석모도행 배에서 흔히 볼 수 있는 광경이 배의 뒤꽁무니를 쫓아오는 갈매기떼다. 새우깡을 던지면 갈매기가 받아먹기 때문에 여행자들이 새우깡을 던지는 모습이 종종 목격된다.

석포리 선착장에서 보문사로 이동하는 방법은 두 가지가 있다. 승용차 이용자는 자신의 차량을 이용해 이동할 수 있지만 도보 여행자들은 배의 도착시간에 맞게 출발하는 시외버스를 타야 한다. 보문사행 시외버스는 평일 1시간 간격, 휴일 30분 간격으로 운행한다.

보문사 입구에 도착하면 바로 보이는 것이 즐비한 노점상과 식당가다. 이곳 식당가에서 유명한 명물 음식이라면 밴댕이회무침과 인삼주이다. 물론 인삼막걸리도 별미이지만 밴댕이회무침이 기막히게 맛있다. 밴댕이회무침은 내려올 때 먹기로 하고 사찰을 향해 발걸음을 옮긴다.

❶ 석모도행 배에서 바라본 갈매기떼
❷ 보문사 마애관음좌상

강화군 석모도 삼산면 매음리 낙가산에 위치한 보문사는 서기 635년 신라 선덕여왕 때 금강산에서 돌아온 회정대사가 창건한 신라고찰이다. 양양 낙산사, 금산 보리암과 함께 우리나라 3대 해상관음도량인 보문사는 평시에도 수많은 관광객들이 방문할 정도로 그 인기가 높다. 사찰의 규모가 상당히 크지만 이 정도 규모로 확장된 것은 근세의 일이다.

보문사 경내 볼거리로는 석굴 법당이 있다. 선덕여왕 4년, 석모도의 한 어부가 바다에 그물을 던졌는데, 사람 모양의 돌덩이 22개가 한꺼번에 그물에 걸렸다. 고기 대신 돌덩이를 건진 것에 실망한 어부는 돌덩이를 바다에 버리고 다시 그물을 쳤지만 또다시 그 돌덩이가 그물에 걸린다. 이번에도 몹시 실망한 어부는 돌덩이를 바다에 버리고 집으로 돌아온다. 그런데 그날 밤 어부의 꿈에 한 노승이 나타나 어부를 질책한다. 그물에 걸렸던 돌덩이는 천축국에서 보내온 귀중한 불상인데 바다에 두 번이나 버렸다고 질책하는 것이다. 노승은 내일 다시 불상이 건져지면 석모도의 명산에 봉안해 줄 것을 당부한다. 다음 날 어부는 22기의 불상을 건져 올린 뒤 이를 석모도 낙가산으로 옮긴다. 불상을 안치할 명당의 위치를 찾지 못해 전전긍긍하는 어부가 현재의 보문사 석굴 앞을 지날 무렵 갑자기 불상이 무거워져서 더 이상 옮길 수 없는

▶ 어부가 바다에서 건져 올린 불상 22기가 모셔진 석굴법당

▶ 보문사 108 계단

상태가 된다. 노승의 계시라 생각한 어부가 근처를 찾아보니 석실이 발견된다. 이에 동굴 안에 불상을 안치하니 지금의 보문사 석굴 법당이 되었다.

또 다른 볼거리로는 보문사 범종각이다. 이 범종은 1975년 고 육영수 여사가 화주하여 모셔진 범종인데 당시에는 국내 최대의 범종이었다고 한다.

보문사 최대 볼거리인 마애관음좌상은 보문사 극락보전 우측의 108 계단을 오르면 볼 수 있다. 108 계단이라고 금방 오를 것이라 무시하면 큰 실수가 된다. 이 돌계단은 이름만 108 계단이지 실은 430여 개이고 거리로 치면 1Km가 넘는다. 108 계단을 전부 오르면 낙가산 중턱에 이르게 되는데 이곳 눈썹바위 아래에 마애관음좌상이 새겨져 있다. 보문사 마애관음좌상은 1928년 배선주 주지스님이 관음성지를 나타내기 위하여 금강산 표훈사의 이화응 스님과 더불어 새긴 것으로 높이 9.2m, 너비 3.3m

▶ 보문사 마애관음좌상

에 달하는 거대불상이다. 좌상이 새겨져 있는 위치나 수려한 경관을 볼 때 불상이 범상치 않음을 한눈에 알 수 있다. 이곳을 찾는 할머니들 말씀에 의하면 마애관음좌상에서 정성으로 기도를 올리면 이루어지지 않는 소원이 없다고 한다. 마애관음좌상 앞까지 오르면 멀리 서해 바다가 한눈에 조망되지만 여름철에는 나무에 가려 잘 보이지 않는다. 이곳에서 바라보는 낙조가 석모도에서 가장 아름답다고 한다.

석모도 여행 지도

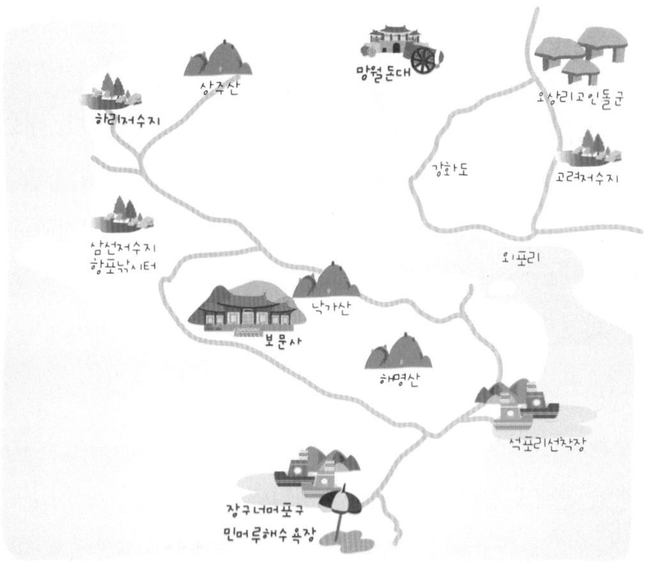

맛집

솔밭식당 – 밴댕이회무침 정식 ★★☆

석모도 여행에서 반드시 먹어봐야 할 음식이 '밴댕이회'나 '밴댕이회무침'이다. 인천 또는 강화도에서도 접할 수 있는 음식이지만 석모도에서 먹는 것이 분위기도 그렇고 맛도 좋다. 석모도 보문사 입구에 있는 솔밭식당의 밴댕이회무침 정식은 1인분에 1만원으로 15가지의 한정식 반찬에 밴댕이회무침을 내온다. 밴댕이회무침은 구수하면서 은근한 맛에 쫀득함이 더해져 정말 침이 꼴깍꼴깍 넘어간다. 원래 밴댕이는 강과 바다가 만나는 모래 속에서 자라기 때문에 장어 못지않게 근력 좋은 물고기란다. 그래서 밴댕이를 먹으면 60살 노인도 회춘한다는 이야기가 있다. 필자는 인천 시내의 유명음식점에서 밴댕이회를 여러 번 먹어보았지만 석모도에서 먹은 밴댕이회무침이 가장 맛있었다.

[문의] 보문사 입구 솔밭식당 ☎ (032) 932-3138

Information

보문사 종무소 ☎ (032) 933-8271

- 서울 지하철 2호선 신촌역 7번 출구에서 서강대교 방면 100m 지점에 위치한 강화행 버스 탑승장에서 강화행 버스 10분 간격 운행 → 강화터미널에서 외포리 선착장행 버스 15분 간격 운행 → 외포리 선착장에서 석모도행 여객선 30분 간격 운행 → 석모도 석포리 선착장에서 보문사행 버스 수시 운행 / 인천에서 출발시 인천시외버스터미널 → 강화터미널 → 위와 동일
- 승용차 이용시 강화읍 → 외포리 선착장 → 여객선 탑승 → 석포리 선착장에서 원하는 위치로 이동

펜션 언덕위에 하얀집 ☎ (032) 933-3884 외 보문사 입구에 숙박시설 다수

영화 촬영지

강화 석모도 민머루 해수욕장

민머루 해수욕장은 석포리 선착장에서 보문사로 가다 보면 중간쯤에 있다. 해수욕장으로 알려져 있지만 자갈과 갯벌이 많기 때문에 갯벌 체험장으로 활용 가치가 더 높은 곳이다. 갯벌에는 칠게나 고동, 대합, 모시조개, 맛조개 등을 잡을 수 있다. 게 종류는 맨손으로도 잡을 수 있는데 8자 모양의 쌍구멍에 손가락을 넣어 잡으면 된다.

보문사행 버스가 다니는 도로변에서 민머루 해수욕장으로 진입하는 진입로는 약 2~3km로 좌우에 천일염전지대가 펼쳐진다. 이곳에서 만든 천일염은 염도가 낮은 고급 소금이다. 여행객을 대상으로 저렴한 가격에 판매도 한다. 염전지대를 지나면 민머루 해수욕장 입구에 작은 마을이 있고 마을을 넘어가면 민머루 해수욕장이 나오고 우측으로 이동하면 어유정항에서 싱싱한 횟감을 만날 수 있다.

석모도 하리저수지

석모도 여행지에서 젊은 여성들에게 인기 있는 장소가 하리저수지다. 영화 시월애의 촬영지로 알려졌지만 오래전부터 낚시터로 유명했다. 영화 시월애에 등장한 일마레 세트장은 태풍이 불어와 사라지고 없다. 섭섭해 하는 여행자들이 많다 보니 강화군이 세트장의 복원을 추진한다는 이야기도 있다. 마침 인천에서 온 낚시꾼이 있어 여러 가지를 물어보았다. 석모도에서는 하리 낚시터, 항포 낚시터, 어류정 낚시터에서 고기를 잡는다고 한다. 단골 낚시터가 어디냐고 묻자 피식 웃는다. 나들이를 겸해 여기도 가보고 저기도 가본다는 것이다.

Information

- [민머루 해수욕장] 석모도 석포리 선착장에서 보문사행 버스 탑승, 민머루 해수욕장 입구에서 하차 후 도보 30~40분 이동 / 민머루 해수욕장 마을까지 직접 운행하는 버스는 1일 3~4회 운행 / 승용차 이용시 석포리 해수욕장에서 보문사 방향으로 달리다가 민머루 해수욕장 이정표 보고 진입
- [하리저수지] 석모도 석포리 선착장에서 상리행 버스 1일 6회 운행, 하리에서 하차

민머루 해수욕장 석모도 펜션 ☎ (016) 697-3551 외 민박집 다수

인천 · 옹진 · 안산 · 화성

인천 을왕리 해수욕장 / 인천 무의도 하나개 해수욕장 / 인천 실미도 / 그 밖의 인천 시내 여행 /
인천 소래포구 / 인천 백령도 / 시화방조제 · 대부도 · 선재도 · 영흥도 드라이브 / 화성 제부도

수도권의 가족 나들이, 데이트 코스

인천 을왕리 해수욕장

을왕리 해수욕장은 인천 용유도에 있다. 원래 섬이었던 용유도는 인천국제공항 부지공사 때 영종도와 연결된 후 뭍으로 변하였다. 현재는 인천국제공항이 완공되어 국제공항으로 연결되는 영종대교를 이용하면 을왕리 해수욕장까지 승용차로 접근할 수 있다. 넓은 백사장과 울창한 송림에 접근 용이성이 더해져 을왕리 해수욕장은 수도권 시민들이 자주 찾는 명소가 된 지 이미 오래다.

횟집단지가 무성하고 모텔과 고급 펜션들이 즐비하다. 넓은 백사장은 MT나 기업연수에 적당하고 한가로운 어촌 풍경은 가족 나들이 코스로 안성맞춤이다. 서울에서 한 시간이면 이동할 수 있어 드라이브를 겸한 데이트 코스로도 제격이다. 뿐만아니라 을왕리 해수욕장에서 즐기는 회는 대략 5~6만 원 정도면 넘치지는 않지만 만족할 만큼 회를 먹을 수 있다.

을왕리 해수욕장의 또 다른 재미는 남쪽 해안가에서 재미삼아 즐기는 굴채취와 조개캐기 같은 갯벌 체험이다. 일찍 가지 않으면 씨가 남지 않을 정도로 인기가 좋다. 바다에서는 망둥이나 놀래미를 낚시로 잡을 수 있다.

Information

- 서울 또는 각 지방에서 인천국제공항행 리무진버스 탑승, 공항 종점에서 하차 후 용유도행 버스 이용 / 선박을 이용할 경우 인천 월미도에서 영종도행 여객선 탑승, 영종도에 상륙한 후 을왕리행 버스 이용
- 승용차 이용시 인천국제공항 고속도로 → 영종대교 → 신불 I.C에서 용유도 및 을왕리 이정표 보고 진입

수도권에서 가장 아름다운 해수욕장

인천 무의도 하나개 해수욕장

어느 날 문득 떠나고 싶다면 무의도의 하나개 해수욕장을 찾아가보자. 6백여 명의 주민들이 살고 있는 무의도는 요즘 부쩍 바쁘다. 섬의 형태가 장군복을 입고 춤을 추는 형태라 하여 무의도라 불리는 이 섬은 바로 옆에 있는 실미도 때문에 관광객들이 부쩍 늘어난 것이다. 볼거리는 실미도보다 오히려 무의도에 더 많다. 본섬인 무의도는 원래 대무의도라 불리고 남쪽으로 작은 섬인 소무의도, 북쪽으로 영화 촬영지로 유명한 실미도가 있다. 무의도의 하나개 해수욕장은 수도권에서 1~2시간 거리에 위치한 해수욕장 중에서 가장 아름답다. 인천 지역은 원래 조수간만의 차가 심해 좋은 해수욕장이

▶ 하나개 해수욕장의 천국의 계단 세트장

없는데 무의도만큼은 드넓은 백사장이 연인들의 데이트 코스로 안성맞춤이다.

하나개 해수욕장은 하나밖에 없는 큰 갯벌이라는 뜻을 가진 해수욕장이다. 1km 길이의 백사장은 고운모래로 되어 있다. 썰물 때는 넓은 갯벌이 드러나는데 이 역시 고운모래이기 때문에 맨발로 걸어 다녀도 좋다. 백사장에는 그 흔한 유리조각 하나 볼 수 없으니 관리상태가 매우 양호하다.

젊은 여성들에게 인기가 많은 드라마 '천국의 계단' 세트장은 해수욕장 바로 왼편에 있다. 세트장과 하나개 해수욕장이 한 폭의 그림처럼 잘 어울리기 때문에 주변을 맴돌며 기념사진을 찍는 젊은 여성들이 제법 많다.

무의도를 찾는 사람들이 많아지자 해발 230m의 호룡곡산이 여행자들의 주목을 받고 있다. 그다지 특색있는 산이 아니지만 무의도 전체를 조망할 목적이라면 딱 좋은 산이다. 해수욕장 입구에서 올라가면 약 50분 뒤 정상을 밟을 수 있다. 하산할 때는 마당바위와 부처바위를 경유하는데 대개 2시간 안팎이면 해수욕장으로 돌아올 수 있다.

Information

☏ 무의도 해운 ☎ (032) 751-3354~6

- 서울 청량리역 광장에서 인천국제공항행 리무진 버스 탑승 후 리무진 버스종점 터미널에 도착(다른 지역에서도 인천국제공항행 리무진 이용) → 잠진도행 택시 이용 → 카페리 승선 → 무의도
- 승용차 이용시(배편으로 승용차 운반 가능) 서울 → 공항고속도로 → 용유, 무의 진입로 → 잠진도 선착장 → 카페리 승선 → 무의도

펜션 무의 아일랜드 ☎ 1566-4466,(032) 7525-114 / 하나개 해수욕장에 방갈로 및 민박집 다수 / 큰무리 해수욕장 민박집 다수

684 북파부대의 진실을 간직한

인천 실미도

영화 실미도 촬영장으로 유명한 실미도는 무의도와 매우 가깝게 붙어 있는 섬으로 사람이 살지 않는 섬이다. 무의도와 실미도는 바닷물이 갈라지면 서로 연결되므로 이때는 도보로 건너 갈 수 있다.

무의도에 도착한 후 하나개 해수욕장 방면으로 이동하다 보면 중간에 큰무리(실미) 해수욕장 이정표가 나타난다. 실미도는 큰무리 해수욕장 건너편 바다에 있다. 이곳의 바닷물은 하루에 두 차례 갈라지는데 바다가 갈라지는 시간이 매번 다르기 때문에 실미도로 가려면 미리 바닷길이 열리는 시간을 체크해둬야 한다.

▶ 무의도에서 실미도 가는 길

실미도에 들어서면 바로 눈앞에 구릉 모양의 낮은 산이 보인다. 영화 실미도 촬영장은 구릉 너머에 있었는데 지금은 영화 세트장이 철거된 상태이다. 그다지 큰 볼거리가 없지만 한적한 해변에 서면 잠시나마 무인도에 상륙한 기분이 든다. 영화 실미도의 인기에 편승해 요즘 이곳에서는 해병대 체험훈련이 매일 실시되고 있다. 취재를 마칠 무렵 해변 저 멀리서 몇 팀이 줄을 맞춰 달려오는 모습이 보였는데 모두가 해병대 체험훈련에 참가한 일반인들이었다.

Information

☎ 바닷물 갈라지는 시간 문의 : 실미해수욕장번영회 ☎ (032) 752-3663, 무의해운 ☎ (032) 751-3354
해병대 극기훈련 참가 문의 : 해병대 전략캠프 마린 코리아 ☎ 1644-0242,(02) 2208-0335

그 밖의 인천 시내 여행

▶ 인천 자유공원의 야경

인천 차이나타운

인천 시내 여행에서 이색적인 장소를 찾고 싶다면 신포동 일대가 가장 적당하다. 신포동 차이나타운은 중국풍의 가옥과 우리나라 옛 가옥이 혼재해 있어 이국적인 분위기를 연출한다. 현재 남아있는 중국풍 건물은 10여 채 정도지만 인천시가 차이나타운을 정책적으로 개발하기 위해 고심하고 있다고 하니 멀지 않아 더 멋진 장소가 될 것 같다. 차이나타운 근처의 우리나라 가옥들도 눈여겨볼만 하다. 60~70년대 풍의 유서깊은 가옥들이 골목을 만들고 있다. 차이나타운은 영화 '북경반점', '파이란' 의 촬영무대이기도 하다.

인천 자유공원

인천 자유공원은 차이나타운에서 걸어서 5분 거리에 있다. 우리나라 최초의 서구식 공원이며, 공원 내에는 6.25 당시 인천상륙작전을 지휘했던 맥아더장군동상 등이 보인다. 자유공원에서는 인천항과 월미도 연안부두 일대가 한눈에 조망되므로 밤이면 야경이 특히 아름답다. 자유공원에서는 매년 4월 벚꽃축제도 열린다.

월미도 유람선 여행

인천 월미도에는 타이타닉호를 연상케 하는 화려한 유람선이나 바다를 향해 잘 정돈된 산책로, 세련된 커피숍들이 여행객들을 유혹한다. 월미도 여행의 하이라이트는 누가 뭐래도 유람선 관광이다. 국내 최초로 취항한 관광유람선 코스모스호는 월미도 선착장에서 관광객을 태운 후 1시간 10여 분 동안 영종도, 작약도, 율도, 영종대교를 경유해 다시 월미도 선착장으로 돌아온다. 4층 높이의 코스모스호가 영종대교를 지날 무렵에는 샌프란시스코의 금문교를 지나는 베이크루즈 유람선이 연상될 정도로 운치가 넘친다.

Information

- [신포동 차이나타운] 지하철 인천역에서 도보 1분 거리 / 경인 · 서해안고속도로 종점 → 월미도 방향 15분 거리
- [월미도] 지하철 인천역에서 월미도행 시내버스 / 경인 · 서해안고속도로 종점 → 개항 100주년 기념탑 사거리 → 월미도

월미도 코스모스 유람선 예약 문의 ☎ (032) 764-1171~4 / 운항시간 : 11:00 ~ 20:00(1시간 간격)

소박한 어시장 여행

인천 소래포구

인천 남동구에 위치한 소래포구는 어시장 구경과 함께 회를 즐길 수 있는 안성맞춤의 장소이다. 포구 어시장의 단출한 분위기에 딱 맞던 협궤열차가 운행을 중단했지만, 횟집에서 즐기는 회만큼은 푸짐한 상차림이 여전하여 각종 모임이나 가족 나들이 장소로 인기가 좋다. 소래포구의 횟집에서 먹는 회는 활어회 기준으로 보통 9만 원 선을 부른다. 여기가 포구인 것을 생각하면 비싼 가격이지만 한 가족이 오순도순 먹을 수 있을 만큼 그 양이 푸짐하고 정성스럽다.

소래포구 어시장 안으로 좀 더 들어가면 주머니 사정이 넉넉지 않은 학생이나 실리를 찾는 젊은 부부들이 저렴한 가격으로 회를 즐길 수 있는 곳이 있다. 어시장에서 상인들이 즉석에서 잡아주는 회를 포구가 내려다보이는 도로변 좌판에서 먹을 수 있는데 끼룩끼룩대는 갈매기떼를 배경으로 소주잔 기울이는 것도 나름대로 멋지다. 이렇게 좌판을 깔고 먹게 되면 3~5만 원 안팎의 적은 비용으로 서너 명이 푸짐하게 먹을 수 있다. 최근에는 더 싱싱한 것을 먹으려고 포구로 귀환하는 어선 선장에게 직접 회를 구입하기도 한다고 한다.

소래포구의 어시장에서 구입할 수 있는 대표적인 수산물로 새우젓과 꽃게가 있다. 3~6월에는 암게철이고 9월은 수게철이다. 살이 통통하게 올랐으므로 게장 담그기에 그만이다. 김장철에 구입하는 새우젓은 국산과 중국산으로 나눌 수 있는데 역시 국산 새우젓이 맛도 좋지만 많이 비싼 편이다.

Information

- ☎ 소래포구 상인번영회 ☎ (032) 446-2591
- 주안역, 제물포역, 동인천역 등에서 소래포구행 시내버스 / 경인고속도로 도화 I.C → 시민회관 → 시청 → 구월동 → 소래포구 / 경부 신갈 분기점 → 신갈/안산 서해안 · 제2경인고속도로 → 안산분기점 · 서창분기점 · 남동 I.C → 소래포구
- 소래포구 진입로에 모텔급 숙박촌 형성

★★★ 인천지역 섬 여행의 파라다이스

인천 백령도

북한 함경도의 장산곶을 보기 위해 실향민들이 즐겨 찾던 백령도가 지금은 피서철 인기 관광지로 부상하고 있다. 우리나라에서 8번째에 해당하는 큰 섬인 백령도는 강화군에 있는 석모도와 비교하면 약간 더 크고 제부도와 비교하면 다섯 배 정도 더 크다. 따라서 도보로 여행하기엔 섬의 면적이 너무 넓지만 승용차를 가지고 가기엔 비용이 만만치 않게 든다.

백령도 여행은 해수욕과 유람선 관광, 바다 낚시로 나눌 수 있다. 들어갈 때 5시간, 나올 때 5시간의 배 시간이 소요되므로 여행을 준비하려면 최소 1박 2일 이상으로 일정을 잡아야 한다. 꼭두새벽부터 집을 나서야 인천 연안부두에서 아침 7시나 8시 30분배를 탈 수 있다. 배를 타고 약 4시간 30분 정도면 백령도 용기포 선착장에 하선, 본격적으로 여행이 시작된다. 승용차를 싣고 백령도로 들어갈 수 있지만 배편이 매우 복잡하므로 승용차는 포기하는 것이 좋다. 대신 백령도에서 렌터카를 빌릴 수 있는데 렌트비용은 1일 10만 원 안팎이므로 승용차 운반비(편도 17만 원, 왕복 32만 원)보다 훨씬 저렴하다.

렌터카를 타고 백령도를 한 바퀴 돌아본 후에는 두무진 등에서 유람선 관광을 즐기는 것이 좋다. 형제 바위, 촛대바위, 코끼리 바위 일대를 쭉 돌아볼 수 있는데 두무진 일대의 기암괴석은 백령도의 최고 비경으로 알려져 있다.

백령도의 해수욕장은 사곶해수욕장과 콩돌해수욕장이 유명하다. 사곶해수욕장은 비행기가 상륙할 수 있는 단단한 백사장이다. 이로 인해 천연활주로라고 알려져 있는데 백사장 크기도 길이 3km, 너비 300m로 제법 넓다. 모래는 부드럽고 단단해 피서철에는 맑은 바닷물에서 해수욕을 즐기는 사람들이 많다. 차량을 가지고 여행중인 사람들은 백사장 안까지 차를 몰고 들어갈 수도 있다.

백령도 주변 여행 지도

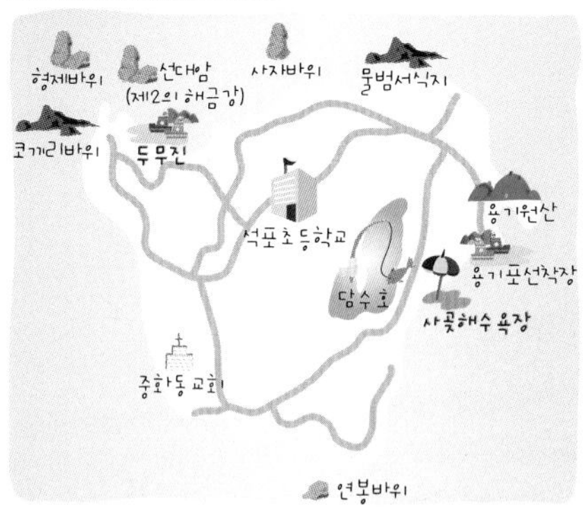

콩돌해수욕장은 콩알만한 조약돌로 이루어졌다 해서 이름이 붙은 해수욕장이다.

1박 2일로 여행중이라면 다음날 정오에 선착장으로 돌아온 뒤 렌터카를 반납하고 인천행 배를 타야 한다. 날씨에 따라 배가 출항하지 않을 수도 있으므로 백령도 여행을 준비할 때는 2~3일분의 여비나 시간을 생각해두는 것이 좋다. 백령도라는 이름은 섬의 생김새가 하늘을 나는 흰 새를 닮았다 하여 붙었다고 한다.

Information

☎ 만다린 · 데모크라시호(온바다) 운항문의 ☎ (032) 884-8700/ 진도운수(인천) 운항문의 ☎ (032) 888-9600

인천 동인천역에서 연안여객터미널행 시내버스 5분 간격 운행

인천 연안부두에서 매일 백령도행 만다린호(8:30), 데모크라시호(12:40), 진도해운(7:10) 운행 / 승용차 이용자는 연안부두 주차장에 24시간 주차 가능 / 인천에서 백령도까지 소요시간 약 4~5시간 / 차량 운반시 격일제로 다니는 화물선 이용, 승용차 운반비 왕복 32만 원 안팎 / 백령도행 배편은 기상 변화에 따라 운항하지 않을 수도 있으므로 문의한 후 출발.

덕적도, 신도, 장봉도

젊은이들의 데이트 코스로 인기 있는 덕적도는 서포리 해수욕장으로 유명한 섬이다. 서포리 해수욕장은 울창한 노송을 배경으로 길이 3km, 너비 300m의 넓은 백사장을 가지고 있다. 섬의 해안가에 형성된 갯바위에서는 우럭이나 놀래미 낚시가 가능하고 배를 빌리면 앞바다로 나가 바다낚시를 즐길 수도 있다. 자월도와 사승봉도는 아름다운 섬으로 유명하다. 이들 섬으로 가는 배는 인천연안부두에서 매일 출발한다.

인천국제공항 북쪽에 있는 삼목 선착장은 신도와 장봉도행 배가 출항하는 항구다. TV 드라마 '풀하우스' 촬영장으로 유명한 신도는 드라마가 방영되었던 2004년 피서철에는 촬영장 일대가 인파로 부쩍 붐볐다고 한다. 신도에서 20분가량 떨어져 있는 장봉도는 3개의 해수욕장과 갯벌지대가 적당하게 섞여있는 아름다운 섬이다. 삼목 선착장에서 신도는 여객선으로 10분가량 소요되고, 장봉도는 20분가량 더 소요된다. 두 섬 모두 섬의 면적이 넓기 때문에 승용차를 가지고 들어가는 것이 좋다.

Information

☎ 덕적도 · 자월도 : 인천연안부두 여객선안내 ☎ (032) 888-0116 / 1일 1~5회 운행(운항횟수 월단위 변동)
신도 · 장봉도 : 인천국제공항 삼목선착장 세종해운 ☎ (032) 884-4155 / 1시간 간격 운행

- 인천 동인천역에서 연안여객터미널행 시내버스 5분 간격 운행 / 삼목선착장은 인천 동인천 피카디리극장 등에서 삼목선착장행 직행버스 15분 간격 운행
- 승용차 이용 삼목선착장 이동시 인천국제공항고속도로 → 영종대교 → 2km 직진 → 우회전 → 우회전 → 삼목사거리 다시 우회전 → 삼목선착장

환상의 섬 드라이브 여행

시화방조제 · 대부도 · 선재도 · 영흥도 드라이브

경기도 시흥시, 경기도 안산시, 경기도 옹진군에 걸쳐있는 이들 방조제와 섬들은 매우 복잡해 보이지만 실은 거의 일직선으로 달리는 드라이브 코스이다. 드라이브의 시작은 시흥시 시화방조제에서 시작한다. 시화방조제를 경유해 안산시 대부도, 옹진군 선재도, 옹진군 영흥도를 달리는 이 드라이브 코스는 나름대로 재미있고 흥미진진하다.

시화방조제가 끝나는 위치에 방아머리 선착장이 있다. 덕적도, 소야도, 자월도, 승봉도, 문갑도, 백아도 등으로 가는 배를 탈 수 있는 곳이다. 인근에는 편히 쉬어 갈 수 있는 백사장이 있어 주말이면 호객나온 횟집 아르바이트생과 낚시꾼, 드라이브족으로 인해 선착장 일대가 아수라장이 된다. 낚시는 시화방조제 중간에 있는 섬과 방아머리 선착장 등에서 가능한데, 가을철에는 루어 낚시가 특히 인기가 있다.

방아머리에서 대부도를 경유해 선재도를 향해 달려보자. 방아머리 선착장을 지나면 차츰 자동차 왕래가 뜸해진다. 차창 밖으로 포도밭이 그림처럼 같이 내달린다. 내려서 포도밭을 구경하고 싶지만 도로가 협소해 차를 세울 장소가 마땅치 않다.

대부도에서 선재대교를 건너면 선재도 초입에 목섬이 있다. 물이 빠지면 갯벌이 드러나면서 목섬까지 걸어갈 수 있는데, 호젓한 갯벌 길이 데이트 코스로도 좋고 가족 단위 갯벌 체험장으로도 아주 좋다. 선재도는 섬의 크기가 상당히 작기 때문에 자동차로 5분 정도 달리면 바로 영흥도로 넘어가게 된다. 선재도의 도로변에는 깨끗한 음식점들이 들어서고 있는데, 충남 태안반도에서 인기 있는 음식인 '박속낙지' 전문점도 몇 군데 보인다.

드라이브 코스

＊ 대부도 선재도 영흥도 드라이브 코스

시흥 시화방조제 → 대부도 → 선재도 → 영흥도 → 십리포 해수욕장(약 1시간 20분 소요)

＊ 영흥도 섬 드라이브 코스

십리포 해수욕장 → 국사봉 방향 임도 → 장경리 해수욕장(5km, 비포장 임도 드라이브 코스)

❶ 연인과 함께 가벼운 마음으로 즐기는 시화방조제 낚시

❷ 영흥도 십리포 해수욕장

이제, 이 드라이브의 종착지인 영흥도로 차를 몰아보자. 영흥도는 원래 인천 옹진군에 있는 면적 23.22㎢의 섬이지만, 2001년에 영흥대교가 완공되어 경기도 시흥에서 시화방조제를 따라 영흥도까지 승용차를 몰고 들어갈 수 있다. 영흥도의 여행 코스는 3개의 해수욕장과 갯바위 낚시터,

갯벌 체험장으로 나눌 수 있다. 영흥도 북쪽에 위치한 십리포 해수욕장은 굵은 왕모래의 백사장과 울창한 소사나무군락이 특징인 해수욕장으로 접근이 용이하기 때문에 영흥도에서 가장 인기 있는 해수욕장이다. 해수욕장 입구의 서어나무군락에는 약 300그루의 서어나무가 있는데 괴목이라 불릴 정도로 운치가 있다. 해수욕장 입구는 깨끗한 상가들이 즐비하다.

영흥도 장경리 해수욕장은 울창한 노송지대를 배경으로 펼쳐진 백사장이 아름다운 해수욕장이다. 해수욕장 주변에서 갯벌 체험과 바다낚시가 가능해 일거양득이다. 갯벌에서는 소라와 게를 채취할 수 있어 피서철이면 인파로 가득하다.

영흥도의 갯벌 체험장은 섬 주변에 대략 8군데가 포진되고 있다. 십리포 해수욕장과 장경리 해수욕장은 갯벌 체험이 가능한 해수욕장이고 그 외는 말 그대로 드넓은 갯벌 지대다. 바지락, 게, 낙지, 소라, 상합 등을 잡을 수 있다.

대부도 · 선재도 · 영흥도 · 제부도 여행 지도

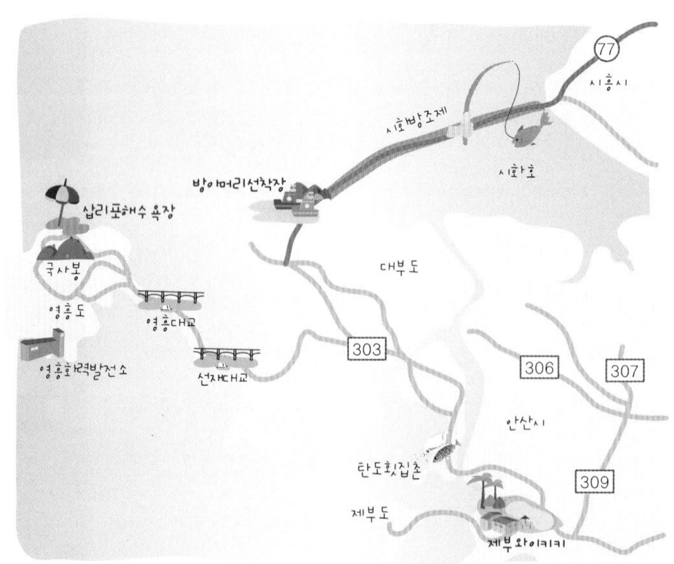

Information

☎ 대부도 방아머리 선착장 ☎ (032) 886-3090 / 영흥도 바다낚시 영흥선단(032) 886-0166, 청해7호 / (032) 886-2667외 10여 곳

- 인천터미널에서 대부도 방아머리 선착장, 선재도 경유 영흥도행 버스 1일 6회 운행
- 승용차 이용시 경인고속도로/서해안고속도로 → 당진, 안산방면 → 월곶 I.C → 시화방조제 방면 자회전 / 경기이남 지방에서 출발시 경부고속도로 오산 I.C → 발안 방면 82번 지방도 → 팔탄면 → 화성시 → 송산 → 탄도 → 대부도 → 선재도 → 영흥도(시화방조제 경유할 경우 화성시에서 시흥 방면 77번 국도 우회)

서해 바다의 작은 섬

화성 제부도

화성 제부도는 수도권 청춘남녀들의 데이트 장소로 일찍부터 알려진 장소이다. 우후죽순 생겨난 횟집과 모텔 때문에 옛 낭만은 사라졌다고들 하지만 가족 단위의 갯벌 체험이 유행하면서 제부도의 갯벌지대가 가족 여행지로 새롭게 주목받고 있다.

육지에서 2.3km가량 떨어진 제부도는 전체 면적이 약 1㎢에 불과한 작은 섬이다. 모세길이라 불리는 바다는 제부도와 육지 사이의 바다를 말하는데 이곳에 돌다리가 놓인 것은 1969년 무렵부터이다. 하루 두 차례 간조시마다 바다가 갈라지면 돌다리를 밟고 육지에서 제부도를 왕래할 수 있었다. 1988년에는 돌다리를 따라 1차선 너비의 시멘트 포장도로가 놓이면서 지금은 간조 시간에 맞춰 자동차의 출입이 가능하다. 간조 시간은 매일 달라지므로 전화(031-369-2098)로 문의한 후 출발해야 한다.

❶ 제부도의 해안 산책로

❷ 조개구이와 새우구이가 유명한 제부도

제부도 여행은 크게 해수욕장과 바다낚시, 갯벌 체험, 드라이브, 해수목욕탕 코스로 나눌 수 있다. 제부도와 연결된 모세길은 드라이브 코스로 운치 있는데 특히 이슬비 내리는 날 드라이브할 때 아름답다. 모세길을 건너면 제부도가 시작되면서 자동차도로가 양편으로 갈라진다. 우측으로 달리면 도로 끝에 주차장이 있고 제부도 선착장, 낚시터, 해안 산책로, 식당가가 형성되어 있다. 바다낚시는 주로 이곳 선창이나 갯바위에서 즐길 수 있는데 별다른 준비없이 가벼운 마음으로 낚시를 즐기기에 적당하다. 가족 여행자라면 해안산책로를 따라 편안한 산책을 즐길 수 있고 노점상에서 각종 해산물을 저렴한 가격에 구입할 수 있다. 제부도의 명소인 해안산책로는 총연장 약 832m의 목재로 된 산책로이다. 이 산책로는 제부도의 북서해안선을 따라 놓여있으므로 산책 내내 오른편으로 수평선이 펼쳐진다.

제부도 주변 여행 지도

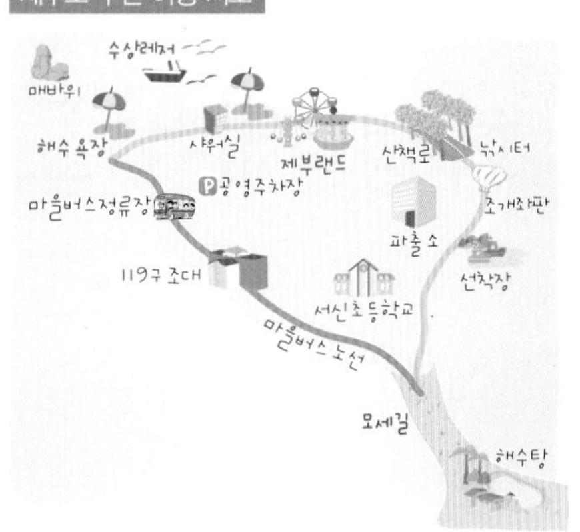

제부도 해수욕장은 제부도 입구에서 좌측 도로를 타고 달리면 그 끝에 형성되어 있다. 해수욕장 초입에 보이는 갯벌지대는 제부도 매바위다. 매바위 일대는 물이 빠지면 갯벌이 드러나므로 갯벌 체험장으로 요즘 그 인기가 높다. 이곳에서는 자연석 굴과 조개 따위를 캘 수 있어 가족 여행자들뿐만 아니라 데이트중인 연인들도 즐겨 찾는다. 매바위에서 해수욕장 배후까지는 식당가와 숙박시설이 넓게 포진되어 있고 각종 놀이시설도 구비되어 있다.

Information

- 바닷길 열리는 시간 확인 http://jebumose.invil.org
- • 수원역에서 400, 400-1, 999, 490 좌석버스 이용, 서신 하나로마트(농협) 앞에서 하차 후 제부도 마을버스 이용 / 금정역에서 330 버스이용, 서신 하나로마트(농협) 앞에서 하차 후 마을버스 이용
  • 승용차 이용시 서해안 고속도로 매송 I. C → 비봉 → 화성 → 서신 → 제부도
- 제부관광모텔 ☎ (031) 357-7892 / 그린민박 ☎ (031) 357-9889 / 모세의 기적 ☎ (031) 357-5766 외 도로변에 모텔 및 펜션 시설 다수

당진 · 서산 · 태안

당진 삽교호 국민관광지 / 당진 왜목마을 / 당진 포구 여행 / 서산 부석사 · 부석냉면 / 서산 간월도 / 서산 A·B 방조제 / 서산 해미읍성 / 서산 개심사 / 홍성에서 보령까지 해안 드라이브

★★ 주말 오후 반나절 동안 훈훈하게 보내는 실속 여행

당진 삽교호 국민관광지

삽교호 국민관광지는 충남 당진군에서 가장 인기있고 대중적인 관광지이다. 천안에서 특히 가깝기 때문에 천안 시민들이 공휴일 가족나들이 장소로 가장 선호하는 곳이 삽교호 관광지라 한다. 필자가 삽교천을 찾은 것은 서너 차례이다. 대개는 휴게소에서 커피를 뽑아 마시고 서둘러 떠나버리고 말았는데, 막상 취재를 해보니 볼거리가 꽤나 많다. 마침 주말 오후라 필자가 예상했던 것보다 훨씬 많은 행락객들이 삽교호 관광지를 찾고 있었다.

삽교천 방조제는 당진군 신평면 운정리와 아산시 인주면 문방리 사이의 바다에 3,360m 길이의 방조제를 쌓은 것을 말한다. 이 중 삽교호 관광지는 당진 쪽에 위치한 관광지이다. 삽교천 방조제는 박정희 전 대통령의 서거와도 깊은 관계가 있다. 1979년 10월 26일 낮에 삽교천 방조제 준공식을 다녀온 박정희 전 대통령이 그날 밤 서거했기 때문이다. 이런 사실 때문에 삽교호 관광지는 매년 10월 26일에 박정희 대통령 추모제를 연다고 한다.

❶ 싱싱하고 저렴한 횟감들
❷ 삽교호 기념탑 부근의 잔디공원

삽교천 관광지의 볼거리로는 바다 저 멀리 보이는 서해대교와 동양최초의 군함테마공원인 삽교호 함상공원이 있다. 자녀를 위한 놀이동산이 구비되어 있을 뿐 아니라 서해대교의 행담도를 왕복하는 유람선 코스가 개발되어 있다.

유람선 선착장으로 내려가는 도로변에는 횟집들이 즐비하게 들어서 있는데 싱싱한 생선회와 조개구이가 비교적 저렴한 가격으로 관광객들을 유혹한다. 더 싼 가격으로 회를 즐기고 싶다면 버스터미널 뒤편 왼쪽에 있는 수산물특화시장을 찾아가는 것이 좋다. 각종 건어물이나 생선을 판매하는 시장 풍경도 볼 만하지만 한 접시에 1만 원 안팎 하는 횟감들이 실속 여행을 떠나온 가족들에게 큰 인기를 얻고 있다. 여기서 구입한 횟감은 방조제 기념탑이 있는 잔디공원으로 이동한 후 먹을 수 있는데 잔디공원 안에는 가족 단위의 행락객들이 돗자리를 깔고 음식을 즐기는 모습으로 빼곡하다. 공원 주위로는 산책로가 닦여있고 산책로 옆은 바다가 넓게 펼쳐져 있다. 여름에는 바다에서 불어오는 바람이 일품이므로 횟감을 안주삼아 소주 까먹기에도 적당하다.

삽교호 명물 볼거리인 함상공원은 상륙함과 구축함 등 2척의 군함으로 이루어진 전투함 형식의 테마공원이다. 상륙함은 전장 100미터, 전폭 15미터의 함상으로 상륙작전 등에 사용한 군함을 그대로 테마공원으로 꾸미고 있다. 함상 내부는 주제별 전시관으로 개조하여 해군 및 해병대의 발전과정과 함포의 세계 등을 전시하고 있다. 이와 달리 전장 120미터, 전폭 12.5미터의 구축함은 내부를 개조하지 않고 원형 그대로 전시하고 있다. 대공, 대함, 대잠 전투능력을 갖춘 전투함의 위용을 눈앞에서 실물로 볼 수 있는 것이 장점이다. 입장료를 내고 들어가면 무려 2시간 30분 안팎의 관람 시간이 필요할 정도로 볼거리가 푸짐하다.

삽교호 관광지는 수도권에서 출발해도 교통이 그다지 불편하지 않다. 가족과 함께 반나절 동안 훈훈하게 보낼 수 있는 여행지인 삽교호 관광지는 젊은 연인들의 데이트 코스로도 손색없다.

당진 주변 여행 지도

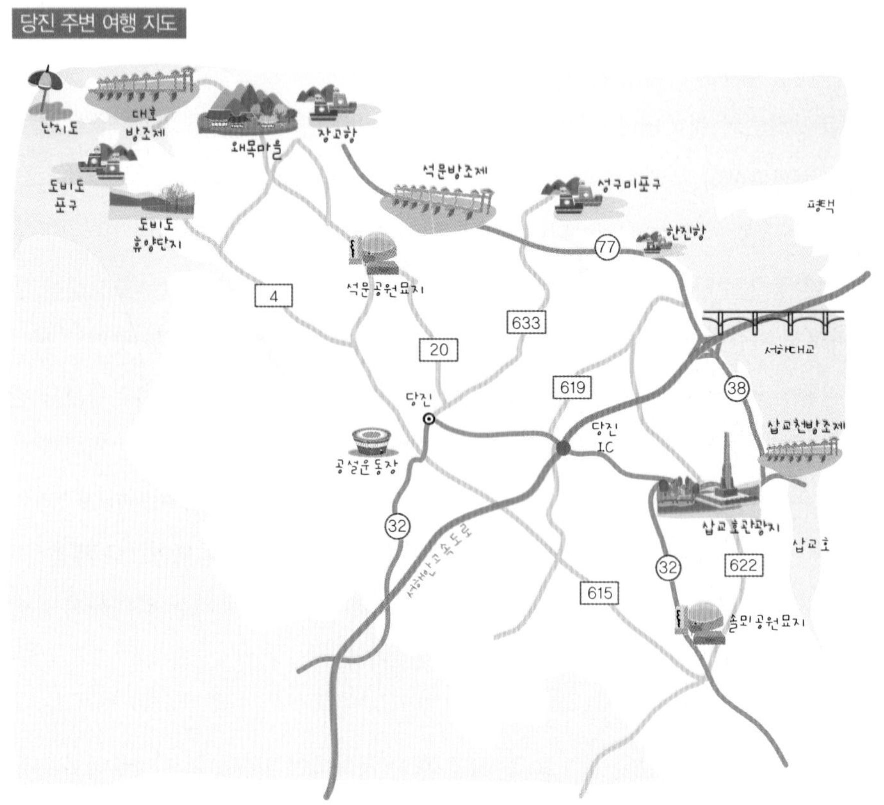

Information

☎ 삽교호 관광지 관리사무소 ☎ (041) 350-4211~2

- 서울 남부터미널에서 삽교호 경유 당진행 버스 이용, 삽교호에서 하차 / 인천터미널에서 삽교호 경유 버스 이용 / 천안 시외버스터미널에서 삽교호 경유 당진행 버스 이용
- 승용차 이용시 서해안고속도로 송악 I.C → 삽교호 이정표 보고 진입 / 경부 고속도로 안성 I.C → 평택 → 팽성 방면 45번 국도 → 공세 → 삽교천 → 삽교호 / 경부고속도로 천안 I.C → 천안 → 아산 → 39번 국도 공세 → 삽교천 → 삽교호

일출과 낙조를 한곳에서 볼 수 있는

당진 왜목마을

❶ 당진 왜목마을 바닷가
❷ 당진 왜목마을에서 바라보는 낙조

충남 당진군 석문면 교로리에 위치한 당진 왜목마을은 서해안에 위치한 마을이지만 바다 너머에서 떠오르는 일출과 바다 너머로 지는 낙조를 모두 볼 수 있는 곳으로 유명한 포구마을이다. 이곳의 일출은 동해 일출이 시작된 후 5분 뒤에 시작되는데, 지형적 특수성으로 인해 바다 너머에서 해가 떠오르는 모습을 지켜볼 수 있다. 특히 3월부터 10월 사이에는 바다에서 떠오르는 일출이 정확하게 관측되므로 그 인기가 매우 높다. 오후 무렵에는 반대편 바다로 지는 낙조를 볼 수 있으므로 일출과 낙조를 모두 볼 수 있는 마을인 셈이다.

일출은 바다가 보이는 펜션이나 숙박시설을 구하면 객실 안에서 볼 수 있지만 바닷가나 왜목마을 뒷산인 석문산(해발 79.4m)에 올라가서 보는 것이 더 아름답다.

해변을 따라 산책이 가능하고 왜목항을 이용하면 선박을 빌려 바다낚시를 즐길 수 있다. 마을 중심가에 펜션급 숙박시설과 식당가가 넓게 포진되어 있으므로 숙박과 먹거리에는 지장이 없다.

Information

- 서울 남부터미널, 대전 동부터미널, 천안터미널에서 당진행 버스 탑승, 당진에서 교로리행 시내버스 30분 간격 운행
- 승용차 이용시 서해안고속도로 송악 I.C → 고대 국가공단(동부제강) → 한보철강 → 석문방조제 → 왜목마을

왜목 메종드라메르 펜션 ☎ (041) 354-1711 / 왜목하우스 ☎ (041) 354-2911 / 비치타운 ☎ (041) 352-6100 외 펜션 및 민박 모텔 약 50여 곳

왜목마을 바다낚시 문의 쌍충호 ☎ (041) 352-1927 / 빌리지호 ☎ (041) 352-7898 외

당진 포구 여행

한진항

한진항은 한진나루라고도 불리는 유서 깊은 항구로 신라 때는 당나라와 해상무역이 펼쳐진 곳이다. 서해대교 송악 I.C로 빠져나온 뒤 38번 국도를 타고 서쪽으로 2Km가량 달리면 도착하는 이곳은 사진작가와 낚시꾼들이 즐겨 찾는 명소로 알려져 있다. 사진작가들은 부두 앞에 펼쳐지는 서해대교를 사진 속에 담고자 방문하고 낚시꾼들은 배를 임대해 바다낚시를 즐긴다. 지금은 자가용 이용자들이 석문방조제 일대를 드라이브하다가 식사 겸 회를 먹고자 한진항을 찾고 있다. 한진항은 어디에서든 동쪽으로 펼쳐진 아산만을 가로지르는 서해대교를 한눈에 조망할 수 있다. 일출과 일몰을 모두 볼 수 있는 바다이지만 특히 서해대교를 배경으로 떠오르는 일출은 사진작가들의 마음을 부풀게 한다. 낚싯배는 바다 위에 떠있는 수중섬으로 낚시꾼들을 내려다 주는데 가을철에는 우럭이 잘 잡힌다고 한다.

성구미포구

▶ 석문방조제 길

한진항을 돌아나온 뒤 38번(77번) 국도를 계속 달리면 석문방조제 못 미쳐서 성구미포구가 있다. 성구미포구의 명물 음식인 간재미회무침은 3월부터 6월 사이가 제철인데, 시즌이 되면 인근에서 많은 사람이 몰려온다. 여기서 인기를 얻었는지 이웃 장고항 일대에서도 간재미회무침을 맛볼 수 있다.

장고항

성구미포구에서 석문방조제를 건너면 장고항이 있다. 포구 모양이 장고같이 생겨 장고항으로 불리는데 한진항이나 성구미포구와 달리 전형적인 어촌 마을이다. 외지인들도 갯벌까지 들어갔다 나오는데, 갯벌에서는 바지락이 많이 잡힌다고 한다. 근처에는 갯바위 낚시터가 있으므로 바다낚시를 즐길 수 있다. 최근에는 찾아오는 사람들이 많아 간재미회 같은 횟거리를 파는 노점상들이 생겨나고 있다.

▶ 장고항에서 만나는 간재미회무침

▶ 도비도 휴양단지에서 보내는 가족 나들이

도비도 농어촌 휴양단지

도비도 휴양단지는 장고항에서 왜목마을 방향으로 달리다가 대호방조제로 꺾어지면 방조제 건너편에 있다. 농어민 교류센터를 표방한 도비도 휴양단지는 각종 숙박시설과 세미나장, 전망대, 식당가가 비교적 깨끗하게 들어선 대규모의 휴양단지이다. 휴양단지 내 주요시설로는 대호암반해수탕이 있다. 휴양단지에는 난지도행 배가 출발하는 도비도 선착장이 있다.

▶ 도비도 전망대에서 바라본 난지도 앞바다

난지도 해수욕장

당진군에서 제일 큰 섬인 대난지도 안에 있는 해수욕장이 난지도 해수욕장이다. 고운모래로 이루어진 백사장은 길이 2.5km, 폭 400m의 크기로 반달형이다. 서해바다치고는 비교적 깨끗하고 수면이 완만해 가족 단위 피서로 제격이다. 해수욕장에 있는 비교적 큰 규모의 당진군청소년수련마을은 일반인도 임대가 가능하지만 10명 이상만 예약할 수 있다. 방갈로와 민박시설이 있고 텐트 설치도 가능하다. 해수욕장 옆으로는 갯바위 낚시가 가능해 낚시꾼들도 즐겨 찾는다.

Information

☎ 도비도 휴양단지 ☎ (041) 351-9200 / 도비도 대호암반해수탕 ☎ (041) 351-9300 / 난지도 당진군 청소년 수련원 ☎ (041) 353-3488, 3489

🚌
- 당진에서 삼길포, 고대행 버스 이용, 도비도에서 하차 / 서산에서 도비도행 시내 · 좌석버스 1일 8회 운행
- 승용차 이용시 서해안고속도로 송악 I.C → 77번(38번) 국도 → 한진포구 → 고대 국가공단(동부제강) → 성구미포구 → 석문방조제 → 장고항 → 왜목마을 → 도비도 휴양단지 → 대호방조제 → 서산

냉면 먹으러 떠나는 여행

서산 부석사 · 부석냉면

서산 시내에서 태안반도를 경유하지 않고 안면도를 향해 바로 이동하려면 649번 지방도를 타고 남쪽 부석면으로 이동해야 한다. 부석면에 도착할 무렵이면 난데없이 부석사라는 이정표가 나타난다.

"어? 부석사가 왜 여기에 있지?" 경북 영주에 있는 부석사와 동일 이름이기에 착각하는 사람이 종종 발생한다.

서산 부석사는 도비산기슭에 자리잡고 있는 도지정문화재 제195호로, 신라 문무왕 17년(서기 677년)에 의상대사가 창건하고, 그 뒤 무학대사가 중건하였다고 전해진다. 사찰에 오르면 안면도 방향 바다가 조망되는데 그곳에 있는 섬들이 흡사 바다 위에 떠있는 바위 같다 하여 부석사란 이름이 붙었다. 서산 부석사는 그다지 크지 않은 아담한 규모의 사찰로 호젓한 산사 여행을 좋아하는 사람들에게 안성맞춤이다. 경내에 서면 저 멀리 바다가 보이고, 사찰로 올라가는 달팽이 모양의 돌계단이 인상적이다.

맛집

서산 부석냉면 – 부석냉면 ★★☆

예부터 서산 부석면은 마늘과 양파 농사가 잘 되는 지역이다. 지금은 작고하신 부석냉면 할머니가 냉면 육수를 뽑을 방법을 밤낮으로 고민하다가, 값비싼 고기 대신에 지천에 널려있는 양파와 마늘을 육수 재료로 사용하기 시작했다고 한다. 그래서 탄생한 것이 깔끔한 육수 맛의 부석냉면이고 지금은 인근 서산지방에서 크게 알려져 유명 냉면집이 되었다. 필자가 부석냉면집을 찾아간 것은 여행작가 초창기 시절이었다. 당시는 경험도 쌓을 겸 도보여행 위주로 전국을 돌아다녔는데, 매우 더운 어느 여름날, 서산에서 물어물어 부석냉면집을 찾아간 적이 있었다. 그집을 찾기 위해 꽤 무리를 했는데, 부석냉면집의 냉면 육수가 어찌나 시원했는지, 냉면을 먹고 나서 식당 밖을 나서보니, 무더운 여름 하늘이 서늘하게 느껴질 정도였다.

[문의] 서산 부석면 부석냉면 ☎ (041) 663-9787

Information

서산에서 부석행 시외버스 이용, 부석냉면집 앞에서 하차 후 부석사까지는 도보 30분 거리

서산 간월도

간월도의 백미는 누가 뭐라 해도 만조 때 간월암 사이로 올려다보이는 보름달일 것이다. 안면도로 해가 넘어가면 이윽고 간월암에 달이 떠오른다. 무학도사가 출가한 사찰로 유명한 간월암은 마당 크기가 10평 남짓한 작은 절집이다. 그러나 담장 밖을 한 바퀴 돌아보면 단단한 요새처럼 느껴지는 것이 무척 인상적이다. 간월암은 밀물 때는 담장 옆까지 바닷물이 들어와 하나의 섬처럼 된다.

▶ 무학도사가 밤에 달을 보고 득도했다는 간월도 간월암

간월암의 최고 백미인 보름달 풍경 못지않게 안면도 방향으로 떨어지는 낙조 풍경도 아름답기 그지없다. 낙조는 섬 뒤로 보이는 안면도 방향으로 떨어지므로 사찰을 배경으로 낙조 사진을 찍는 사람들이 많이 몰려든다. 하루에 두 번 들어오는 밀물 시간에 맞춰 도착하면 바다 한가운데 떠 있는 간월암을 눈앞에서 목격할 수 있다. 간월안의 창건 연대는 정확하지 않지만 무학대사가 고려 말에 창건한 암자라고 알려져 있다. 원래 이름이 무학사였으나 점점 퇴락하여 절 집이 사라졌다고 한다. 1914년 송만공대사가 새롭게 절을 창건하니 이 무렵부터 간월암(看月庵)이란 이름이 붙었다.

간월도 명물인 어리굴젓은 무학대사가 태조 이성계에게 보내면서부터 궁중 진상품이 되었다. 지금도 간월도 입구에는 어리굴젓을 파는 식당가가 즐비하게 들어서 있는데, 먹거리로는 이곳 별미인 굴밥이 먹을 만하다.

Information

- 서산에서 간월암행 시내버스 수시 운행 / 승용차 이용시 서해안고속도로 → 홍성 I.C → 서산 A지구 방조제 → 간월암
- 매년 음력 1월 15일이면 굴풍년 기원제인 간월도 굴부르기 행사 개최

세계적인 철새 보금자리

서산 A·B 방조제

▶ 방조제에서 바라본 서산 간척지 풍경

간월도에 진입하기 전 볼 수 있는 넓은 도로가 바로 서산 A·B 방조제이다. 서산시 부석면을 가운데에 두고, 안면도 입구인 태안군 남면과 홍성군 서부면을 연결한 서산 방조제는 1984년 축조되었다. 방조제 완공으로 약 4천 6백만 평 규모의 간척지가 새로 생겨났고 이곳에 농경지가 만들어지면서 서산간척지 쌀과 천수만 쌀이 출시되고 있다.

서산방조제를 만들 때 벌어졌던 만화 같은 일화는 너무도 유명한 이야기다. 최종 물막이 공사를 할 무렵 남은 구간이 약 260m였는데, 이 남은 구간에서 물이 터져 나오는 속도가 초속 8.2m였다고 한다. 10톤이 넘는 바위로 이 구간을 막아도 터져 나오는 물 때문에 밀려나가기 일쑤였다. 이때 현대 정주영 회장이 폐유조선을 사용해 이곳을 막으라고 하였다. 그래서 유조선으로 가로막고 유조선 탱크 안에 바닷물을 가득 넣으니 유조선이 바닥에 가라앉으며 물막이 공사가 완성됐다.

쌀농사가 푸짐해지자 어느새 수많은 철새들이 서산간척지로 몰려들고 있다. 지금은 매년 260종 50만 마리의 철새들이 가을 무렵이면 서산간척지 하늘에서 군무를 이루어 철새 탐조 여행의 새 명소가 되고 있다.

Information

승용차 이용시 서해안고속도로 → 홍성 I.C → 서산 AB지구 방조제 / 경부고속도로 이용시 → 천안 I.C → 아산 → 예산 → 홍성 → 서산 AB지구 방조제

탱자성의 천주교 신자들

서산 해미읍성

해미읍성은 흔히 접하는 산성과 달리 읍 중앙에 성곽을 쌓은 읍성이다. 거의 평지에 있기 때문에 성곽을 쌓은 후 안심이 되지 않았는지 성 둘레에 탱자나무를 심었다고 한다. 탱자나무에는 굵은 가시가 많기 때문에 적의 침투를 방어하기에는 그럭저럭 쓸만했다. 이로 인해 해미읍성은 탱자성이란 이름도 가지고 있다.

탱자성에서 천주교 신자들에 대한 고문 사건이 벌어진 것은 1866년 병인박해 때의 일이다. 잔인무도한 보복과 학살이었다. 읍성 중앙에 있는 수령 600년 된 회화나무(현지에서는 호야나무라 부른

❶ 병인박해의 비극을 간직한 회화나무
❷ 해미읍 외곽도로에 있는 해미성지

다.)는 그 해 봄부터 가을까지 고문 도구로 사용되었다. 충청도 각지에서 압송된 천주교 신자들은 머리가 묶인 채 회화나무에 거꾸러 매달렸고 이러한 고문은 그 해 내내 계속되었다. 천주교 신자들에 대한 탄압은 병인박해 때부터 1891년까지 장장 5년 동안 계속되어 전부 8,000명이 학살당한다. 해미읍성이 이 사건의 중심지가 된 것은 충청도 지역의 천주교 신자들을 고문, 학살하는 주요 장소였기 때문이다. 당시 탈출에 성공한 프랑스 선교사 리델은 톈진의 프랑스 해군사령관에게 이 사실을 알림으로써 프랑스 신부의 죽음에 대한 보복으로 병인양요가 발생한다.

여름날의 해미읍성은 눈물겹도록 아름답다. 1963년까지만 해도 읍성 안에는 1백 60여 채의 민가에 도시 기능을 하는 면소재지와 우체국, 학교 등이 있었다고 하는데 지금은 이들 시설들이 읍성 밖으로 이주되고 읍성 안에는 동헌 등이 재현되어 있다. 읍성 안의 천주교 순교터를 답사하다 보니 문제의 회화나무가 보인다. 나뭇가지에 치렁치렁 매달린 천주교 신자들의 모습이 떠올라 갑자기 등골이 오싹해진다.

이렇게 죽은 천주교 신자들은 읍성 내의 곳곳에 파묻혀졌고 부정한 것은 서문 밖에

버린다는 미신에 의해 서문 밖에서도 대량학살이 자행되었다. 실제 서문 밖 주택가에도 작은 규모의 순교 터가 남아있어 보는 이의 마음을 숙연케 한다.

해미읍성과 서문 밖 순교 터를 답사한 뒤 다시 시내로 돌아온 뒤 가봐야 할 곳이 있다면 해미읍 외각도로에 위치한 해미성지이다. 해미성지는 죄인둠벙이라 하여 천주교 신자들을 거꾸러 떨어트려 학살한 연못이 있는 곳이다. 해미천 좌우 기슭도 천주교 신자들을 생매장한 장소로 알려져 있는데 그 사실을 아는지 모르는지 지금은 정적 속에 평화롭게까지 보인다.

서산 주변 여행 지도

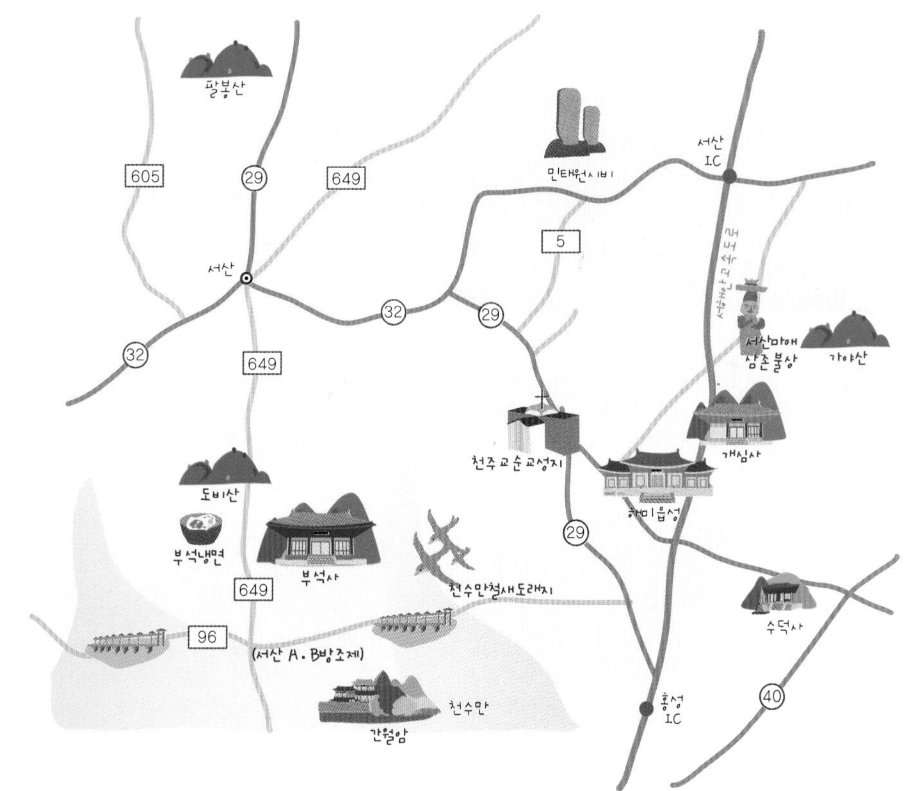

Information

- 서산터미널에서 해미행 시내버스 10분 간격 운행, 해미읍 터미널에서 해미읍성은 도보 5분 거리
- 승용차 이용시 서해안고속도로 해미 I.C → 해미읍

⁑ 마음이 저절로 열리는 절집

서산 개심사

서산 개심사는 수도권 인근 사찰 중에서 가장 분위기 있는 사찰이다. 아담한 절의 규모와 달리 옛 모습이 고스란히 남아있어 고풍스런 운치가 돋보인다.

개심사의 창건 연대는 서기 651년부터 654년 사이로 추측되지만 일반적으로 의자왕 14년인 서기 654년 혜감국사가 창건한 것을 개심사의 실제 창건연도로 보고 있다. 현재의 대웅전 건물은 서기 1484년에 재건된 것으로 조선 초기 목조건물 양식을 보여주는 대표적인 건물이다.

사찰을 둘러보면 간혹 어떤 건물들은 다듬지 않은 자연그대로의 나무기둥에 지붕을 얹었는데 이런 건물들은 울퉁불퉁한 나무기둥이 인상적이다 못해 기이하다.

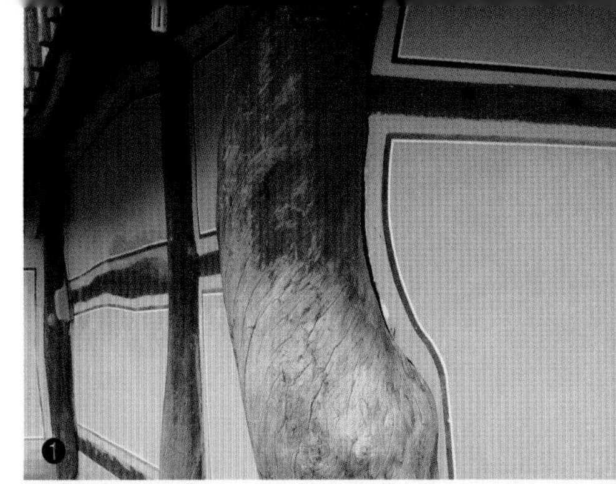

개심사의 또 다른 볼거리인 해우소는 명물이라 불릴 정도로 옛날 방식의 화장실을 그대로 계승하여 사용하고 있다. 설마하는 생각으로 안을 들어가 살펴보니 일어서면 바로 옆칸 화장실이 내려다보이는 구조다. 남자용과 여자용 화장실이 구분되어 있는 것이 그나마 다행이라면 다행이다.

개심사는 수도권 젊은 층에게 은근히 알려진 사찰이지만 교통편이 불편하여 대중교통을 이용하려면 개심사 입구에서 내린 뒤 약 3~4km 길이의 진입로를 터벅터벅 걸어서 이동해야 한다. 진입로에 있는 삼화농장은 여름날 하이킹을 할 때 아름다운 길동무가 된다.

승용차 이용자는 개심사 바로 앞 식당가까지 자동차로 접근할 수 있는데 주차장에 차를 세운 뒤 도보로 산기슭을 올라가야 한다. 울창한 나무숲길이 인상적이다.

❶ 개심사 사찰 건물의 기둥
❷ 개심사 명물인 해우소
❸ 개심사 진입로의 저수지와 삼화목장 풍경

마음을 여는 사찰이란 뜻을 가진 개심사(開心寺)는 흔히 홍성 해미읍성과 함께 하루 코스에 해당하는 여행지이다. 해미읍성과 해미성지에서 반나절을 보내고 개심사에서 다시 반나절을 보내면 나름대로 멋진 주말여행이 된다. 1박 2일 코스라면 간월도나 덕산 온천, 아산 스파비스에서 1박하는 것이 좋다.

Information

☎ 개심사 종무소 ☎ (041) 688-2256

- 서산공영터미널에서 개심사 입구행 시내버스 이용
- 승용차 이용시 서해안고속도로 서산I.C → 32번 국도 → 운산 → 한우개량사업소(삼화목장) → 개심사 입구 → 개심사 / 경부고속도로 천안 I.C → 아산 → 예산 → 덕산 → 해미 → 운산 방면 → 개심사 입구 → 개심사

홍성에서 보령까지 해안 드라이브

홍성 남당리 대하마을

남당리 대하마을은 홍성읍 서쪽 서산방조제 방면 25km 지점인 천수만 해안가에 있다. 간월도에서 출발하면 홍성 방면 40번 국도를 달리다가 우회전한 뒤 10km가량 들어가면 남당리에 도착한다. 남당리 대하축제는 1년에 1번 열리는데 이 무렵에는 대도시의 유명 횟집촌이 부럽지 않을 정도로 많은 인파가 몰린다. 마침 축제 기간에 이곳을 지났는데 횟집들이 나레이터 모델까지 고용해 마을 전체가 떠들썩했다. 주요 음식은 대하요리지만 우럭이나 갑오징어, 꽃게 등의 먹을거리도 푸짐하다.

보령 갈매못 천주교 성지

남당리에서 해안 도로(40번 국도)를 따라 남하를 하면 보령방조제를 건넌 후 오천항에 도착한다. 오천항 시내에는 조선시대 때 축성한 오천성이 흘러간 세월과 함께 그 자취를 남기고 있다. 오천항 시내에서 갈매못 방향으로 좌회전하면 다시 해안도로를 따라 잠시 달린 후 갈매못 천주교 성지에 도착한다. 병인박해 당시 서울에서 체포한 천주교 신자들을 학살한 해변이 바로 이곳이다. 성지에서 바라본 바다가 눈물겹게 평화로운 곳이다.

보령 토정 이지함 묘소

갈매못 천주교 성지에서 도로를 따라 남하를 하면 보령 고정리에 위치한 토정 이지함 묘소가 있다. 서해바다가 내려다보이는 국수봉 양지바른 언덕에 위치한 이지함 묘소는 매일 관광객이나 무속인들이 이곳을 찾는다고 한다. 2년 전 폭우가 몹시 심했을 때 필자는 묘소에서 토정 선생의 후손들을 만났는데 유실된 묘역 때문에 고민하는 표정이 역력했다. 후손들과 대화를 나누니 이지함 묘를 중심으로 그 옆으로 있는 묘들은 후손들의 묘라고 한다. 충남 보령은 토정 선생의 고향이기도 하다.

태안반도

태안 만리포 해수욕장 / 태안 학암포 해수욕장 / 태안 천리포 수목원 / 태안 천리포 · 백리포 · 십리포 · 구름포 해수욕장 / 태안 신두리 해수욕장 / 그 밖의 태안반도 해수욕장 / 태안반도의 바다낚시와 갯벌 체험

★★☆ 태안의 대표 해수욕장

태안 만리포 해수욕장

올 여름에는 태안반도에서 가장 유명한 만리포 해수욕장이 어떨까?

만리포 해수욕장에 있는 모항 포구는 원래 중국으로 보내는 사신이 배를 타는 항구였다고 한다.

사신을 보내면서 '수중만리 무사항해'를 기원했는데 이것이 오늘날 해수욕장의 이름이 되었다.

길이 3km, 너비 250m의 넓다란 만리포 해수욕장은 1958년 만리포 사랑이란 대중가요가 발표되면서 전국적으로 유명세를 탔다. 이름에서 알 수 있듯 넓다란 해변이 특징인 만리포 해수욕장은 바다낚시까지 가능해 여름 피서객은 물론 사계절 내내 사람들로 붐빈다.

▶ 만리포 해수욕장

Information

- 만리포 관광협회 ☎ (041) 672-9662
- • 서울 남부터미널에서 만리포행 직행 1일 9회 운행 / 대전 동부터미널에서 태안행 버스 이용 / 태안 터미널에서 만리포행 버스 20분 간격 운행
  • 승용차 이용시 서해안고속도로 서산 I.C → 서산 방면 32번 국도 → 서산 → 태안 → 만리포
- 아드리아 모텔 ☎ (041) 672-6711 / 소나무민박 ☎ (041) 672-0006 / 별장민박 ☎ (041) 672-9680 외 80여 곳

한 폭의 동양화 같은 아름다운 해변

태안 학암포 해수욕장

많은 사람들이 한 폭의 동양화 같은 곳이라 칭송하는 학암포 해수욕장은 바닷물이 빠지면 바위의 모습이 학의 모습을 닮았다 하여 학암포(鶴岩浦)라는 이름이 붙었다.

특이한 구조를 가지고 있는 학암포는 왼편에 고운 백사장이 깔린 해수욕장이 있고 가운데는 방파제, 오른편은 포구가 있다. 해수욕장과 포구가 함께 공존하는 학암포 해수욕장은 해수욕을 즐기면서 어선에서 잡아올린 싱싱한 횟감들을 저렴한 가격에 맛볼 수 있는 것이 가장 큰 매력이다.

학암포 해수욕장의 백사장은 모래질이 상당히 곱다. 길이 2km, 너비 250m의 백사장이 보여주는 풍경도 아늑하고 낭만적이다. 피서철에는 대형 야영장에 텐트를 칠 수 있는 것도 큰 장점이지만 포구 너머로 화력발전소가 보이는 것이 아쉽다면 아쉽다. 물론 해수욕장 방향에서는 그림같이 아름다운 바다만 보일 뿐이다.

Information

- 국립공원관리공단 태안해안 관리사무소 ☎ (041) 672-9737
- • 태안터미널에서 학암포행 시내버스 22회 운행, 직행버스 6회 운행
  • 승용차 이용시 서해안고속도로 서산 I.C → 서산 → 태안 → 원북 방면 603번 지방도 → 원북에서 좌회전 후 634번 지방도 → 학암포
- 코스트밸리 펜션 ☎ (02) 529-4061 / 호서모텔 ☎ (041) 674-7071 / 제일장 ☎ (041) 674-7221 / 황금장 ☎ (041) 674-7078 / 동백민박 ☎ (041) 674-7059 / 햇님과달님민박 ☎ (041) 674-4357 외 50여 곳

태안 천리포 수목원

천리포 수목원은 만리포 해수욕장 북단 2km 지점에 있다. 우리나라에서 가장 뛰어난 수목원 중 하나로 평가받는 천리포 수목원은 비영리재단법인이라 관리상의 어려움으로 인해 일반인에게 개방하지 않고 있다. 일반인의 경우 미리 수목원 후원회에 가입해야 수목원 출입이 가능하다. 연구 목적일 경우에도 정상적인 공문발송을 통해 미리 허락을 받지 않으면 수목원 출입이 불가능하다. 따라서 천리포 수목원을 방문하려면 미리 회원으로 가입하는 것을 잊지 말자. 회원가입은 인터넷(http://www.chollipo.org)을 통해 할 수 있으며, 일정정도 회비를 부담해야 한다.

우리나라 수목원의 효시인 천리포 수목원 설립자는 미국인 칼 밀러(Carl Ferris Miller)이다. 1945년 9월 8일 미해군 통역장교로 우리나라에 파견된 칼 밀러는 우리나라에 매료되어 제대 후 한국을 다시 찾았다고 한다. 그 후 그는 30년간 한국은행 직원으로 근무하면서 휴일마다 우리나라의 산과 사찰을 찾아 전국을 여행했다고 한다. 그러던 중 태안반도에서 어느 노인의 요청으로 땅을 구입하고 한옥을 지은 뒤 정원을 가꿀 요량으로 소나무를 심은 것이 오늘날 천리포 수목원의 기원이라 한다. 천리포수목원은 2000년 세계수목학회에서 선정한 '세계의 아름다운 수목원'이자 미국 호랑가시학회가 선정한 '공인 호랑가시 수목원'이기도 하다. 뛰어난 수목관리와 아름다운 수목원 풍경은 자연을 좋아하는 여행자들의 안성맞춤 여행지가 된다.

Information

천리포 수목원 ☎ (041) 672-9310 / 수목원 후원회 가입 www.chollipo.org

- 태안터미널에서 천리포 수목원행 1일 9회 운행
- 승용차 이용시 서해안고속도로 서산 I.C → 서산 → 태안 방면 32번 국도 → 만리포 → 천리포 수목원

천리포 수목원은 회원 외에는 탐방할 수 없으므로 먼저 후원회원에 가입하기 바랍니다.

태안 천리포 · 백리포 · 십리포 · 구름포 해수욕장

천리포 수목원에서 도로를 따라 북상하면 천리포 해수욕장이 바로 나온다. 백사장 길이 1km, 너비 200m의 이 해수욕장은 남쪽으로 만리포와 천리포 수목원을 끼고 있고 북쪽으로 백리포 해수욕장을 끼고 있다. 원래 작은 어촌 마을이었던 천리포는 만리포 해수욕장에서 인파가 미어터지자 몇몇 피서객들이 천리포로 몰려오면서 지금의 해수욕장이 되었다. 백사장 끝 갯바위에서는 바다낚시를 할 수 있는데 주로 광어나 우럭이 많이 잡힌다. 해수욕장 앞으로 보이는 섬은 닭섬이라 불리는데 썰물 때는 바닥이 들어나 육지와 연결된다.

▶ 천리포 해수욕장

천리포 해수욕장에서 도로를 따라 북상하면 백리포 해수욕장이 있다. 백리포라는 이름에서 알 수 있듯이 만리포나 천리포에 비해 백사장 규모는 작고 아담하다. 백사장 뒷쪽은 울창한 숲이 있고 좌우에 높은 산이 애워쌓고 있어 상대적으로 더 아담해 보이는데 막상 안으로 들어서면 가족 단위의 조용한 피서를 즐기기에 안성맞춤이다. 여기서 도로를 따라 다시 북상하면 십리포와 일리포 해수욕장이 순서대로 나타난다. 만리포–천리포 다음에 있는 해수욕장이기 때문에 백리포–십리포–일리포라 부르다가 점차 이 이름으로 굳어지고 있지만 마지막에 있는 일리포(구름포) 해수욕장은 해수욕장이라 부르기에는 너무 작기 때문에 해변이라 보는 것이 더 적당하다.

Information

천리포 수목원 교통편과 동일 / 일리포 해수욕장은 승용차로 접근

백리포 해맑은민박(041) 675–0935 / 송림민박(041) 674–6260 외

천연 기념물 해안사구가 있는

태안 신두리 해수욕장

❶ 신두리 해수욕장
❷ 해안사구 가는 길에 바라본 일출

은빛 백사장과 천연기념물 해안사구가 절묘하게 결합된 곳이 태안 신두리 해수욕장이다. 길이 3km, 폭 200m의 백사장을 따라 길을 걸으면 천연기념물 431호 해안사구가 해수욕장 우측으로 나타난다. 해안사구의 영향 때문인지 해수욕장의 모래는 상당히 곱고 부드럽다.

태안에서 출발 원북면에서 좌회전한 후 직진하면 간간히 소나무가 있는 낮은 평원지대가 펼쳐진다. 강원도의 산악지대와 다른 평원지대가 보여주는 편안함에 잠시 자동차를 멈추고 구릉지대로 들어가 본다. 신두리에 가까워질수록 모래가 많아지는 이유는 해변가에 60만 평 크기로 형성된 모래사막인 해안사구의 영향이다. 바람이라도 불라치면 모래먼지가 연기처럼 흩날린다. 해안사구를 걷다보면 심심치 않게 해당화 군락이나 모래 속에서 기생하는 각종 휘귀생물들을 볼 수 있다. 가을에는 해안사구 옆으로 억새밭이 눈부시게 펼쳐진다. 천연기념물 황조롱이와 금개구리가 살고 있다고 하니 자녀들의 생태기행에도 안성맞춤이다.

초입에 있는 신두리 해수욕장은 아담하고 조용한 해수욕장이다. 백사장 옆으로 들어선 펜션마다 바베큐 시설이 잘되어 있어 삼겹살 파티도 할 수 있다. 최근의 신두리 일대는 해안사구 뒤편으로 골프장을 짓는다 하여 온통 야단법석이다. 한쪽에서는 골프장, 다른 한쪽은 해안사구의 모래 이동에 관한 자연보호 연구가 한창이다. 언론은 무분별한 난개발의 심각성을 지적하고, 관계자들은 장단을 맞춘다. 독특한 지형문화를 가진 신두 해안사구의 향후 귀추가 주목된다.

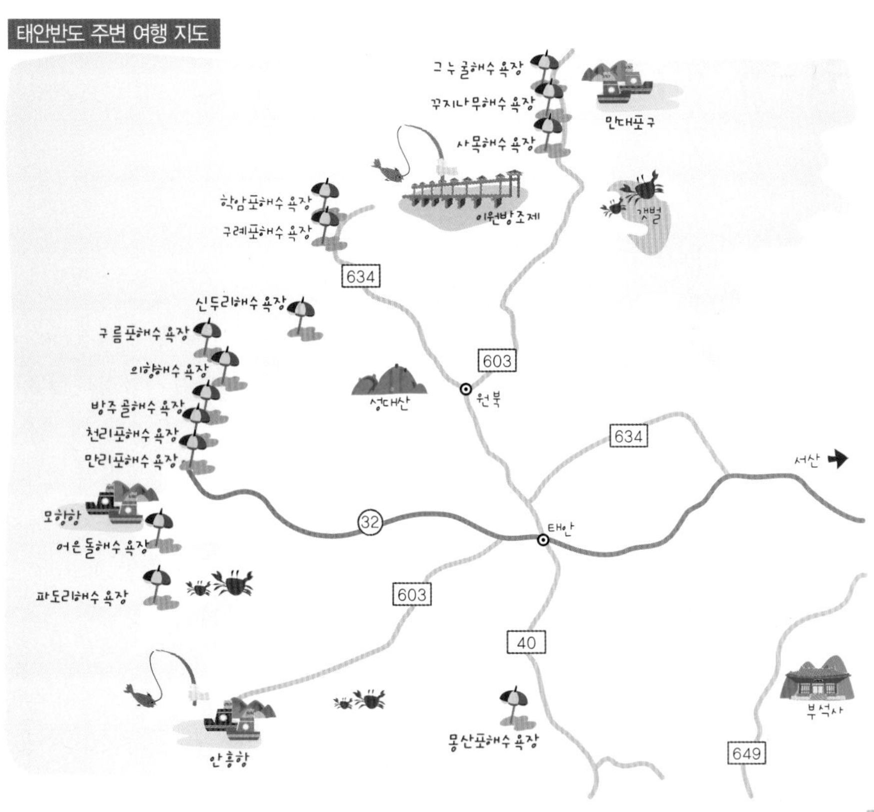

맛집

태안 원풍식당 – 박 껍질을 송송 썰어 끓여낸 밀국낙지탕 ★★☆

'밀국낙지탕'이나 '박속낙지탕'이나 그게 그거라고 식당 여주인이 말한다. 친절한 설명이 이어졌지만 도시에서 온 신출내기 여행작가는 이 요리가 대체 뭘 뜻하는지 알 수가 없다. 알고 보니 박 껍질을 무처럼 얇게 썰어 낙지와 함께 끓인 것이 밀국낙지탕 혹은 박속낙지탕 요리이다. 무 대신 박을 넣으면 국물 맛이 더 담백하다고 아줌마가 친절하게 설명해준다. 취재일정에 쫓겨 아침부터 무작정 처 들어가 밀국낙지탕을 끓여달라고 부탁했다. 국물 맛이 짭조름한 것이 소주 안주로는 제격일 듯싶다. 먹다보니 낙지 머리가 수저에 올라온다. 한 입에 삼키기에는 필자의 내공 부족이 여실하다. 여주인이 다가와 낙지 머리를 가위로 싹둑싹둑 잘라준다. 낙지 머리가 잘라지자 냄비 속에 먹물이 확 퍼지면서 잭슨 폴락의 추상화 그림이 만들어진다. "근데, 이 먹물 먹어도 되는 겁니까?" 묻자 여주인이 활짝 웃는다. 낙지먹물로 범벅이 된 국물 맛. 텁텁한 맛에 매콤한 맛이 더해진다. 태안에서 신두리 해수욕장 가는 길에 있는 원북이란 마을에는 두 곳의 유명 낙지탕 전문점이 있는데, 그중 한 집이 원풍식당이다.

[문의] 태안 원북면 원풍식당 ☎ (041) 672 – 5057

Information

- 태안터미널에서 신두리 종점행 버스 1일 4회 운행(첫차 6:15, 막차 17:50)
- 승용차 이용시 태안 → 학암포 방면 603번 국도 → 원북 → 갈림길 → 신두리 해수욕장

리조트 하늘과 바다사이 ☎ (041) 674-6666 / 궁산민박 ☎ (041) 672-4401 / 비치하우스 ☎ (041) 675-9327 외 20여 곳 / 신두리 해수욕장 번영회 ☎ (041) 672-4788 / 피서철 야영장 운영

그 밖의 태안반도 해수욕장

태안 그누굴 해수욕장

태안반도 제일 북단에 있는 그누굴 해수욕장은 만대에 못 미쳐 이정표를 따라 산등성을 넘어가면 찾을 수 있다. 이름이 특이하기에 여러 사람에게 물었지만 아는 사람이 없다. 그누굴 해수욕장은 양질의 모래로 된 길이 약 200m의 작은 해수욕장이다. 백사장 배후로 높은 언덕과 숲이 가로막고 있으므로 조용하게 피서를 즐기고 싶을 때 찾으면 좋을 것 같다. 해수욕장 주변에는 숙박 시설이 없고 진입로에 민박집 서너 집이 분산되어 있다.

꾸지나무골 해수욕장

그누굴 해수욕장에서 남쪽 5km 지점에 꾸지나물골 해수욕장이 있다. 뽕나무의 일종인 꾸지나무가 많아 꾸지나무골 해수욕장이라 불리지만 지금은 꾸지나무가 있던 자리에 소나무들이 자리잡고 있다. 백사장 길이 1km, 너비 50m가량이므로 적당한 규모다. 백사장 좌우로 갯바위가 많아 풍경이 제법 좋고 낚시도 즐길 수 있다. 그누굴 해수욕장과 달리 주변에 민박집이 몇 군데 있고 피서철에는 매점이 영업을 한다.

사목 해수욕장

태안 이원면에서 가장 많이 알려진 해수욕장이 사목 해수욕장이다. 백사장 길이 1km, 폭 1백m 정도인 사목 해수욕장은 백사장 배후에 소나무숲이 있어 피서철이면 좋은 그늘이 된다. 사목이란 이름은 바다에서 모래가 잘 밀려오기에 붙여진 이름이라 한다. 꾸지나무골에 비해 드문드문 민박집이 보이고 펜션도 들어서고 있지만 역시 조용하고 한적하게 피서를 보낼 수 있는 해수욕장이라 할 수 있다.

Information

- 태안터미널에서 만대행 버스 1일 6회 운행, 각각 그누굴, 꾸니나무골, 사목 해수욕장 입구에서 하차
- 승용차 이용시 태안읍 → 원북방면 603 지방도 → 원북 → 이원 → 만대

사목민박 ☎ (041) 675-6540 외

구례포 해수욕장

구례포 해수욕장은 학암포 해수욕장 바로 남쪽에 있다. 백사장 길이 0.8km, 너비 200m의 해수욕장으로 백사장 좌우에서 갯바위 낚시를 즐길 수 있다. 백사장 배후에는 소나무 군락이 있어 좋은 그늘이 된다. 학암포에 비해 규모가 작지만 부족하지 않을 정도의 편의시설이 구비되어 있고 피서철에는 텐트 야영도 가능하다.

태안 어은돌 해수욕장

우선 태안에서 만리포 방면 36번 국도를 타고 달린다. 만리포 못 미쳐서 남쪽으로 꺾으면 작은 도로를 따라 어은돌 해수욕장과 파도리 해수욕장으로 연결된다. 어은돌 해수욕장은 백사장 길이 1km, 너비 250의 비교적 넓은 해수욕장이다. 해수욕장 입구에 민박집이 형성되어 있고 횟집도 여러 집이 있으므로 포구 형세를 갖추고 있다. 피서를 조용히 지내기에 딱 좋은 해수욕장이다.

태안 파도리 해수욕장

파도리 해수욕장은 해옥이라 불리는 작은 조약돌이 유명한 장소이다. 해수욕장은 백사장 반, 해옥 반으로 뒤덮여 있다. 해변에서 해옥을 채취해 가는 것을 금하고 있으므로 마을 입구에 있는 해옥전시장에서 해옥을 구입하는 것이 좋다. 해옥을 이용한 제품으로는 열쇠고리, 도장, 목걸이, 수석 등이 있다. 해수욕장 초입에 어촌마을이 형성되어 있고 마을 중앙에 초등학교가 있다. 펜션과 모텔급 숙박시설이 비교적 많이 갖추어져 있는 대신 텐트 야영이 금지되어 있다.

Information

- [구례포 해수욕장] 태안터미널에서 학암포행 버스 1일 6회 운행, 학암포에서 하차 후 도보 이동
- [파도리 해수욕장] 태안터미널에서 통개행 버스 30분 간격 운행. 어은돌 또는 파도리에서 하차 / 태안읍 → 만리포 방면 32번 국도 → 석장 삼거리에서 만리포 반대 방향인 좌측으로 진입 → 순서대로 어은돌, 파도리, 통개항

- [구례포 해수욕장] 하늘과땅사이외딴집 ☎ (041) 674-2776 / 모란민박 ☎ (041) 675-6331 등
- [어은돌 해수욕장] 경진민박 ☎ (041) 672-9643 / 소나무민박 ☎ (041) 672-0006 등
- [파도리 해수욕장] 서교비치하우스 ☎ (041) 672-6125 / 제일민박 ☎ (041) 672-9247 등

태안반도의 바다낚시와 갯벌 체험

▶ 만대포구 어선

태안 만대포구

태안반도 제일 북단 쪽은 도로가 끊기면서 이원면 만대포구가 있다. 만대란 지명이 재미있는데 일설에는 '만 채의 집을 지을 수 있는 곳' 이라 해서 붙였다하고, 다른 일설에는 '하도 멀어서 가다가다 만디(가다가다 만 곳)' 에서 유래되었다고 전한다. 작은 어촌 마을인 만대 포구는 썰물 때면 포구가 모래사장으로 변하는 아주 재미있는 마을이다. 그다지 볼거리가 없어 관광객은 오지 않지만 낚시꾼들은 오래전부터 이곳을 찾았다. 근처에 갯바위가 많아 갯바위 낚시를 즐길 수 있을 뿐 아니라 낚싯배를 빌리면 바다낚시도 즐길 수 있다. 잡히는 어종으로는 우럭이나 놀래미, 광어 등이 있다.

▶ 안흥 내항의 야경

태안 안흥항 · 신진도

태안반도의 제일 서쪽에 있는 안흥항과 신진도는 예부터 바다낚시로 유명한 지역이다. 안흥항은 안흥 내항과 신진도 외항으로 나뉘는데 이 두 항구를 합치면 규모면에선 충남에서 빠지지 않는 큰 항구라 할 수 있다. 낚시는 안흥 내항과 신진대교 밑 갯벌과 갯바위 등에서 할 수 있다. 간혹 신진도 연육교에서 바다낚시를 즐기는 사람들을 볼 수 있다. 대충 봐도 몇십미터 높이의 교각인데 교각 위에서 바다를 향해 긴 낚시줄을 드리우며 심야낚시를 즐기는 것이 보기에도 재밌게 느껴진다.

태안 이원반도 동쪽 가로림만 일대

▶ 이원면 동쪽 갯벌지대

태안반도를 포함해 이원반도는 서쪽 해안선에 해수욕장이 형성되어 있고 동쪽 해안선에는 갯벌이 발달되어 있다. 특히 이원반도의 동쪽은 가로림만을 배경으로 곳곳에 천연 갯벌 지대가 풍성하게 형성되어 있다. 이곳의 갯벌 지대는 알려진 명소가 없지만 조용하고 호젓해서 자녀들의 생태 기행에 적당하다. 이원반도에서 603번 지방도를 중심으로 볼 때 동쪽 해안에는 대부분 갯벌 지대가 형성되어 있다고 봐도 무방하다.

안면도

안면도 자연휴양림 · 수목원 / 안면도 꽃지 해수욕장 · 세계 꽃 박람회장 / 안면도 연포 해수욕장 · 몽산포 해수욕장 / 안면도 백사장 해수욕장 · 삼봉 해수욕장 / 안면도 기지포 해수욕장 · 밧개 해수욕장 / 안면도 최남단의 해수욕장 / 안면도 황도 / 안면도 영목항 드라이브

바다에서 만나는 울창한 소나무 숲의 향연

안면도 자연휴양림 · 수목원

안면도 자연휴양림 · 수목원은 안면도 국제 꽃 박람회가 열리는 꽃지 해수욕장 가는 길목으로 안면읍에서는 남쪽으로 약 3km 지점에 있다. 매년 꽃 박람회가 열릴 무렵에는 휴양림 앞 도로에서 꽃지 해수욕장까지 수많은 인파가 인산인해를 이룬다.

안면도 자연휴양림은 안면도 전체 소나무 규모 약 430ha 중 175ha 영역을 수목원 부지로 사용하고 있다. 이를 봐도 알 수 있듯이 안면도 자연휴양림은 국내에서 유일하게 소나무가 단일 군락을 이루는 바닷가 좋은 곳에 자리를 잡고 있다.

안면도 자연휴양림은 소나무들이 저마다의 자태를 뽐내면서 군락을 이루고 있는 자연휴양림과 해안가 나무를 포함하여 각종 야생화와 원예종이 식재되어 있는 수목원으로 나눌 수 있다. 주차장을 지난 후 매표소에 입장하면 서쪽이 각종 꽃과 나무들을 볼 수 있는 수목원 구역이고, 동쪽의 울창한 소나무숲이 자연휴양림 구역이다. 자연휴량림은 해발 100~50m 안팎의 낮은 산을 배후에 두고 20여 채의 숲 속의 집과 조류 사육장, 전망대, 산책로, 체력단련장 등으로 구성되어 있다.

자연휴양림 서쪽에 위치한 안면도 수목원은 11ha의 규모를 가진 수목원으로 국제 꽃 박람회가 열릴 때 부 전시장으로 사용되기도 했다. 2002년 당시 363종 57만 8천 본의 묘목을 꽃 박람회에 전시했고 지금은 식물 종수가 더 많아졌다.

울창한 소나무숲이 매력적인 안면도 자연휴양림과 달리 안면도 수목원은 우리나라 해안에서 자라는 해안가의 나무를 볼 수 있는 것이 가장 큰 장점이다. 수목원에서 반드시 둘러봐야 할 곳이 있는데 수목원 중앙에 있는 한국정원을 표방한 아산원이다. 한옥을 중심으로 꾸며진 한국정원 아산원은 현대 정주영 회장을 기리기 위해 현대건설에서 조성 기증한 것이다. 오동나무, 팽나무, 석류, 모감주나무와 같이 우리나라 전통 정서에 잘 맞는 나무들로 조경되어 있다.

❶ 자연휴양림 입구에서 수목원 가는 길
❷ 아산원 내의 양백당 겨울 풍경
❸ 수목원 전망대에서 바라본 꽃지 해수욕장

안면도 수목원은 자녀들의 생태 기행과 젊은 남녀의 데이트 코스로 안성맞춤이지만 나무 그늘이 없는 것이 약점이다. 여름에는 햇볕이 유난히 따갑다. 여름철 한낮에 수목원을 돌아보려면 모자나 양산 따위를 준비하는 것이 좋다. 수목원 안에 별다른 매점 시설이 없으므로 음료수는 필히 준비해가야 한다. 도시락을 싸가지고 온 알뜰 나들이객들도 제법 많이 보인다.

안면도 주변 여행 지도

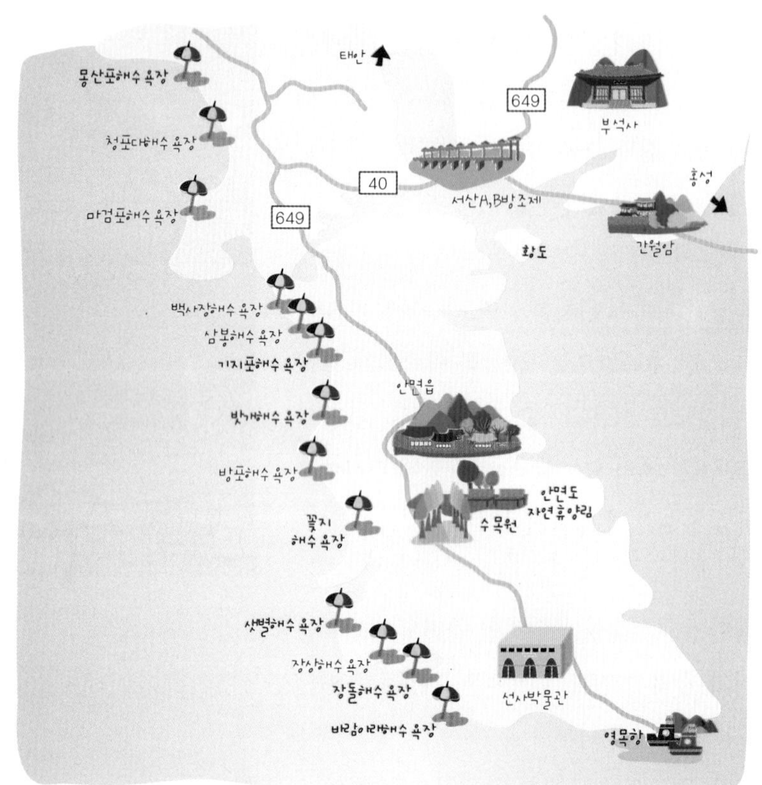

Information

안면도 자연휴양림 ☎ (041) 674-5019

• 서울 남부터미널, 대전, 천안, 부천, 군산 시외터미널 등에서 태안 또는 안면도행 버스 이용 / 태안에서 안면읍행 좌석버스 1일 40회 운행, 안면읍에서 영목 방향 시외버스 탑승 후 자연휴양림 입구에서 하차

• 승용차 이용시 서해안고속도로 홍성 I.C → 갈산 → 서산 A.B 방조제 → 원청 → 안면읍 → 자연휴양림 / 서해안고속도로 서산 I.C → 음암 → 서산 → 부석 → 원청 → 안면읍 → 자연휴양림

안면도 자연휴양림 ☎ (041) 674-5019 / 푸른솔민박 ☎ (041) 673-3815 / 소나무가있는풍경 ☎ (041) 673-4086 / 송우펜션 ☎ (041) 673-3711 외

안면도 꽃지 해수욕장 · 세계 꽃 박람회장

안면도 꽃지 해수욕장은 길이 3.2km, 너비 300m 의 초대형 해수욕장이다. 태안반도에 위치한 쟁쟁한 해수욕장에 비해 그다지 알려지지 않다가 안면도 세계 꽃 박람회의 인기에 편승 지금은 가장 유명한 해수욕장이 되었다.

꽃지 해수욕장의 가장 큰 볼거리인 할미 · 할아버지 바위는 해수욕장 앞에 있는 두 개의 바위를 말한다. 밀물 때는 바다에 떠 있다가 간조시에는 갯벌이 드러나 할미 · 할아버지 바위까지 도보로 이동할 수 있다. 최근 유행하는 생태 여행 붐으로 해수욕장에서 할미 · 할아버지 바위까지의 갯벌 지대

❶ 한낮 썰물 때의 할미 · 할아버지 바위
❷ 꽃지 해수욕장의 할미 · 할아버지 바위 낙조

는 조개나 게를 잡는 여행객들이 부쩍 늘어났다. 아름다운 백사장을 배경으로 이곳에서 조개를 채취하는 것도 남다르게 재미있다.

할미 · 할아버지 바위 뒤로 넘어가는 석양은 안면도에서 가장 유명한 낙조 풍경이기 때문에 전국에서 전문 사진작가들을 불러 모은다.

2002년 안면도 국제 꽃박람회가 열린 장소는 꽃지 해수욕장 입구에 있다. 현재는 꽃박람회장의 기본 골격을 유지하면서 테마파크로 조성되어 있다. 계절에 맞는 꽃을 식재하여 꽃박람회의 이미지를 최대한 살려나가면서 축구장, 족구장, 배구장 등 체육시설과 야영장 등, 누구나 편히 쉴 수 있는 공간으로 조성되고 있다.

꽃지 해수욕장의 새 명소인 롯데오션캐슬 리조트는 해수욕장 남쪽 해변가에 있다. KBS 드라마 두 번째 프로포즈의 배경이 되어 주말에는 빈 객실이 없을 정도로 인기가 좋다. 여성전용 뷰티스파센터, 유황 해수사우나 등의 아쿠아월드와 윈드서핑, 수상스키와 같은 해양스포츠 등 다양한 편의시설이 구비되어 있다. 객실예약은 회원에 관해 가능하지만 기타 부대시설은 비회원도 이용할 수 있다.

Information

☎ 꽃지 해안공원관리사무소 ☎ (041) 673-1061

- 안면읍에서 꽃지 해수욕장행 버스 피서철 20분 간격 운행, 비수기 1일 3회 운행 / 안면읍에서 도보 이동시 방포 해수욕장 경유 꽃지해수욕장까지 약 40분 소요 / 택시 이용시 기본요금 두배 거리
- 승용차 이용시 서해안고속도로 홍성 I.C → 갈산 → 서산 A.B 방조제 → 원청 → 안면읍 → 꽃지 해수욕장

롯데 오션캐슬리조트 ☎ (041) 671-7111, 꽃향기펜션 ☎ (041) 673-7110, 아루시노펜션 ☎ (041) 673-6716, 바다풍경펜션 ☎ (041) 673-3050, 해들역 펜션 ☎ (041) 673-3792, 친구네민박 ☎ (041) 673-4625, 영민박 ☎ (041) 674-5607, 평화민박 ☎ (041) 674-4262, 한솔민박 ☎ (041) 673-3350 외 50여 곳

안면도 연포 해수욕장 · 몽산포 해수욕장

꽃지 해수욕장이 알려지기 전 안면도를 대표하는 해수욕장이 연포 해수욕장과 몽산포 해수욕장이었다. 태안읍에서 안면도로 진입하면 약 9km 지점에 연포 해수욕장이 있고 그 밑으로 3km 더 직진하면 몽산포 해수욕장이 있다.

▶ 안면도 몽산포 해수욕장

연포 해수욕장은 백사장 길이 1.6km, 너비 200m의 반달형 해수욕장으로 태안반도에서 비교적 일찍 여름휴양지로 개발된 해수욕장이다. 백사장은 경사가 완만하고 주변으로는 기암괴석 등의 볼거리가 많을 뿐 아니라 숙박 및 편의시설도 비교적 발달한 편이다.

3.5㎞ 길이의 백사장이 있는 몽산포 해수욕장은 울창한 송림지대가 인상적이다. 썰물 때 갯벌이 들어나 백사장의 너비가 3km까지 넓어지고 갯벌에서 생태 체험이 가능하다. 백사장을 따라 오토캠핑장이 조성되어 있고 그리 많지 않지만 펜션이나 민박 시설도 바다와 인접해 몇 곳이 있다.

Information

- 태안에서 연포 또는 몽산포행 버스 수시 운행
- 승용차 이용시 서해안고속도로 서산 I.C → 서산 → 태안읍 → 남면 → 연포 및 몽산포 순서대로 이동 가능

연포해수욕장 연포하우스 ☎ (041) 673-0525, 하이마트모텔 ☎ (041) 673-0512, 한신콘도 ☎ (041) 672-3913 외 30여 곳 / 몽상포해수욕장 파인우드비치펜션 ☎ (041) 672-8856, 사랑이머무는집 ☎ (041) 672-1905, 로얄파크 ☎ (041) 674-9159 외

안면도 백사장 해수욕장 · 삼봉 해수욕장

❶ 백사장 해수욕장 입구의 포구 풍경
❷ 삼봉 해수욕장

백사장 해수욕장은 태안에서 안면도 방향 연육교 건너 4km 지점에 있다. 폭 300, 길이 1.2km의 은빛 백사장이 곱고 단단해 모 CF 광고에서 자동차가 달리는 모습을 촬영한 장소이기도 하다. 백사장 해수욕장과 가까운 백사장 포구는 고급 식당가로 포장되어 있고 이 지역의 명물 요리인 왕새우 요리가 유명하다. 매년 열리는 새우 축제 기간에 방문하면 먹거리가 더욱 풍성해진다.

백사장 해수욕장에서 남쪽 1km 지점에 위치한 삼봉 해수욕장은 길이 3.8km, 폭 300m의 초대형 해수욕장이다. 백사장 옆으로 높이 22m, 20m, 18m의 세 봉우리가 우뚝 서있어 삼봉 해수욕장이라 불린다.

진입로에 울창한 송림이 들어차 있어 백사장 해수욕장과 달리 비교적 한적한 분위기를 연출한다. 태안 신두리처럼 해안사구가 많이 발달한 이 해수욕장은 진입로에서 모래를 많이 볼 수 있다. 울창한 소나무숲을 배후로 가족 단위의 오붓한 해수욕에 적당한 곳이다.

Information

- 태안에서 안면행 버스 탑승, 백사장 또는 삼봉 해수욕장 입구에서 하차 후 도보 이동
- 승용차 이용시 서해안고속도로 서산 I.C → 서산 → 태안읍 → 남면 → 안면도 연육교 → 백사장 및 삼봉 해수욕장 순서대로 이동 가능

백사장 및 삼봉 해수욕장 인근 숙박시설, 산호비치텔(041) 672-3642, 라벤다&오션파크(041) 673-1107, 유명산장펜션(041) 673-9036, 굿모닝하우스펜션(041) 672-7010, 웨스턴레저타운펜션(041) 673-6988, 사계절민박(041) 673-4935, 사철민박(041) 672-0531, 삼봉콘도민박(041) 673-7171 외

안면도 기지포 해수욕장 · 밧개 해수욕장

삼봉 해수욕장에서 남쪽 3km 지점에 기지포 해수욕장이 있다. 이곳 역시 조용하고 호젓한 분위기가 일품이다. 진입로를 따라 10여 개의 민박집이 있고 백사장 주변에서 텐트 야영이 가능하다. 기지포 해수욕장 남쪽으로 각각 두여, 안면, 밧개 해수욕장 등 알려지지 않은 해수욕장들이 연속으로 나타난다. 이 도로를 따라 계속 남하를 하면 안면읍으로 연결된다.

밧개 해수욕장은 길이 3.4km, 너비 250m의 대형 해수욕장이다. 양질의 모래사장 배후에는 울창한 소나무숲이 군락을 이루고 있다. 진입로에 있는 민박집에서 민박이 가능하고 해수욕장 송림에서 야영도 가능하다.

❶ 기지포 해수욕장
❷ 밧개 해수욕장

Information

- 서해안고속도로 서산 I.C → 서산 → 태안읍 → 남면 → 안면도 연육교 → 삼봉 해수욕장 → 기지포 해수욕장 및 두여, 안면, 밧개 해수욕장으로 순서대로 이동 가능
- 밧개 해수욕장 일대 송림모텔(041) 673-7976, 솔마루민박펜션(041) 674-9016, 현대콘도펜션(041) 673-8231, 보라민박(041) 673-3633, 유정민박(041) 673-4778, 또와민박(041) 673-4619 외 20여 곳

안면도 최남단의 해수욕장

샛별 해수욕장

샛별 해수욕장은 백사장과 조약돌이 반반씩 섞여 있는 해수욕장이다. 해수욕장 배후 송림에서 공식적으로 야영이 가능하고 민박집도 비교적 많이 형성되어 있다. 안면도 시내에서 남쪽으로 5km가량 달리다가 중장리에서 샛별 해수욕장으로 진입한다.

장곡 해수욕장(장돌 해수욕장)

안면도 최남단 장곡리에 위치한 해수욕장으로 장곡 또는 장돌 해수욕장이라 불린다. 바닷가에 인접해 있지만 진입로 풍경은 어촌마을이 아니라 농촌마을을 연상케 한다. 조용하고 한적하게 여름 피서를 보낼 수 있는 장소다. 길이 1.5km, 너비 200m의 백사장은 가족 단위로 오붓한 해수욕에 적당하다.

바람아래 해수욕장

바람아래 해수욕장은 장곡 해수욕장 바로 남단에 있다. 백사장 길이 1km, 너비 200m라고 알려져 있지만 실제로는 장곡 해수욕장의 2~3배에 달하는 사막같이 넓은 백사장이 특징이다. 전설에 의하면 이 지형을 용이 만들었고 그 이후로는 바람이 많이 불어 바람아래라는 이름이 붙었다고 한다. 백사장과 갯벌이 반반씩 섞여있고, 갯벌 주변으로 갈대밭이 있어 지저분한 인상을 주지만 갯벌 체험과 해수욕이 가능하기 때문에 가족 단위 피서도 가능하다. 진입로는 비포장도로의 소나무숲길이고 백사장 입구에 슈퍼 및 민박집이 서너 집 있다.

Information

태안 → 안면도 → 안면도 휴양림 → 중장리(샛별 해수욕장 진입) → 고남면 장곡리(장곡 또는 바람아래 이정표 보고 진입)

장곡리 일대 감나무골민박 ☎ (041) 673-7136 / 고남촌민박 ☎ (041) 673-1433 외

서해 바다에서 만나는 새해 일출

안면도 황도

안면도 연육교를 건넌 후 3km 지점인 창기리에서 좌회전하면 안면도 황도(黃島)로 이동할 수 있다. 보리가 누렇게 익으면 섬 전체가 노란색으로 보여 황도라 불린다. 현재 황도섬에는 약 200여 명의 주민이 살고 있는데 이 섬에 사람이 살기 시작한 것은 200년 전부터라고 한다. 1982년 개통된 연육교를 통해 황도까지 자동차의 진입이 가능하다.

▶ 안면도 황도에서 맞이한 2005년 새해 일출

황도는 안면도의 새 명소로 이른바 새해 일출을 보기 위해 사람들이 많이 찾는 곳이다. 주관광 수입원은 황도 바다낚시로 황도 앞에 펼쳐진 열두대로 나아가 배낚시를 즐길 수 있다. 최근 찾는 사람들이 많아지면서 펜션형 민박집이 들어서고 있고, 매년 새해에는 일출시간에 맞게 해돋이 굴떡국 잔치도 열려 일출을 보러온 여행객에게 무료로 떡국을 맛볼 수 있게 해준다. 황도 앞 천수만에 형성된 갯벌 지대는 상당히 아름답기 때문에 사진 찍기에 좋은 곳이다.

Information

- 태안터미널에서 황도행 버스 1일 4회 운행, 안면읍에서 황도행 버스 1일 5회 운행
- 서해안고속도로 서산 I.C → 서산 → 태안읍 → 남면 → 안면도 연육교 → 창기리에서 좌회전 → 황도

씨앤썬펜션 및 블루오션펜션 ☎ (041) 672-5100, 휴먼발리펜션 ☎ (041) 672-4565, 드림펜션 ☎ (041) 672-7030 외

★★ 태안에서 안면도 종점인 영목항까지

안면도 영목항 드라이브

❶ 안면도 드라이브

❷ 드라이브 종점인 영목항 바다 풍경

안면도 드라이브는 태안읍에서 국도 77번을 타고 안면읍을 경유, 안면도 제일 남단에 위치한 영목항까지 달리는 코스를 말한다. 안면도 특유의 울창한 솔숲과 고남리 부근의 낮은 구릉지대, 그리고 부지런한 농부들이 잘 가꾼 논밭 풍경이 평화로운 분위기를 연출한다. 안면도는 대개 서쪽 해안선을 따라 해수욕장이 발달했고 동쪽 해안선에는 갯벌지대가 발달해 있다. 특히 안면도 동쪽은 높고 낮은 구릉지가 옹기종기 이어지기 때문에 샛길도 한 번씩 들어가보는 것이 좋다. 펜션 붐과 별장지로 각광을 받기 시작하면서 안면도의 동쪽해안에도 갯벌을 배경으로 아름다운 펜션들이 많이 들어섰다.

영목항은 안면도 최남단에 위치한 자그마한 포구이다. 장고도, 고대도, 삽시도, 원산도행 배를 탈 수 있는 영목항에는 포구 언덕배기를 따라 횟집촌과 민박촌이 발달해 있다. 충남 이남지방에서 안면도에 접근할 예정이라면 보령항에서 여객선을 타고 영목항을 찾는 것도 생각해볼 만 한데, 만일 보령항에서 자동차를 싣고 영목항에 도착한 경우라면 반대 방향인 안면읍을 향해 드라이브를 즐길 수 있다. 영목항 언덕배기에 있는 넓은 공터는 안면읍에서 출발한 버스가 회항하는 종점으로 사용되고 있다. 다소 정돈되지 않은 이곳은 일종의 전망대 구실을 하여 영목항 밑으로 펼쳐지는 바다 풍광을 조망할 수 있다. 햇볕이 쨍쨍 내려쬐도 언덕 아래에서 산들바람이 불어 올라오면, 이 언덕에서 내려다보이는 영목항 앞바다는 참으로 평화롭기 그지없다.

Information

☎ 영목항 낚싯배 임대, 안면도바다낚시 ☎ (041) 673-0025 / 형제낚시 ☎ (041) 673-7150 외

보령 · 서천

보령 대천 해수욕장 / 보령 남포방조제 · 죽도 / 보령 용두 해수욕장 / 보령 무창포 해수욕장 / 보령 독산 해수욕장 / 보령 석탄박물관 /
보령의 대표적인 섬 여행 / 서천 춘장대 해수욕장 / 서천 동백정 · 마량 포구 / 서천 신성리 갈대밭 / 그 밖의 서천 여행지

우리나라 3대 해수욕장의 하나

보령 대천 해수욕장

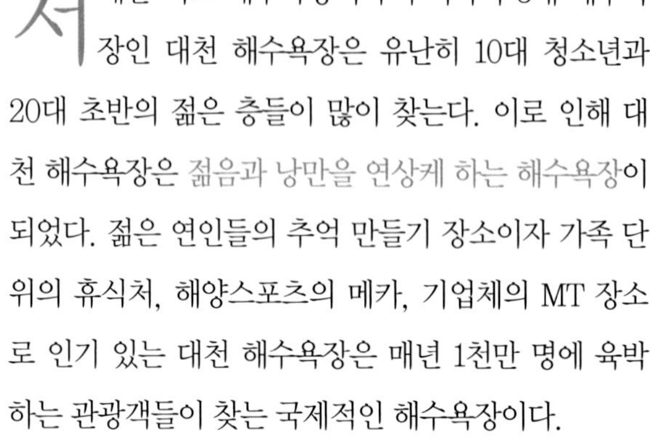

서해안 최고 해수욕장이자 우리나라 3대 해수욕장인 대천 해수욕장은 유난히 10대 청소년과 20대 초반의 젊은 층들이 많이 찾는다. 이로 인해 대천 해수욕장은 젊음과 낭만을 연상케 하는 해수욕장이 되었다. 젊은 연인들의 추억 만들기 장소이자 가족 단위의 휴식처, 해양스포츠의 메카, 기업체의 MT 장소로 인기 있는 대천 해수욕장은 매년 1천만 명에 육박하는 관광객들이 찾는 국제적인 해수욕장이다.

길이 3.5km, 너비 100m의 백사장은 국제적 해수욕장으로 손색이 없고 보령산 머드팩을 사용하는 머드팩 하우스 등 몸으로 체험할 수 있는 관광 상품도 많이 만날 수 있다. 대천 해수욕장 주변에서 채취한 바다진흙인 보령산 머드팩을 직접 바르고 체험할 수 있는 체험장이 머드팩 하우스다.

❶ 대천 해수욕장 전경
❷ 해양스포츠를 즐기는 관광객
❸ 대천 해수욕장 식당가 야경

보령 주변 여행 지도

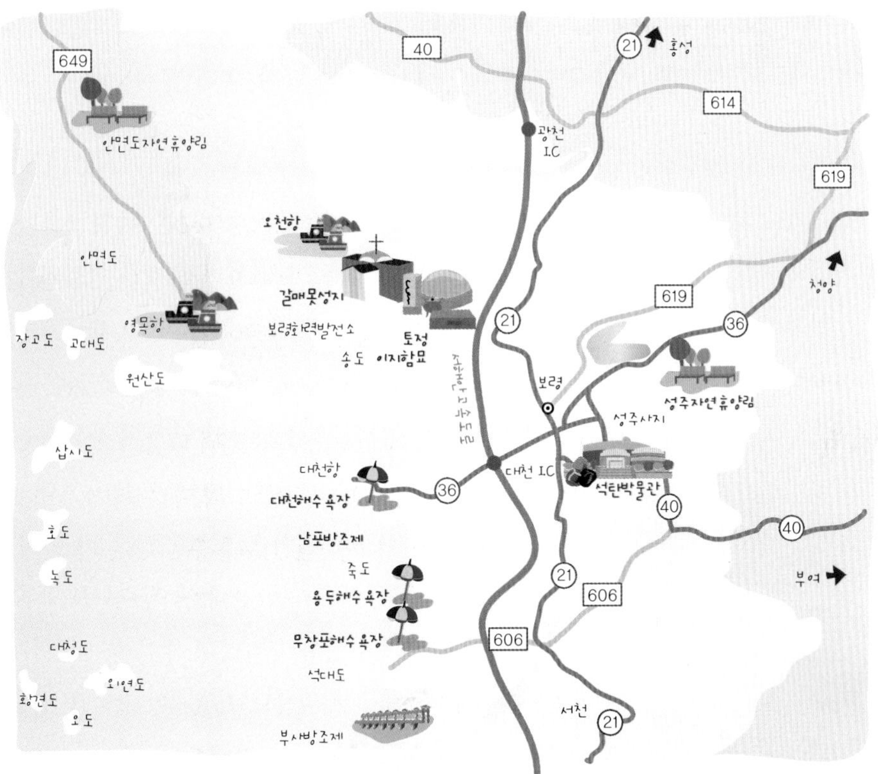

Information

☎ 머드하우스 ☎ (041) 931-2930, 931-2931

- 서울 또는 대전에서 보령행 버스 운행 / 대천역 앞에서 대천해수욕장행 시내버스 수시 운행
- 승용차 이용시 서해안고속도로 대천 I.C → 보령읍 → 대천해수욕장 / 경부고속도로 이용시 대전 회덕분기점 → 호남고속도로 → 논산분기점 → 천안논산간 고속도로 → 서논산 I.C → 논산 → 부여 → 보령읍 → 대천해수욕장

대천한화콘도 ☎ (041) 931-5500, 환상의바다호텔 ☎ (041) 931-1111, 그랜드모텔 ☎ (041) 933-3322, 페르시아모텔 ☎ (041) 931-7333~5, 파라다이스모텔 ☎ (041) 933-1938, 그린콘도민박 ☎ (041) 933-4744, 소라민박 ☎ (041) 933-5916 외 170여 곳

바다낚시도 즐기고 회도 푸짐한

보령 남포방조제 · 죽도

▶ 주말이면 드라이브 여행자와 낚시꾼으로 인산인해를 이루는 죽도

번잡한 대천 해수욕장을 빠져나온 뒤 보령읍을 향해 달리다 보면 우측으로 607번 도로가 연결된다. 주유소 지나서 있는 이 도로를 따라 우회전하면 2.4km 지점에서 남포방조제가 시작된다. 남포방조제의 중간에 있는 죽도는 바다낚시를 즐길 수 있는 섬으로 섬 안에 주차장과 작은 어시장, 회타운 등이 형성되어 있다.

예로부터 대나무가 많아 대섬 또는 죽도라 불린 이 섬은 남포방조제의 중간에 위치한 까닭에 드라이브 도중에 들릴 수 있는 안성맞춤의 장소가 되었다. 방문객이 많아지자 지금은 보령시 관광특구 지역으로 지정되어 호텔을 비롯한 해양 스포츠 시설이 들어설 예정이라 한다.

죽도는 갯바위 낚시를 겸한 가족 단위의 나들이 장소로 어울리고 드라이브중인 청춘남녀들이 간편하게 회를 먹을 수 있는 장소로 안성맞춤이다. 해양테마파크로 변모하고 있는 섬 주변을 한 바퀴 둘러보는 것도 좋다.

Information

☎ 보령시 관광안내소 ☎ (041) 932-2023

🚌 보령읍에서 대천 해수욕장 방면 36번 국도 → 대천 해수욕장 직전 607번 지방도를 따라 좌회전 → 남포방조제 → 죽도

가족 단위의 조용한 피서에 안성맞춤

보령 용두 해수욕장

보령 용두해수욕장은 남포방조제 남단에 위치한 길이 1km가량의 조용한 해수욕장이다.

울창한 송림을 배경으로 기업 MT나 가족 단위의 휴양지로 인기 있는 용두해수욕장은 솔 숲에서 야영이 가능해 피서철 캠핑 장소로도 안성맞춤이다. 간단한 바비큐 시설이 솔숲가에 구비되어 있는데 마침 고기를 구워먹는 사람들이 몇몇 보인다.

솔숲 배후에는 배드민턴이나 족구를 즐길 수 있는 다목적 운동장이 조성되어 있고, 편의시설로는 주차장과 샤워장, 화장실 등이 갖춰져 있다.

보령 용두해수욕장에서는 물이 빠질 때를 기다려 어린 자녀들과 바지락이나 맛살 등을 잡을 수 있고, 북단에 위치한 방파제 주변에서는 우럭이나 광어 등을 바다낚시로 건질 수도 있다.

Information

- ☎ 보령시 관광안내소 ☎ (041) 932-2023
- 🚌 보령읍에서 대천 해수욕장 방면 36번 국도 → 대천 해수욕장 직전 607번 지방도를 따라 좌회전 → 남포방조제 → 용두해수욕장
- ⛺ 동백관 근로자 복지회관 ☎ (041) 930-3563(4인 이상 고용 사업장 재직자 30% 할인) 외 30여 곳

★★★ 충남에서 볼거리가 가장 많은 해수욕장

보령 무창포 해수욕장

무창포는 깨끗한 백사장을 배경으로 한 달에 5일가량 바닷길이 갈라지는 신비의 바닷길을 있는 해변이다. 백사장 북단에 위치한 무인등대와 자녀들이 생태체험을 할 수 있는 갯벌, 바다낚시를 즐길 수 있는 갯바위가 어우러져 있는 곳. 이런 무창포 해수욕장은 필자가 취재한 해수욕장 중에서 가장 매력적인 해수욕장 중의 하나였다.

무창포 해수욕장의 최고 백미는 아무래도 갯벌에 있다. 어린 자녀들이 부모의 손을 잡고 조개나 게를 잡을 수 있고, 어른들은 갯바위에서 바다낚시를 즐길 수 있다. 갯벌 초입에 있는 노점상에서는 간단한 횟거리와 함께 소주를 마실 수 있다. 갯벌을 선호하지 않는 젊은층이라면 해수욕장이 있는 백사장으로 이동해 아담한 커피숍에서 커피를 마시며 바다 풍경에 한껏 빠져들 수도 있다.

무창포 여행의 백미는 이곳에서 하룻밤을 자는 것에 있다. 도시의 번잡한 소음을 피할 수 있을 뿐 아니라 새벽시간에 일어나 갯벌 지대를 걸어보면 시원하게 부서지는 바람과 바다내음 등이 절로 가슴을 부풀게 한다. 만일 무창포 바닷길이 열리는 시간이 심야시간대와 일치한다면 캄캄한 밤중에 바닷길을 걸어보는 것도 색다른 경험이 된다.

무창포의 바닷길은 1달에 5~6회가량 백사장 중심 부분에서 석대도까지 1.5km 길이로 열린다. 낮과 밤에도 열리므로 한 달에 10~12회가량 열리는 셈이다. 이 바닷길을 따라 게나 조개잡이를 할 수 있어 재미 또한 쏠쏠하다.

❶ 무창포 갯벌에서 마시는 소주는 차라리 꿀맛이다.
❷ 무창포 해수욕장의 백사장
❸ 무창포 갯벌의 노점상

Information

무창포해수욕장 번영회 ☎ (041) 936-3561

- 대천역 앞에서 무창포해수욕장 방면 시내버스 1일 16회 운행 / 웅천역 앞에서 무창포해수욕장 방면 시내버스 1일 13회 운행
- 승용차 이용시 서해안고속도로 무창포 I.C → 무창포해수욕장 / 경부고속도로 이용시 대전 회덕분기점 → 호남고속도로 → 논산분기점 → 천안논산간 고속도로 → 서논산 I.C → 논산 → 부여 → 보령(웅천) → 무창포 해수욕장

펜션웨이브 ☎ (041) 935-1267, 화이트빌펜션 ☎ (041)936-9229, 씨사이드모텔 ☎ (041) 936-2622, 무창포비치 ☎ (041) 936-0319, 만선민박 ☎ (041) 935-9947, 노을빛바다민박 ☎ (041) 936-4427 외 약 70여 곳

젊은이들의 호젓한 피서지

보령 독산 해수욕장

▶ 갯벌에서 바라본 독산

무창포 해수욕장 남단에 위치한 독산 해수욕장은 무창포 갯벌 지대에서 해안선을 따라 남쪽을 바라보면 저 멀리 보인다. 무창포에서 해안을 따라 도보로 걸어갈 수는 있지만 직선으로 연결된 도로는 없다. 승용차 이용자는 무창포에서 돌아나온 뒤 도로를 따라 남하를 해야 한다.

행정구역상 보령시 웅천읍 독산리에 위치한 독산 해수욕장은 바닷가에 산 하나가 홀로 있어 홀뫼 또는 독산이라 불리다가 지금의 해수욕장 이름이 되었다. 독산은 백사장 바로 앞에 있는 독대섬을 가르키는 말로 섬 정상에는 군부대가 주둔해 있다. 독산 해수욕장의 백사장은 경사가 완만한 대신 매우 단단해 자동차가 지나다닌 흔적을 손쉽게 볼 수 있다. 성수기에는 바나나보트가 운행되며 독대섬 부근으로 암석지대가 형성되어 있어 바다낚시는 물론 자녀들이 골뱅이나 조개잡이를 할 수 있다.

Information

- 승용차 이용시 : 서해안고속도로 무창포 I.C → 무창포 → 독산 해수욕장
- 열차 이용시 : 장항선 웅천역 하차 → 무창포 경유 독산행 시내버스 1시간 간격 운행
  장항선 대천역 하자 → 대천에서 독산행 시내버스 운행

독산비취 민박 ☎ (041) 936-2738 / 독산미니콘도 민박 ☎ (041) 936-6588 외 20여 곳

실제 탄광 및 갱도 분위기를 느낄 수 있는 ★★

보령 석탄박물관

보령 석탄박물관은 이 지역 석탄산업의 산 교육장으로 내부전시관 및 외부전시관으로 조성되어 있다. 석탄박물관에는 각종 탄광시설 및 광물표본류 외 2,500여 점의 표본이 전시되어 있어 유사박물관 중에서 가장 볼 만하다. 내부전시관은 모두 6개의 장으로 각 특성에 따라 분류되어 비치되어 있다. 관람안내 및 기념품을 판매하는 안내의 장, 석탄의 생성과정을 보여주는 탐구의 장, 석탄 및 암석의 종류와 석탄이용의 역사를 설명하는 발견의 장 그리고 참여의 장은 탄광 및 갱도의 모션이 전시되고 있는데 실제 탄광에 서있는 듯한 착각이 들 정도로 사실적으로 만들어져 있다. 2층에 있는 체험의 장은 석탄박물관의 하이라이트라 할 수 있는 전시관이다. 모의갱도를 비롯해 갱도 엘리베이터 체험장 등은 자녀들이 좋아할 만한 요소들이다. 석탄박물관은 보령 시내에서 가까운 곳에 위치하고 있다.

보령 성주산 자연휴양림

성주산 자연휴양림은 보령읍에서 부여 방면 40번 국도변 8㎞ 지점에 있다. 인접 지역에 보령 석탁박물관, 보령 대천 해수욕장, 부여 무량사 등의 관광지가 있으므로 1박 2일 코스의 숙박지로도 손색이 없다. 성주산은 예로부터 오서산과 함께 보령을 상징하는 명산으로, 성주산이란 이름은 이 지역에 선인이 많이 살았다 하여 붙은 이름이다. 휴양림 내 편의시설로는 숲속의 집 6동과 야영장 3개소, 물놀이장, 삼림욕장 등이 구비되어 있고 성주산 등산로가 만들어져 있다.

Information

☎ 석탄박물관 ☎ (041) 934-1902 / 성주산 자연휴양림 ☎ (041) 930-3529

- [석탄박물관] 대천역 앞에서 석탄박물관 방면 시내버스 1일 30회 운행 / 서해안고속도로 대천 I.C → 보령읍에 위치 (부여방면 40번 국도 방면)
- [성주산 자연휴양림] 대천역 앞에서 성주 방면 시내버스 1일 45회 운행 / 서해안고속도로 대천 I.C → 보령읍 → 부여방면 40번 국도 → 성주산 자연휴양림

석탄박물관은 매주 월요일, 매년 1월1일, 설날 연휴, 추석 연휴 휴관

보령의 대표적인 섬 여행

– 자료제공 : 보령시 문화관광과

보령 원산도

산이 높고 구릉이 많아 원산도라고 불리는 이 섬은 옛날에는 고만도 또는 고란도라고 불렸으며 충남에서는 안면도 다음으로 큰 섬이다. 원산도는 섬 주변의 긴 해안선을 따라 해식애가 잘 발달되어 있어 각종 해산물과 어족이 풍부하여 어느 곳에 낚싯대를 드리워도 손쉽게 놀래미와 우럭, 살감성돔을 잡을 수 있다. 섬 안에는 원산도 해수욕장과 오봉산 해수욕장이 있어 가족 단위 피서지로 각광을 받고 있다. 숙박시설은 주로 민박에 의존해야 하지만 울창한 소나무숲의 야영장에서 캠핑을 즐길 수 있다.

보령 삽시도

삽시도는 섬의 지형이 화살이 꽂힌 활(弓)의 모양과 같다해서 붙여진 이름이다. 해안선을 따라 환상적인 기암괴석의 수려한 풍경과 울창한 송림으로 둘러쌓인 충남에서 세 번째로 큰 섬이다. 대천항에서 하루에 세 번 운행되는 여객선으로 약 1시간 거리에 있다. 삽시도에는 태고의 신비를 간직한 물망터와 면삽지를 비롯하여 양질의 백사장과 청정해역을 자랑하는 거멀너머 해수욕장, 진너머 해수욕장, 그리고 삽시도 남쪽 끝머리에 위치한 밤섬 해수욕장이 있어 많은 피서객들의 발길이 끊이지 않는 곳이다. 섬에는 초등학교와 지파출소 그리고 보건진료소와 자가발전 시설도 갖추고 있다

보령 외연도

바람이 잔잔한 새벽이면 중국에서 닭 우는 소리가 들린다는 외연도는 보령시에 속해 있는 70여 개의 섬들 중 육지에서 가장 먼 거리에 떨어져 있는 서해의 고도다. 대천항에서 약 53km 거리에 위치하고 있으며 웨스트프런티어호인 쾌속선으로 꼬박 1시간 반을 헤쳐나가야 만날 수 있는 섬이다. 새 하얀 해무가 섬을 감쌀 때가 많아 연기에 가린 듯하다는 의미로 외연도라 불리게 되었으며 짙은 해무로 좀처럼 모습을 드러내지 않다가 갑자기 하늘로 솟아오른 듯한 세 개의 산봉우리와 함께 멋진 경관을 펼치며 주위의 자그만한 섬들을 호위하듯 거느리고 불쑥 나타나 신비함을 더해주는 섬이다. 본섬의 마을 뒷산에는 우리나라 남서부 도서의 식물군을 한눈에 볼 수 있는 천연기념물 136호로 지정된 상록수림이 자리하고 있다.

Information

- 보령 대천항에서 신한해운 여객선 이용, 각각의 섬으로 이동 가능, 신한해운 문의 ☎ (041) 934-8772

▶ 서천 춘장대 해수욕장

★★☆ 언제가도 아름다운 해변

서천 춘장대 해수욕장

충청남도에서 대천 해수욕장과 쌍벽을 이루는 아름다운 해수욕장이 서천 춘장대 해수욕장이다. 봄이 유난히 길기 때문에 춘장대라는 이름이 붙었다고 한다. 길이 1.5km의 백사장은 고운 모래성분으로 한국관광공사가 선정한 전국 자연학습장 8선 중의 한 곳이다.

넓은 백사장과 완만한 수심, 적당히 형성된 편의시설과 숙박시설은 피서철에 최상의 조건일 뿐 아니라 사계절 내내 연인들 데이트 코스로도 안성맞춤이다. 썰물 때는 물이 빠지면서 갯벌이 드러나 각종 조개잡이 체험을 할 수 있어 자녀들 생태 학습에도 도움이 되고 넓고 아름다운 해변은 기업체 및 단체 MT 장소로도 좋은 곳이다.

춘장대 해수욕장 배후에는 울창한 소나무숲과 아카시아숲이 발달해 있다. 피서철 야영은 주로 소나무숲에서 많이 하는데 일부 지역에서는 자동차 캠핑도 가능하다. 반달형의 백사장을 따라 숙박시설이 잘 발달되어 있고, 이들 숙박시설은 잘 조성된 편이라 춘장대 해수욕장의 경관을 해치지 않고 있다. 춘장대 해수욕장은 2003년 9월 해양종합관광레저 시설이 구비되어 다양한 레저를 즐길 수 있다.

❶ 춘장대 해수욕장 가을 풍경
❷ 춘장대의 명물 해수욕장 전망대

춘장대 해수욕장과 연계할 수 있는 관광지로는 북단에 있는 부사방조제와 홍원항, 남쪽으로 3.5km 지점에 있는 마량리 동백숲과 마량리 마량포구가 있다. 춘장대 해수욕장에서 마량리 동백숲으로 이동하는 것이 사람들이 즐겨 찾는 관광 코스라 할 수 있다.

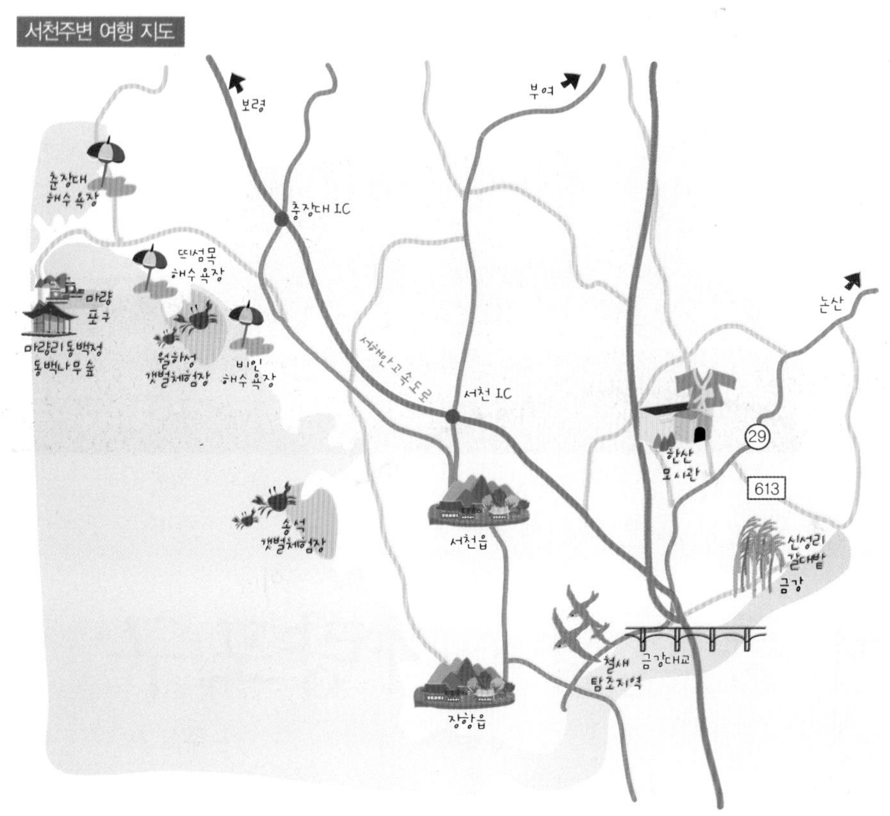

Information

- 장항선 서천역에서 하차, 서천터미널에서 춘장대행 버스 1시간 간격 운행(피서철에는 운행버스 증편)
- 승용차 이용시 서해안 고속도로 춘장대 I.C → 비인 → 춘장대 해수욕장 / 경부고속도로 이용시 대전 회덕분기점 → 호남고속도로 → 논산 I.C → 강경 방면 68번 지방도 → 강경 → 29번 국도 → 서천 → 607번 지방도 → 비인 검문소 → 춘장대 해수욕장

바닷가모텔 ☎ (041) 951-7737, 아드리아모텔 ☎ (041) 951-6699, 화신모텔 ☎ (041) 951-8828, 춘장여관 ☎ (041) 952-2090 외 80여 곳

동백나무와 어우러지는 낙조의 명소

서천 동백정 · 마량포구

서천 마량리 동백숲은 춘장대 해수욕장에서 남쪽 마량항으로 3.5km가량 달려가면 그 끝에 있다. 천연기념물 제169호인 마량리 동백숲은 수령 500년 된 동백나무가 군락을 이루는 곳으로 이 숲의 정식 명칭은 '마량리 동백숲' 이지만 숲 정상에 동백정이라는 정자가 있어 '마량리 동백정' 이라고도 불린다.

바다가 절벽 위에 있는 동백정은 정면 3칸, 측면 2칸의 중층누각으로 기둥 사이로 서해바다의 오력도가 보인다. 동백숲의 절정기는 붉은 꽃이 피는 3월부터 4월까지이며 이때 방문하면 동백꽃으로 만발한 동백숲을 볼 수 있다. 이 무렵에는 입구 주차장에서 '동백꽃 주꾸미 축제'가 열리기 때문에 주꾸미 요리를 저렴한 가격에 먹을 수 있다.

마량리 동백숲은 저녁노을이 특히 일품이다. 드라이브 도중에 잠깐 들렀는데 때마침 서해 낙조가 동백숲을 배경으로 아름답게 펼쳐지고 있었다. 숙박은 도로변 펜션이나 춘장대 해수욕장의 숙박시설과 마량 포구 등지에서 해결할 수 있다.

❶ 동백나무숲 정상에 있는 동백정

❷ 마량 포구에서 갯바위 낚시를 즐기는 사람들

동백숲과 인접해 있는 마량 포구는 그다지 크지 않은 작은 포구다. 저렴한 가격으로 서해바다의 싱싱한 자연산 활어회를 맛볼 수 있을 뿐 아니라 11월에서 2월 중순까지는 바다에서 떠오르는 일출을 볼 수 있기 때문에 해돋이와 낙조를 모두 볼 수 있는 명소로 새롭게 각광받고 있다.

마량 포구의 방파제가 연인들의 데이트 코스로 안성맞춤이라면 방파제 초입에 있는 갯바위 낚시터는 아마추어 낚시꾼들에게 인기 있는 장소이다. 갯바위 낚시터는 처음 낚시를 시작하는 사람들에게 안성맞춤일 뿐 아니라 가족 단위의 나들이 장소로도 손색이 없다. 예전에는 동백숲을 찾아오는 관광객이 많았지만 현재는 주말이면 마량 포구에도 제법 사람들이 많이 붐빈다. 먹거리로는 활어회를 비롯해 주꾸미가 유명하고 가을에는 전어도 쉽게 맛볼 수 있다.

Information

- 서천터미널에서 마량 포구 동백정행 군내버스 약 30분 간격 운행
- 승용차 이용시 서해안 고속도로 춘장대 I.C → 비인 → 춘장대 입구에서 마량 포구 동백정 방면으로 직진 / 경부고속도로 이용시 대전 회덕분기점 → 호남고속도로 → 논산 I.C → 강경 방면 68번 지방도 → 강경 → 29번 국도 → 서천 → 607번 지방도 → 비인 검문소 → 춘장대 입구에서 마량 포구 동백정 방면으로 직진

동백산장 ☎ (041) 952-3020, 모텔노을 ☎ (041) 951-6697, 비취모텔 ☎ (041) 952-0077 외 마량포구 진입로에 펜션 및 숙박시설 다수

늦가을 새벽에 특히 운치 있는 서천 신성리 갈대체험장

공동경비구역 JSA 촬영지

서천 신성리 갈대밭

서천 신성리 갈대밭은 금강 하구 변을 따라 조성되어 있다. 길이가 1.5km, 너비 200m에 달하는 10만 평 규모의 갈대밭에서 3천 평가량이 관광객에게 개방되어 있다.

영화 JSA의 스산한 비무장지대 배경 묘사로 인상을 깊게 심어 준 신성리 갈대밭은 가을 무렵이 특히 아름다운데 1~2 시간 산책 코스로 적당하다. 사람 키보다 높은 갈대숲을 거닐다 보면 이색적인 분위기에 젖어들어 스트레스가 저절로 가시고 마음이 편안해진다. 자연 그대로의 수초지대는 사람들이 거닐 수 있도록 잘 조성되어 있어 어린 자녀를 동반해도 그리 위험하지 않다.

▶ 신성리 갈대밭

보통 가을부터 초겨울까지는 적갈색으로 물든 갈대가 볼만 하고, 1월에는 청둥오리나 고니, 기러기 등 40여 종의 철새가 이곳을 찾으므로 철새탐조에도 그만이다. 신성리 갈대밭은 우리나라 4대 갈대밭 중의 하나이기도 하다.

Information

서해안고속도로 서천 I.C → 서천읍 → 군산 방면 4번 국도 → 부여 방면 29번 국도 → 신성리 방면 613번 지방도 → 공동경비구역 JSA 촬영지 안내판보고 이동

그 밖의 서천 여행지

서천 금강 철새탐조투어

금강 철새탐조투어는 매년 11월부터 이듬해 2월까지 열리는 철새축제이다. 축제기간에는 금강하구 주변을 직접 찾아가 철새를 탐조하는 철새탐조투어와 배를 타고 검은머리물떼새를 찾아 떠나는 유부도투어 등 즐길 거리가 풍성하다. 금강하구언을 찾아온 철새들을 가장 가까이서 만날 수 있는 금강철새탐조투어는 갈대와 어우러진 금강하구의 특별한 낭만이 곳곳에 스며있으며, 고니, 개리, 가창오리, 청둥오리, 고방오리를 비롯한 오리류와 기러기류를 탐조할 수 있다.

서천 한산모시관

한산모시관은 서천의 특산품인 한산모시의 원산지 부각과 전통문화의 육성 발전을 위해 지어진 전시관이다. 백제 때 한 노인의 꿈속에서 건지산 기슭에 있는 모시풀을 발견한 이래 1,000여 년 동안 왕실진상품으로 이어져 온 서천군의 명물이 바로 한산모시다. 자체 전수교육관, 전시박물관, 모시각, 전통공방, 한산소곡주 제조장, 토속관 등이 구비되어 있어 모시답사는 물론 한산모시 제작 방법을 전수받을 수 있다. 매년 이곳에서 개최되는 한산모시축제는 저산팔읍 길쌈놀이 시연을 비롯 일정별 행사와, 특별기획 행사 등이 있다.

⁑ 서천 월하성 갯벌 체험장

서천 월하성 갯벌 체험장은 입장료를 징수하지만 피서철이면 인근에서 수많은 관광객들이 몰려올 정도로 큰 인기를 얻고 있다. 주로 어린 자녀를 동반한 젊은 부부들이 갯벌 체험을 즐기기 위해 많이 찾는다고 한다. 서천군에는 월하성체험장 외에도 송석리체험장, 비인 해수욕장 갯벌이 유명하지만 월하성체험장이 체계적으로 잘 관리되는 편이다. 서천의 갯벌은 단단하기 때문에 삽이나 장화, 양동이를 준비해야 하지만 월하성의 경우 매표소에서 이들 장비를 모두 임대할 수 있다. 별다른 장비없이 바로 갯벌체험을 즐길 수 있는 것이 최고 매력이다.

Information

☎ 서천 금강철새탐조투어 문의 ☎ (041) 950-4171, 2

🚌 서해안고속도로 서천 I.C → 군산방면 4번 국도 → 부여방면 29 국도에 있는 금강하구댐 일대(한산모시관)

서울, 경기도, 충청남도, 충청북도의 역, 여객선, 버스터미널 전화번호(2005년 3월 기준)

서울

- 서울역 ☎ (02) 3149-2530
- 청량리역 ☎ (02) 1544-7788
- 강남 고속버스터미널 ☎ (02) 1588-6900
- 동서울 종합터미널 ☎ (02) 446-8000
- 상봉동 버스터미널 ☎ (02) 435-2129
- 서울 남부터미널 ☎ (02) 521-8550(ARS)
- 서울 서부터미널 ☎ (02) 355-5103
- 서울 신촌정류장 ☎ (02) 324-0611

경기도

- 인천 연안여객터미널(옹진군 덕적도, 백령도, 자월도행) ☎ (032) 888-0116, 700-2223(ARS)
- 인천 강화군(석모도행) 삼보해운 ☎ (032) 932-6007, 3324
- 인천 영종도(옹진군 신도, 장봉도행) 삼목선착장 세종해운 ☎ (032) 884-4155
- 인천 영종도(무의도, 실미도행) 우리고속훼리 ☎ (032) 887-2891~5
- 인천 고속버스터미날 ☎ (032) 430-7114
- 인천 시외버스터미널 ☎ (032) 430-7114
- 인천시 강화시외버스터미널 ☎ (032) 934-9811
- 가평역 ☎ (031) 582-7788
- 가평군 청평역 ☎ (031) 584-0012
- 가평군 대성리역 ☎ (031) 584-0616
- 가평 시외버스터미널 ☎ (031) 582-2308
- 가평군 청평시외버스공용터미널 ☎ (031) 584-0239
- 가평군 현리버스터미널 ☎ (031) 584 - 3777
- 가평군 하판리버스매표소 ☎ (031) 585-1459
- 고양 화정터미널 ☎ (031) 978-8881~4
- 광주 버스공용터미널 ☎ (031) 765-2611
- 남양주시 금곡역 ☎ (031) 591-7109
- 남양주시 마석역 ☎ (031) 593-7788
- 동두천 소요산역 ☎ (031) 865-1788
- 부천 시외고속터미날 ☎ (032) 326-2271(ARS)
- 성남 고속버스터미날 ☎ (031) 725-1900(ARS)
- 성남 버스종합터미널 ☎ (031) 725-1900(ARS)
- 수원역 ☎ (031) 256-2723
- 수원 고속버스터미날 ☎ (031) 267-7800(ARS)
- 수원 시외버스터미널 ☎ (031) 267-7800(ARS)
- 안산 시화대부항 ☎ (032) 886-3090~1
- 안산 고속버스터미날 ☎ (031) 403-2851
- 안산 종합버스터미널 ☎ (031) 403-8251
- 안성 고속버스터미날 ☎ (031) 673-2510
- 안성 공용버스정류장 ☎ (031) 674-7686
- 양평군 국수역 ☎ (031) 772-7578
- 양평군 용문역 ☎ (031) 773-7788
- 양평 시외버스정류장 ☎ (031) 772-2341~3
- 양평군 용문 시외버스터미널 ☎ (031) 773-3100
- 여주 고속버스터미날 ☎ (031) 884-3182
- 여주 버스종합터미널 ☎ (031) 882-9596, 9597
- 연천군 신탄리역 ☎ (031) 834-8887
- 연천군 전곡역 ☎ (031) 832-2009
- 오산 시외버스터미널 ☎ (031) 373-3355
- 용인 고속버스터미날 ☎ (031) 335-2061
- 용인 시외버스공용정류장 ☎ (031) 339-3181
- 의정부역 ☎ (031) 872-7788
- 의정부 고속버스터미날 ☎ (031) 844-1374
- 의정부 시외버스터미널 ☎ (031) 842-3018 (ARS)
- 이천 고속버스터미날 ☎ (031) 633-3182
- 이천 시외버스정류장 ☎ (031) 635-5831, 5431
- 이천시 장호원시외버스터미널 ☎ (031) 641-2688
- 평택역 ☎ (031) 652-0246
- 평택 공용버스정류장 ☎ (031) 652-2618
- 평택 고속버스터미날 ☎ (031) 655-2453
- 파주시 금촌역 ☎ (031) 946-0788
- 파주시 문산역 ☎ (031) 925-3211
- 파주시 문산 시외버스터미널 ☎ (031) 952-2657
- 포천 시외버스터미널 ☎ (031) 532-5217

충청남도

- 대전역 ☎ (042) 257-7788
- 대전 신탄진역 ☎ (042) 932-7788
- 대전 고속버스터미널 ☎ (042) 625-8442
- 대전 동부시외버스터미널 ☎ (042) 624-4451~2
- 대전 서부시외버스터미널 ☎ (042) 584-1616~7
- 대전시 유성 금호고속터미널 ☎ (042) 822-0386
- 공주 고속버스터미날 ☎ (041) 855-2319
- 공주 시외버스공용터미널 ☎ (041) 858-5114(ARS)
- 공주 시내버스터미널 ☎ (041) 854-3163
- 공주시 갑사 버스정류장 ☎ (017) 423-3577(임시)
- 금산 시외버스공용정류장 ☎ (041) 754-2759
- 금산 고속버스터미날 ☎ (041) 754-4854
- 논산역 ☎ (041) 733-7788
- 논산 고속버스터미널 ☎ (041) 735-3677, 3678
- 논산 시외버스터미널 ☎ (041) 735-2372
- 논산 금남고속영업소 ☎ (041) 735-3577
- 논산 시내버스터미널 ☎ (041) 733-1553(덕성여객)
- 논산시 연무고속버스터미널 ☎ (041) 747-6670
- 당진 시외버스정류장 ☎ (041) 355-2665
- 당진군 합덕공용터미널 ☎ (041) 363-0262
- 보령 대천역 ☎ (041) 935-7788
- 보령 웅천역 ☎ (041) 933-2788
- 보령 여객터미널 ☎ (041) 930-5000
- 보령 대천시외버스공용정류장 ☎ (041) 935-3645
- 부여 시외버스공용터미널 ☎ (041) 835-3535
- 서산 공용버스터미널 ☎ (041) 665-4808
- 서천역 ☎ (041) 953-7788
- 서천 시외버스정류장 ☎ (041) 953-0776
- 서천군 장항버스공용정류장 ☎ (041) 956-5690, 956-0362
- 아산 온양온천역 ☎ (041) 545-7788
- 아산 도고온천역 ☎ (041) 542-7800
- 아산 고속버스터미날 ☎ (041) 544-4880
- 아산 공용터미널 ☎ (041) 542-6848
- 연기 종합터미널 ☎ (041) 867-9933
- 연기군 조치원고속버스터미날 ☎ (041) 865-8066
- 예산역 ☎ (041) 335-7788
- 예산 충남고속터미날 ☎ (041) 333-2921
- 천안역 ☎ (041) 562-7034
- 천안 고속버스터미날 ☎ (041) 551-4933
- 천안 종합터미널 ☎ (041) 551-4933(ARS)
- 천안시 성환공용터미널 ☎ (041) 581-2263
- 청양 시외버스터미널 ☎ (041) 943-2681, 6409
- 태안 종합터미널 ☎ (041) 675-6674
- 태안 시외버스터미날 ☎ (041) 674-2009, 5100
- 태안군 안면정류소 ☎ (041) 673-8666
- 태안군 영목정류소 ☎ (041) 673-6905
- 홍성역 ☎ (041) 632-7788
- 홍성 시외버스정류장 ☎ (041) 632-2425

충청북도

- 괴산 시외버스공용정류장 ☎ (043) 833-3355
- 단양역 ☎ (043) 422-7788
- 단양 시외버스터미널 ☎ (043) 422-2239
- 단양 시내버스터미널 ☎ (043) 422-3214
- 보은 시외버스터미널 ☎ (043) 543-1580
- 보은군 속리산시외버스터미널 ☎ (043) 543-3613
- 영동 고속버스터미날 ☎ (043) 744-1700
- 영동 공용버스정류장 ☎ (043) 744-1700~1
- 영동군 황간시외버스공용정류소 ☎ (043) 742-4015
- 옥천 시외버스공용터미널 ☎ (043) 731-5108, 733-2263
- 음성 시외버스터미날 ☎ (043) 872-2448
- 제천역 ☎ (043) 643-7788
- 제천 고속버스터미날 ☎ (043) 648-3182~3
- 제천 시외버스터미널 ☎ (043) 644-5533(ARS)
- 증평 시외버스터미널 ☎ (043) 836-2157
- 진천 시외버스종합정류장 ☎ (043) 533-2376
- 청주역 ☎ (043) 236-8315
- 청주 고속버스터미날 ☎ (043) 230-1600
- 청주 여객터미날 ☎ (043) 234-6543
- 충주역 ☎ (043) 844-7788
- 충주 버스정류장 ☎ (043) 845-0001(ARS)
- 충주 고속버스터미날 ☎ (043) 848-2747
- 충주시 수안보공용버스터미널 ☎ (043) 846-0438

소백산 남쪽 경상북도 지역

- 경북 영주역 ☎ (054) 632-7788
- 경북 영주시외버스 ☎ (054) 631-5844, 631-1006
- 경북 영주시내버스 ☎ (054) 633-0011~13

살아서 꼭 가봐야할

서해안여행 146選

서울 · 경기 · 충북 · 충남 편

여행작가 정선중

여행 및 사진 작가.
출판 관련 프리랜서 작가로 20여 권의
그래픽 및 카메라 관련서를 집필했다.
「사진 촬영의 달인」 2003년 혜지원 刊
「살아서 꼭 가봐야 할 남도여행」 2004년 혜지원 刊
「살아서 꼭 가봐야 할 동해안여행」 2004년 혜지원 刊 외 다수.
작가 정선중은 현재 여행시리즈 4번째 이야기인
수도권 편 집필을 위해 지금도 여행중이며,
여행 작가로서 틈틈히 사진이나 동영상 편집을 공부하고 있다.
idkoran@naver.com

지은이 | 정선중
기획, 진행 | 유정식, 박수현
편집 디자인 | 박수현
표지 디자인 | 이승현
영업마케팅 | 김승헌, 정우석, 김남권, 한광옥
ISBN | 89-8379-404-6
출판 등록 | 제 9-295호
정가 | 13,000원
초판 인쇄일 | 2005년 4월 5일
초판 발행일 | 2005년 4월 15일
발행인 | 박정모
발행처 | 도서출판 혜지원
주소 | 서울시 동대문구 장안1동 420-3호
전화 | 영업부 02)2212-1227 / 편집부 02)2249-7975
팩스 | 02)2247-1227
홈페이지 | http://www.hyejiwon.co.kr
e-mail | hyejiwon@hyejiwon.co.kr

살아서 꼭 가봐야할

서해안여행 146選